西南交通大学公共管理专项研究项目资助（项目编号：SWJTU SPAM01）
国家社科基金项目：西南少数民族地区农村贫困家庭返贫抑制及可持续
生计对策研究（17CSH014）阶段性成果

中国西部农村家庭创业支持体系研究

ZHONGGUO XIBU NONGCUN JIATING CHUANGYE ZHICHI TIXI YANJIU

赵朋飞　著

西南财经大学出版社
Southwestern University of Finance & Economics Press

中国·成都

图书在版编目(CIP)数据

中国西部农村家庭创业支持体系研究/赵朋飞著.—成都:西南财经大学
出版社,2021.12
ISBN 978-7-5504-5229-9

Ⅰ.①中…　Ⅱ.①赵…　Ⅲ.①农民—创业—研究—中国　Ⅳ.①F323.6

中国版本图书馆 CIP 数据核字(2021)第 281433 号

中国西部农村家庭创业支持体系研究

ZHONGGUO XIBU NONGCUN JIATING CHUANGYE ZHICHI TIXI YANJIU

赵朋飞　著

责任编辑:林伶
责任校对:李琼
封面设计:杨红鹰　张姗姗
责任印制:朱曼丽

出版发行	西南财经大学出版社(四川省成都市光华村街55号)
网　　址	http://cbs.swufe.edu.cn
电子邮件	bookcj@swufe.edu.cn
邮政编码	610074
电　　话	028-87353785
照　　排	四川胜翔数码印务设计有限公司
印　　刷	四川煤田地质制图印刷厂
成品尺寸	170mm×240mm
印　　张	17
字　　数	314 千字
版　　次	2021 年 12 月第 1 版
印　　次	2021 年 12 月第 1 次印刷
书　　号	ISBN 978-7-5504-5229-9
定　　价	88.00 元

序

　　就业问题是一项具有长期性、艰巨性、复杂性的民生工程和社会发展难题。就业是连接经济发展、社会稳定与人民福祉的重要纽带，是居民收入的主要途径，是乡村振兴战略的关键目标，是强国富民的重要保障。近年来，从国家层面到地方政府层面，均出台了各项政策措施，鼓励以创业带动就业。《中华人民共和国国民经济和社会发展第十四个五年规划和2035年远景目标纲要》明确提出"实施就业优先战略"，把健全有利于更充分更高质量就业的促进机制、扩大就业容量、提升就业质量、缓解结构性就业矛盾，作为全面建设社会主义现代化强国、构建社会主义和谐社会和实现共同富裕的重大战略任务。中国西部地区农村作为我国曾经的脱贫攻坚主战场，居民收入水平偏低、生活水平不高、产业发展薄弱、就业渠道狭窄；而西部地区作为我国国家战略屏障区、民族团结关键区、矿产资源富集区和"一带一路"桥头堡，其经济、政治、文化、社会与生态发展情况直接关乎国家整体发展格局与民族地区繁荣稳定。创业活动作为产业培育的源泉和推进经济社会发展的主要动力，其在整个国家发展战略中具有十分重要的作用，对于内生增长动力羸弱的西部农村地区而言，提高创业活力对于其市场经济发展、居民收入增加、促进边疆稳固、社会和谐进步具有重要的现实意义。

　　赵朋飞博士的这本专著以中国西部地区农村家庭创业体系研究为主题，依托与创业有关的创业理论、创新理论、新经济增长理论、人力资本理论、社会资本理论和高质量发展理论，借助西南财经大学中国家庭金融调查与研究中心数据、本人及课题组在西南民族欠发达地区的入户调查数据，对西部地区、西南民族欠发达地区农村家庭创业的基本态势与面临问题进行了刻画与描述；基于资本视角分析了人力资本、社会资本、心智资本等因素与家庭创业行为的关系，重点围绕现有人力资本、社会资本、物质资本、金融资本与自然资本构成的可持续生计资本框架，分析其对脱贫家庭就业生计策略的影响效应；对西部地区农村家庭创业的财税支持体系、金融支持体系、人力资本培育体系和社会环境营造体系等理论与实践问题进行了系统的分析、研究和阐释。该书提出的生计资本禀赋对于家庭可持续生计和内生发展能力培养至关重要；家庭与地区资源的有限性决定了其难以大规模全面推进对各类资本的培育，需要重主轻次、有的放矢、逐步推进等，研究结论具有较强的政策建议意义与决策咨询价值。

该书的突出特色在于运用西部十省（区、市）的微观数据，基于资本视角实证分析了其对西部地区农村家庭创业的影响效应，并对比分析了同类因素对全国农村、东部农村、中部农村与西部农村家庭创业行为的影响效应差异；同时，基于西南民族欠发达地区曾经建档立卡的农村家庭，分析了心智资本对创业行为的影响效应，进一步分析了其对不同收入水平家庭创业行为的异质影响效应。针对脱贫家庭的就业生计策略，该书在综合考量几类资本的作用大小、影响范围、培育难度的基础上，提出将其划分为深层次基础资本、潜层次支撑资本与表层次复合资本的观点，从财税支持、金融支持、人力资本培育和社会环境营造四个方面构建了西部地区农村家庭创业体系。

虽然赵朋飞博士的这本专著就中国西部地区农村家庭创业的基本态势、面临的基本问题、影响因素、支持体系等进行了较为系统的剖析，但在政府有关创业政策、经济环境、市场机制等是如何作用于家庭创业决策的宏观层面分析略显不足，在心理因素是如何作用于家庭创业决策的微观层面剖析仍有待深入。值得一提的是，当前有关西部地区农村家庭创业支持体系的学术成果很少，该书能够以这一主题进行研究具有探索性和创新性价值。尽管西部农村已经全部脱贫，但遏制返贫的任务依然艰巨，而产业发展对于拓宽就业渠道、改善收入水平具有重要的现实意义，创业是产业培育的一部分，若在未来的研究中，众学者能够与产业发展、返贫抑制及乡村振兴等关键问题进行有效衔接、系统研究，将会开启更加广阔的学术空间。

作为赵朋飞博士的导师，我很欣慰地看到他的第一本学术专著即将付梓出版，也看到了他自踏入学术殿堂以来的勤奋与努力。从事科研工作四十年来，我深知学术之路的清贫与艰难、任重而道远，真诚希望朋飞能够在以后的学习、研究与工作中，坚守严谨、勤奋与执着的治学精神，基于西部地区与民族地区空间视角，紧紧抓住家庭就业创业这一主题，继续深入研究，取得更多成果。

赵曦

2021 年 11 月 29 日

前言

就业作为民生之本，是连接经济发展与人民福祉的重要纽带。在当前世界百年未有之大变局和新冠肺炎疫情全球大流行交织影响，国内新冠肺炎疫情防控和经济社会发展各项任务极为繁荣艰巨的复杂严峻态势下，就业问题必须上升至国家战略层面，并给予解决之策。提高就业水平的关键在产业发展，而产业发展的源泉在创业。2008年全球金融危机发生以后，我国政府将促就业、保民生作为头等大事来抓，特别是党的十八大以后大规模实施的"精准扶贫"战略，将产业扶贫作为重要一环；2015年"双创"战略的大规模实施，将创业提升至国家战略高度。

中国西部地区——这片自然地理条件极为复杂、自然资源极为丰富、文化底蕴极为浓厚、地缘政治极为重要的战略区域，曾经伴随商业贸易的兴盛而繁荣，因为商业贸易的萧条而衰落。无论是始于西汉时期驼队绵延的丝绸之路，还是兴于唐朝时期商队不绝的茶马古道；无论是新中国备战时期的三线建设，还是二十世纪末西部大开发战略的实施及党的十八大以来"一带一路"倡议的部署，中国西部地区的发展诠释了一个亘古不变的道理——创业兴城、创业兴国、创业兴民。过去如此，当今亦然，唯有不断创业，开辟新市场，方能使西部崛起，保持繁荣，永远昌盛。西部地区作为我国矿产资源富集区、国家战略屏障区与民族团结关键区，其经济、政治、文化、社会与生态发展情况直接关乎国家整体发展格局与民族地区繁荣稳定；因此，我国必须将其放在国家战略层面予以重视。经济作为政治、文化、社会与生态发展的根本物质基础，其发展水平直接关系政治、文化、社会与生态发展状况，而创业活动作为推进经济发展的重要动力，其在整个国家发展战略中具有十分重要的作用。

西部农村地区尤其是西南民族欠发达地区作为我国曾经扶贫战略的重要战场和巩固拓展脱贫攻坚成果与乡村振兴有效衔接的关键区域，保民生是基本，促富裕是目标，就业是王道，创业是根本。因此，我国必须将创业问题贯穿于政府经济社会政策制定的全过程。研究西部地区农村家庭创业问题对当地经济发展、增加居民收入具有重要的现实意义；对扩大西部地区对外开放、推进"一带一路"建设和新时代西部大开发战略，对促进边疆稳固、社会和谐进步具有重要的战略意义。

本书以中国西部地区农村家庭创业为研究主题，以构建西部地区农村家庭创业支持体系为目标。为实现这一目标，本书进行了以下主要研究：第一章是导论，主要就研究背景与意义、文献梳理与述评、研究思路与框架进行了阐述。第二章主要分析了创业政策、理论基础和理论机制。在创业政策上，着重梳理了改革开放及党的十八大以来，国家层面、西部地区十二省（区、市）有关创业政策的文件；在创业的理论基础上，主要分析了与创业有关的创新理论、新经济增长理论、人力资本理论、社会资本理论和高质量发展理论；在创业的理论机制上，主要阐释了创业动机、创业主体禀赋、创业支持政策、创业文化环境以及创业微观理论机制对创业选择的影响。第三章主要从创业特点、创业水平和信贷状况三个层面对西部地区农村家庭创业的基本态势进行了剖析。第四章基于创业政策法规、人力资本积累、社会资本发展和创业文化发育四个层面分析了西部地区农村家庭创业存在的问题。第五章是基于中国家庭金融调查与研究中心（CHFS）在西部地区十省（区、市）入户调查的数据和笔者 2019 年在四川省、云南省、广西壮族自治区和重庆市民族欠发达地区入户调查的 1 289 户（曾）建档立卡贫困家庭数据①，从人力资本、社会资本、心智资本、区位环境等视角实证分析了以上因素对家庭创业的影响效应。第六章是基于人力资本、社会资本、自然资本、物质资本、金融资本和文化资本视角分析西南民族欠发达地区农村脱贫家庭的就业生计策略选择。第七章、第八章、第九章与第十章在综合考虑了西部地区（含民族欠发达地区）农村家庭创业的基本态势、存在的基本问题和实证分析结果的基础上，提出构建西部地区农村家庭创业的财税支持体系、融资担保体系、融资担保体系、金融支持体系、人力资本培育体系和社会环境构建体系。

本书主要观点和结论为：

第一，西部农村地区创业氛围仍然不够浓厚，与东、中部及全国农村相

---

① 中国家庭金融调查与研究中心是西南财经大学于 2010 年成立的一个公益性学术调查研究机构，其成立的主要目的是开展中国家庭金融调查项目（China household finance survey，CHFS），建立一个具有全国代表性的家庭层面的金融数据库。

本书使用该中心 2013 年在我国西部地区四川省、重庆市、陕西省、甘肃省、青海省、云南省、贵州省、宁夏回族自治区、内蒙古自治区、广西壮族自治区十个省（区、市）入户调查的 3 182 户家庭数据。需要指出的是我国西部地区包含四川省、重庆市、陕西省、甘肃省、青海省、云南省、贵州省、宁夏回族自治区、内蒙古自治区、广西壮族自治区、新疆维吾尔自治区与西藏自治区 12 个省（区、市）。

比，参与创业家庭的比例依然较低，创业项目盈利能力较低；西部农村地区因"找不到其他工作机会"而"被动创业"的家庭占比显著高于东、中部农村地区；创业项目主要集中在批发和零售业，交通运输、仓储及邮政业，住宿和餐饮业，居民服务和其他服务业，制造业五类行业；与东、中部农村地区相比，西部地区农村家庭遭受正规信贷约束的比例更高。

第二，西部地区现有与创业相关的政策法规内容覆盖面较为狭窄，创业类政策法规时效性差，创业类政策法规执行质量有待提升，创业政策特色不明显；人力资本积累仍然不足，主要体现在人口年龄结构不合理、劳动年龄人口占比较低、教育支出仍然偏低、文化教育基础薄弱；社会资本发育程度较低，主要体现在社会资本理念较为传统、亲缘血缘氛围较为浓厚、社会组织发育程度不高；创业文化发育程度较低，主要体现在薄弱的创业文化底蕴、亟待提升的创业教育发展水平和欠佳的宏观创业环境。

第三，以受教育年限、健康状况和金融知识衡量的人力资本会对西部农村家庭的创业行为产生显著影响，受教育年限、家庭成员数量、受访者沟通能力三个变量及衡量社会资本与文化状况的宗教信仰变量会影响西部农村家庭选择创业的可能性，农业生产经营活动对"工商业生产经营"有"挤出效应"，与全国、东部及中部农村家庭相比，受教育年限、金融知识、金融环境、风险爱好、沟通能力、宗教信仰等变量对西部农村家庭创业决策的影响更大；受教育年限、健康状况及金融知识水平等人力资本水平高有助于降低家庭遭受正规信贷约束的可能性。

第四，西南民族欠发达地区农村家庭创业行为受到心智资本、区位环境及社会资本的影响。具体而言，接受新事物更快、更能吃苦耐劳的家庭更倾向于选择创业；劳动力的缺失不利于家庭创业；市场距离、交通距离、人情支出、收入水平等对创业的影响是非线性的，在达到拐点之前，距市场中心、交通干线的距离越远，人情支出额度越大，家庭选择创业的可能性越大；而收入水平越高，家庭选择创业的可能性越小；旅游景区附近的家庭更易选择创业。分组回归发现，心智资本与区位环境等因素对创业的选择因收入水平不同而存在差异，教育与劳动力等因素对于低收入家庭的创业行为影响更大，而区位环境、社会资本、对新事物的接受速度及勤劳等因素对高收入家庭是否选择创业影响更突出。

第五，生计资本禀赋对于家庭可持续生计和内生发展能力至关重要，脱贫家庭得益于优于低收入家庭的生计资本率先实现脱贫。家庭基于生计资本禀赋在选择生计策略时，基本遵循了比较优势原则。统计发现，无论是脱贫家庭还是低收入家庭，有稳定收入渠道的家庭总生计资本指数均要高于无稳定收入渠道的家庭；人力资本指数、自然资本指数与文化资本指数越高，家庭拥有稳定收入渠道的可能性越大。在遵循比较优势原则的前提下，高水平生计资本存量家庭更倾向于选择非农就业作为第一生计策略，而低水平资本存量家庭更倾向于选择农业就业作为第一生计策略。人力资本、金融资本与自然资本水平越高的家庭越倾向于在非农领域就业，而社会资本水平越高的家庭越倾向于将农业生产经营作为第一生计策略。

第六，在未来返贫风险上，回归分析发现，六类生计资本对未来返贫的边际效应均为负值，即生计资本水平越高，家庭未来返贫的可能性越低。六类生计资本在家庭实现可持续生计与内生发展能力培育过程中相互作用、相辅相成，发挥着重要的作用。综合考量六类生计资本的作用大小、影响范围、培育难度，我们可以将其划分为三个层次：深层次的基础资本、潜层次的支撑资本与表层次的复合资本。深层次的基础资本包括人力资本与文化资本，潜层次的支撑资本包括社会资本与自然资本，表层次的复合资本包括物质资本与金融资本。家庭与地区资源的有限性决定了其难以大规模全面推进对各类资本的培育，需要重主轻次、有的放矢、逐步推进。六类资本之间的相互作用及其在生计框架中的功能并非一成不变，而是会随着时间长短、空间范围、家庭状况、个体特点、区域实际等因素发生变化，甚至相互转化。

笔者

2021 年 10 月

目录

第一章 导论

第一节 研究背景与意义

一、研究背景

巩固拓展脱贫成果、有效推进乡村振兴、丰富乡村经济业态、增强农村发展活力、拓展农民增收空间的关键在于产业发展，而产业发展的源泉在于创业。2020年新冠肺炎疫情给我国经济社会发展带来巨大挑战，返乡留乡务工人员增多，部分地区面临较大就业压力，国际劳工组织预测全球81%的就业人口会受到影响，标准普尔全球公司报告称，亚太地区的失业人口可能增加一倍，且一些工作在一段时间内不能恢复正常①。改革开放以来，中国经济的持续高速增长与民营企业的蓬勃发展密不可分，中国的经济学家曾估计，中小企业成长将是中国未来10~15年经济增长的重要动力来源，农村闲置的劳动力资源将会在中小企业中得以利用（贾利军，2007）。数据显示，我国民营经济贡献了50%以上的税收，60%以上的国内生产总值，70%以上的技术创新成果；民营企业吸纳了80%以上的城镇劳动就业，占据了90%以上的企业数量，已经成为推动我国发展不可或缺的力量，成为创业就业的主要领域、技术创新的重要主体、国家税收的重要来源，在我国社会主义市场经济发展、政府职能转变、农村富余劳动力转移、国际市场开拓等方面发挥了重要作用②。

早在2012年12月，中央农村工作会议提出的"三个1亿人"中的两个"1亿人"就涉及就业问题。高校毕业生的就业问题关系民生福祉、社会稳定和高质量发展。数据显示，2021年我国高校毕业生数量达到909万人，在国

---

① 全球约八成人就业受到疫情影响［N］．经济日报．2020-4-9.
② 张寒松．营造公平竞争市场环境［EB/OL］．（2019-02-18）［2021-09-15］．https://theory.gmw.cn/2019-02/18/content_32519550.htm.

内外环境和新冠肺炎疫情变化的情况下，促进就业任务更为艰巨。而流动人口与失业人员中大部分是农村居民或来自农村的高校毕业生，因此，千方百计增加吸纳农村人口的就业岗位就成为化解上述就业难题的关键。在当前城镇地区能够提供的就业岗位数量有限的情况下，如何促使农村地区成为未来提振经济、增加就业岗位、解决社会就业难题、促进社会和谐的关键经济增长区域显得十分紧迫，战略意义重大。2008 年 12 月 31 日出台的《中共中央 国务院关于 2009 年促进农业稳定发展农民持续增收的若干意见》就明确指出要"鼓励农民就近就地创业""落实农民工返乡创业扶持政策"；自 2011 年 10 月国务院常务会议确立扶持小微企业发展的"国九条"以来，国家相继出台了一系列优惠政策以扶持个体或家庭创业与小微企业发展。《国务院办公厅关于金融支持小微企业发展的实施意见》（国办发〔2013〕87 号）指出小微企业是国民经济发展的生力军，在稳定增长、扩大就业、促进创新、繁荣市场和满足人民群众需求等方面，发挥着极为重要的作用。李克强总理在 2014 年 9 月 17 日召开的国务院常务会议上指出：从眼前看，小微企业是吸纳就业的"主战场"，是顶住当前经济下行压力的"重要一招"；从长远看，扶持小微企业，鼓励大众创业、万众创新，也是推动中国经济持续发展的"重要一招"。《第四次全国经济普查系列报告》显示，截至 2018 年年末，中国中小微私营企业有 1 526.5 万家，比 2013 年年末增加 954.6 万家，增长 59.9%；占全部企业的 84.4%，比 2013 年年末提高了 16.5 个百分点。中小微企业吸纳就业人员 23 300.4 万人，比 2013 年年末增加 1 206.8 万人，增长 5.5%，占全部企业就业人员的比重为 79.4%，比 2013 年年末提高了 0.1 个百分点①。工业和信息化部公布的数据表明，中小微企业是我国数量最大、最具创新活力的企业群体，缴纳了 50% 以上的税收，创造了 60% 以上的国内生产总值，提供了 80% 以上的城镇就业岗位。党的十八大以来，国家特别重视中小微企业发展，2013—2021 年连续 9 年，《政府工作报告》从"加强职业技能培训，提高劳动者就业创业能力……鼓励创业带动就业"到"优化就业创业环境，以创新引领创业，以创业带动就业""中小微企业大有可为，要扶上马、送一程"；从"充分释放全社会创业创新潜能……调动全社会创业创新积极性"到"持续推进大众创业、万众创新……使小企业铺天盖地、大企业顶天立地，市场活力和社会创造力竞相迸发"；从"深入开展大众创业、万众创新，促进大众创业、万众创新

---

① 第四次全国经济普查系列报告：中小微企业成为推动经济发展的重要力量[EB/OL].(2019-12-18)[2021-09-15].https://baijiahao.baidu.com/s? id=1653234909021460868.

上水平……成为全球瞩目的创新创业热土"到"进一步把大众创业、万众创新引向深入。鼓励更多社会主体创新创业，拓展经济社会发展空间，加强全方位服务"；从"支持农民就近就业创业，促进一、二、三产业融合发展"到"帮助受冲击最直接且量大面广的中小微企业和个体工商户渡难关……支持大众创业万众创新带动就业"①。这表明了尽管每年的经济社会发展形势在变化，但国家对支持创业带动就业的决心和有关支持政策却从未改变。

　　2020 年 3 月，农业农村部办公厅与人力资源社会保障部办公厅印发《扩大返乡留乡农民工就地就近就业规模实施方案》，明确要促进返乡留乡农民工就地就近就业创业。一个国家或地区拥有的企业数量越多、创业活动越活跃，其经济增长率就越高（李长生 等，2019）。2019 年中央一号文件提出支持乡村创新创业，支持发展小微企业，培育一批家庭工场、手工作坊、乡村车间②。2020 年中央一号文件强调要"深入实施农村创新创业带头人培育行动"；针对 2020 年新冠肺炎疫情的冲击，人社部明确提出各地要全力以赴，多措并举，帮扶有意愿的劳动者就业创业，努力保持就业局势的总体稳定；农业农村部办公厅发布的《2020 年乡村产业工作要点》强调要培育创新创业群体，支持本地农民兴业创业，引导农民工在青壮年时返乡创业，发掘一批"田秀才""土专家"和"能工巧匠"在乡创业。2021 年中央一号文件明确提出要吸引城市各方面人才到农村创业创新，参与乡村振兴和现代农业建设。可见，创业已经成为关系国计民生、农村地区持续稳健发展和乡村振兴的关键一招。现代管理学之父彼得·德鲁克（Peter F. Drucker，1989）认为鼓励家庭或个体创业是增加就业岗位、解决就业难题的主要措施，美国政府实施的创业型就业政策是推进其经济发展的主要动力之一。创新创业让更多人改变了自身命运，有了机会，也拓宽了社会纵向流动渠道，创新创业有力支撑着就业，就业是最大民生，"双创"让每个家庭有安身立命之本③。在当前及未来一定时期我国面临就业压力较大的严峻态势下，增加就业岗位、降低农村流动人口数量与提高收入水平是维护社会稳定与促进经济增长的重要措施。当前巩固拓展脱贫成果、推进乡村振兴与新时代西部大开发的战略重地在西部农村地区，其产业发

---

　　① 数据来源：中国政府网历年《政府工作报告》。

　　② 2019 年中央一号文件［EB/OL］.（2019-02-20）［2021-09-15］. https://finance. sina. com. cn/money/future/agri/2019-02-20/doc-ihqfskcp6796484. shtml.

　　③ 李克强：创业创新是实现包容性增长的有效途径. 中国网财经［EB/OL］.（2017-06-27）［2021-09-15］. http://finance.china.com.cn/news/special/2017xjdws/20170627/4265160. shtml. 李克强出席全国大众创业万众创新活动周［EB/OL］.（2019-06-13）［2021-09-15］. http://www.gov.cn/xin-wen/2019-06/13/content_5400015. htm.

展情况的好坏直系我国未来经济社会能否迈向更高水平，能否顺利实现中华民族伟大复兴的中国梦。创业作为产业发展的源泉，对于西部农村家庭解决就业与维持生计，提升落后地区、民族地区、革命老区、边疆地区、脱贫地区等特殊区域长效持续生计和内生发展能力具有重要的现实意义。因此，值此新冠肺炎疫情非常时期与"十四五"规划起始之年，研究西部地区农村家庭创业有助于深入探究其经济社会发展内在机理，或可为巩固扶贫成果、有效推进乡村振兴战略、促进"一带一路"建设与新时代西部大开发战略实施提供一定借鉴。

二、研究意义

我国西部地区地处欧亚大陆纵深之处，陆域总面积为 686.8 万平方千米，占我国国土陆域总面积的 71.5%，是我国矿产资源的富集区与战略资源储备区。西部地区作为新时代西部大开发战略实施的空间载体、新亚欧大陆桥的关键组成部分及"一带一路"建设的重要构成区域，是世界上最长、最具发展潜力的经济大走廊的关键一环。西部地区作为我国与亚洲内陆国家及欧洲国家联系的桥头堡，与俄罗斯、印度、巴基斯坦、哈萨克斯坦、蒙古、吉尔吉斯斯坦等 14 个国家接壤。西部地区作为我国民族聚集区与宗教文化厚植区，囊括了我国全部省级民族自治区。西部地区地缘政治的显要性、地缘经济的战略性与地缘文化的浓厚性使其在国家经济、政治、文化、社会与生态发展中具有十分重要的战略意义，因此，我国必须予以高度重视。经济作为政治、文化、社会与生态发展的根本物质基础，其发展水平直接关系政治、文化、社会与生态发展状况，而创业活动作为推进经济发展的动力，其在整个国家发展战略中具有十分重要的作用，故研究西部农村地区创业，无论是对当地居民，还是对地方政府，均具有重要的战略意义。

（一）政治意义

当今世界正在经历百年未有之大变局，我国发展外部环境的不稳定性、不确定性较大；经济的深度调整、复苏形势的多变及地缘政治的影响加重，使得我国经济发展环境更为复杂；经济下行压力的增大和国民对美好生活的向往使得推进经济增长与增加就业显得至关重要。农村地区作为我国未来经济增长的重要动力来源和实现共同富裕的主战场，其经济发展水平的高低直接决定我国未来经济增长是否强劲和共同富裕能否实现。西部地区作为我国重要的国防战略区、资源储备区、文化厚植区、社会维稳与生态屏障区，关乎国家整体战略部署，关系国家长治久安，而西部农村地区作为农村地区和西部地区的交叠区和复合区，其经济发展重要性不言而喻。因此，深入分析并研究作为推动经济发展根本动力的农村创业活动，对西部地区社会和谐与稳定具有十分重要的政治意义。

（二）经济意义

本书以分析和研究我国西部地区农村家庭创业为主题，深入探究当前我国西部地区农村家庭创业的基本态势与面临的主要问题，进而通过实证分析了可能会对西部地区农村家庭创业产生影响的因素，针对实证分析结果及当前西部农村家庭创业面临的主要问题，从财税、金融、人力资本及社会环境四个方面提出了构建西部农村家庭创业的支持体系。在理论层面，本书通过认真梳理相关文献中人力资本、社会资本及创业的内涵，在整合其他学者研究的基础上，基于西南财经大学中国家庭金融调查与研究中心 2013 年的西部农村的调查数据和笔者 2019 年在四川、重庆、云南和广西四省（区、市）少数民族聚居的 12 个县的调查数据，分析了西部地区和西南民族地区农村家庭创业的现状、存在的问题及影响因素；还进一步分析了家庭正规信贷约束的影响因素。总体而言，本书在理论层面，一是通过梳理、整合相关文献，使当前较为纷繁复杂的研究创业与信贷约束的文献略微清晰，这样有助于其他学者展开进一步研究；二是本书将多个因素引入分析框架，并研究其对创业和信贷约束的影响，有助于进一步丰富当前的创业研究及信贷约束研究。在实践意义上，本书统计描述当前西部地区农村家庭创业现状及其面临的基本制约，并通过实证分析发现人力资本、心智资本、社会资本、自然资本等因素会对家庭创业产生显著影响；同时，人力资本、社会资本等因素也会影响家庭正规信贷约束情况。结合实证分析结果及对西部地区农村家庭创业的基本态势与面临的主要问题的描述统计，本书提出从建立健全财税支持与金融支持体系、强化人力资本培育与优化创业社会环境等多个方面来构建西部地区农村家庭创业的支持体系的观点，这对于政府相关政策的制定、已经进行创业家庭或个人及有意愿进行创业的家庭或个人的创业行为选择以及小微企业的发展具有一定的指导作用与实践意义。

（三）社会意义

近十年来，政府不断强调要强化对高校毕业生的创业教育，鼓励其到基层创业，实施好大学生创业引领计划，统筹农村转移劳动力、城镇困难人员与退役军人就业。在新冠肺炎疫情反复肆虐的态势下，适龄劳动力的就业情形相当严峻，而西部地区农村作为经济发展水平较低、产业结构面临转型与劳动力输出规模庞大的问题复杂区域，其创业情况如何，对于西部地区乃至整个国家的经济与社会发展至关重要。本书对当前西部地区农村家庭创业的基本态势与面临的主要问题，如雇工规模较小、经营绩效一般、遭受信贷约束较大、居民年龄结构欠优、文化教育基础薄弱、医疗卫生条件堪忧、研发投入与产出状况不佳、社会资本发育程度较低、创业教育发展水平较低等关键问题进行了分析，进而对可能影响创业的因素进行了深入的实证研究，并基于分析结果和西部地区农村家庭目前创业面临的主要问题提出相应的对策，以期为政府就业与创业政策的制定和家庭及个人的创业活动提供借鉴，期望为更多就业岗位的创造提供智力支持。经济发展是文化繁荣的基础，文化是经济持续发展的动力，二者相辅相成。党的十七大报告指出，当今时代，文化越来越成为民族凝聚力和创造力的源泉、越来越成为综合国力竞争的重要因素[①]；习近平总书记在党的十九大报告中指出：文化兴国运兴，文化强民族强。没有高度的文化自信，没有文化的繁荣兴盛，就没有中华民族的伟大复兴[②]。西部农村地区作为我国少数民族集聚区，对西部农村经济创业活动的研究可以促进创业活动更好地开展，有助于推进国家兴边富民战略的实现和少数民族地区经济发展，有助于保护和发展少数民族优秀传统文化，促进民族间文化交流交融，进而促进我国文化的大发展与大繁荣；同时，将代表社会资本与文化因素的宗教信仰引入分析模型，可以发现居民宗教信仰对家庭创业具有显著的正向影响，在一定程度上，这为发挥宗教界人士和信教居民在促进经济社会发展中的积极作用提供了学术支持。

第二节　文献梳理与述评

一、文献梳理

（一）家庭创业的影响因素研究

通过梳理研究创业影响因素的相关文献，发现当前国内外以家庭创业为主题并研究影响家庭创业的因素的文献资料并不算多，而目前已有的研究创业影响因素的文献多以个人创业或特定组织创业为主题，已有文献认为个人或组织是家庭这一社会单元的主要构成因素，研究影响个人或特定组织创业的因素有助于对家庭创业的影响因素的分析与研究。已有研究创业影响因素的文献资料

[①]　新华网，胡锦涛在党的十七大上的报告，2007 年 10 月 24 日。

[②]　新华网，文化强国：文化软实力的中国目标，2020 年 11 月 30 日。

主要集中于人力资本（如教育与专业知识）、社会资本（如个人关系网络）、创业者个人特质（如风险偏好、意志力）、创业外部环境（如金融资源可得性）等与创业的关系研究上，而其中的重点又集中于创业者的人力资本与社会资本对创业的影响。

人力资本与家庭及个人经济行为密切相关，部分学者将受教育水平作为衡量人力资本的关键因素并研究其对创业的影响，认为个人受教育水平与创业呈正相关关系，教育投资提高了劳动者的基本文化知识水平，提高了其对知识、技术的传播能力，促进了其思想观念的提升，他们认为受高水平教育的个人创业动机更为积极，创业者的文化水平、工作经验等与创业意向显著相关，人力资本存量决定了创业者发现市场创业机会的能力，那些接受过基础教育的人更有可能选择创业并且成功率更高。

在国外关于人力资本与创业的关系研究方面，美国学者哈特（Hart，1994）认为受过高等教育的人就业机会成本更高，且获得更好职位的可能性更大，所以这些人选择创业的可能性比较低。约翰森等（Johnson et al.，1995）和万肯等（Mathijs et al.，2001）指出，在转型经济下，高等教育水平能够促发更多的以个人实现为动机的创业。斯茂伯等（Smallbone et al.，2001）的研究也表明，在转型经济后期，创业者受教育水平对于其创业的作用日益增加。部分学者研究发现企业家的年龄（Leonard，2002）、受教育程度（Wally et al.，1994）、任期长短（Hambrick，1991）等人力资本特征与企业创新程度显著相关。沙恩等（Shane S et al.，2002）认为创业者的人力资本存量决定了其发现市场创业机会的能力。戴维德森等（Davidsson et al.，2003）指出人力资本与创业意愿有直接联系，较高受教育程度的劳动者能够凭借人力资本优势，率先实现非农就业。哥伦波等（Colombo et al.，2004）通过实证分析发现特定专业知识、管理才能与创业经历等人力资本对创业者所创企业规模具有正面影响，这类人力资本比通识教育、一般工作经验更有助于创业者成功创业。乔伊森等（Joilson et al.，2006）研究发现，尽管通识教育有助于对创业者的培育，但它在创业者培育及创业者创业过程中的作用是有限的，它必须与相应的制度相配合才能取得更好的效果。斯库阿斯（Skuras，2005）基于欧洲4国的研究发现，家庭成员的受教育年限较长和水平较高对于创业选择乃至创业成功率都有显著的正向影响，那些曾接受基础教育的人更有可能选择创业并且创业成功率更高。斯奎亚（Siqueira，2007）研究了人力资对美国移民创业的影响，发现拥有高中学历的移民更倾向于创业，而较之高中学历的移民，那些接受过大专及以上教育的移民人群创业成功的概率更高。梅伊尔等（Meyer K E et al.，

2008）学者研究了教育与创业意愿和创业成功率的相关性，结果发现个人受教育程度对其选择创业及创业成功存在持续的非线性效应，而新创企业家的受教育水平和创业意愿之间存在正向关系。阿莫若等（Amaral et al.，2011）研究发现一般性的人力资本对个体创业行为有着消极影响，整体来看，像企业家这类的专业性人力资本才对个体创业行为产生积极影响。布瓦西等（Bracci et al.，2011）则通过构建理论模型论证了基于智力资本的管理知识在家庭企业创建、成长与代际传承过程中所发挥的重要作用。安吉比姆（Agbim，2013）运用多元回归方法分析了创业者隐性知识与其创业动机间的关系，结果显示，创业者的隐形知识对创业具有十分显著的影响。博纳等（Berna et al.，2013）研究发现人力资本与财富存量较低的个人进行创业的可能性更小。穆罕默德（Muhammad，2014）探讨了教育与培训对增加人力资本的作用，其认为人力资本涉及教育与培训过程及其他可以提升知识存量、技能水平、价值水平的专业首创精神，员工的人力资本可以增加其资产、工作满意度及绩效，最终增加其经济产出。狄拉尼等（Dilani et al.，2014）的研究表明，坚实的基础教育、多样化与丰富的工作经验有助于人力资本的积累，而人力资本与文化资本会对家庭创业产生一定影响。卡图等（Kato et al.，2015）研究发现，人力资本积累更加丰富的创业者更可能产生创新成果，因为某些类型的人力资本可以促进研发投入，从而产生创业成果；有关创新的特定人力资本，如前期创新经验，会直接影响创新成果；而通用的人力资本，如教育背景，则通过研发投入间接影响创新成果。罗伯逊（Robson，2012）则认为受教育程度与创业之间的关系尚无法确定。

在国内关于人力资本与创业的关系研究方面，部分学者围绕创业者的人力资本与其创业或就业间的关系、人力资本与企业绩效和发展间的关系进行了研究。周其仁（1996）认为可以把企业看成一个人力资本和非人力资本的合约，而人力资本影响了企业的产出和绩效。赵耀辉（1997）研究发现受教育程度、年龄等人力资本因素对农村劳动力选择非农就业具有显著影响。李忠民（1999）认为人力资本比物质资本重要，人力资本可以提高物质资本与劳动生产率边际产出，有利于企业绩效的提升。企业对专有人才（具有企业家精神的管理人才和专业技术人才）的依赖性非常强，人力资本对企业成长的贡献度越来越大，人力资本的存量与质量及其利用效率对创业成败至关重要，成为创业企业能否生存与持续发展的关键（刘萍萍，2005）。孙海法等（2006）研究发现，企业高管团队的平均受教育程度与公司绩效正相关，其认为平均受教育程度更高的团队拥有更多的人力资本，更能采用管理创新和技术创新等措施，进而提升企业长期的绩效水平。高素英等（2011）通过层级回归分析研究了人力资本与企业绩效的关系，研究发现，企业与企业高管人力资本存量对企业绩效具有显著的正向促进作用。任宇和谢杰（2012）研究发现企业的绩效与人力资本投资呈正向关系，企业绩效与物质资本投资呈负向关系。马宁与吴威（2009）利用中国民营企业人力资本与竞争力数据库研究了民营企业人力资本与企业竞争力的关系，发现民营企业大多数人力资本特征变量与企业竞争力呈现一定程度的正相关，不同规模的民营企业的人力资本对企业竞争力的影响存在差异。杨轶清（2009）从不同于编码信息的创业知识生成与流动机制的角度分析了"低学历高效率"的创业现象，发现企业家创新能力与学历教育呈现弱联系。刘剑雄（2008）认为知识、技能、健康等一般人力资本对创业者创业的影响要弱于诸如受教育水平、创新能力、管理经验、领导与决策能力等企业家人力资本。徐建华（2010）通过实证研究发现个体在实践活动中所获得的经验、知识、技巧、能力、谋略等实践性知识对创业具有显著的正向影响。陈文婷与李新春（2010）研究发现，在市场机制缺失的情况下，创业者知识结构会向经验一端倾斜，而在高度市场化和政府控制力较强的制度环境下，创业者的知识结构作用很大，但在高度市场化但政府控制力较弱的制度环境下，创业者经验甚至会对创业产生负面的作用；他们认为有效的创业并不只依靠要么教育要么经验的单一知识结构，而需要创业者在不同制度环境下对二者进行权衡。高建昆（2012）认为随着人口转变过程的推进和义务教育的实施，我国人力资本存量大幅提升，而拥有越多人力资本的创业者越可能采取正确的行动，从而表现出越高的创业能力水平（王晓文 等，2012）。刘文和黄玉业（2013）基于中国女企业家创业数据，研究发现中国女企业家人力资本与创业绩效有很强的正相关性，在正向影响创业绩效的因素中，个人特质、个人能力及社会资本排在前三位；而女企业家学历水平与创业绩效间的正相关程度较低；女企业家创业成功者比不成功者具有较高水平的企业家人力资本。杨晓峰与赵宏中（2013）利用中国 30 个省份 1998—2010 年的数据分析发现，平均受教育年限对改善人力资本分布结构、缩小收入差距、增强经济增长后劲均有显著的正面影响。李长安和苏丽锋（2013）基于中国 2003—2011 年宏观数据研究了人力资本对东部、中部与西部地区创业活动的影响，结果表明，从全国情况来看，以 6 岁及以上人口中每百人拥有大学生数量为衡量的人力资本对创业人数具有积极的正面作用；分地区来看，人力资本水平越高的地区创业活动就越活跃。赵浩兴和张巧文（2013）通过对浙江等 7 个省份 708 个样本的分析发现，农村微型企业创业者人力资本对创业绩效具有显著影响。较高受教育程度的劳动者能够凭借人力资本优势，率先实现非农就业，人力资本中的受教育水平与农民工创业意愿显著正相关（赵朋飞 等，2015；马红梅 等，2016；刘玉侠 等，2019）；较高的人力资本存量有助于个体进行创业，提升企业绩效，人力资本存量大小与质量高低是创业企业能否生存与持续发展的关键因素，人力资本存量越大的地区创业活动就越活跃（董晓林，2019）。部分学者研究发现健康状况对新生代农民工创业意愿有较大影响，健康状况越好，创业意愿越高（刘苓玲，2012；何微微，2016）

（二）社会资本与创业的关系研究

在社会资本与创业的关系方面，部分国内外学者进行了相关研究，美国学者詹姆斯·科尔曼（James S. Coleman）和希拉里·普特南（Hilary Putnam）等人认为社会资本是生产力提高的一个重要决定因素，人与人之间的关系、规范和信任都有助于协调和合作的产生，从而大大提高资源的配置效率及使用效果。弗朗西斯·福山（Francis Fukuyama）认为相对于经济资本与人力资本而言，社会资本也非常重要，一个社会开创什么样的工商经济，这和它的社会资本密切相关。布瑞（Brian，1997）认为较高的社会资本水平使企业局限在某个联系紧密的圈子里，而与市场信息隔绝，这可能不利于其对新信息及新做事方式的获取，从而不利于企业发展。黑尔（Hill，1997）认为创业者的网络关系对创业机会识别很重要，他研究发现拥有大量社会网络关系的创业者与单独行动的创业者在机会识别上有显著的差异。本森（Benson，2003）认为社会资本在创业者创业伊始与企业成长过程中均起着重要作用，而创业者的人力资本在企业创建初期与在市场竞争中的作用相对较弱。刘（Liu，2004）基于中国风险投资机构的调查数据，实证检验了创业者社会资本对风险投资项目决策的影响，结果发现，对创业者社会资本的关注将削弱风险投资对企业成长潜力和商业计划质量等常见因素的考虑。钱德勒等（Chandler et al.，2005）研究了家庭创业团队的创业模式，认为社会资本理论对家庭创业团队的形成与构成具有强大的解释力。平塔多（Pintado et al.，2007）基于西班牙风险投资调研数据，研究发现创业者的诚实和正直是风险投资最为看重的个人特质，其次是行业知识、工作经历和领导能力等因素。特克纳等（Turkina et al.，2013）基于经济合作与发展组织调查数据，利用多元回归分析方法研究了社会资本对外来移民创业的影响，结果显示社会资本的影响是显著的。西方学者普遍认为利用社会网络获悉并识别创业机会的创业者具有较高的创业成功率，这是因为一个人的社会网络结构会影响其接收到的信息类型、质量以及数量等，创业行为并非发生在真空中，当创业被嵌入在文化、社会环境之中时，尤其是当创业被嵌入在社会网络中时，社会网络与创业者、资源和机会间的联系会促进或限制创业（丁冬 等，2013）。

在中国，"关系"极为重要（冯军旗，2010），对大多数创业者来说，他们最重要的资源是个人网络，创业者拥有可利用的强联系社会资源越丰富，其创业的可能性及取得成功的可能性也越大（Francis，2000）。较丰富的社会资本可以缓解信息不对称问题，为创业者提供人情帮助；社会资本丰富的家庭进行创业的可能性更大；有更多社会资本的农民，会有更多的民间借贷渠道，从而更有可能创办自营工商业（马光荣，2011；赵朋飞，2015）。边燕杰与丘海雄（2000）基于广州市 1998 年 180 余家企业的调查数据分析发现，较丰富的社会资本对企业的经营能力和经济效益有直接的提升作用。曹卫秋等（2000）调查发现，近半数的农民工认为创业成功的关键要素是人际关系，而创业所需信息一半以上源于亲朋好友，朋友关系、从政或从商亲戚数量与农民工创业意愿显著正相关（赵浩兴，2012；才凤伟，2014；马红梅，2016；何微微 等，2016）。张方华（2006）通过对 210 家企业的实证研究发现，企业社会资本与其信息获取的程度正相关，同时也与其资金获取程度正相关。张玉利等（2008）考察了创业者社会资本构成与创业机会创新性之间的逻辑联系，并探索了创业者先前工作经验和创业经历对该作用过程的影响，研究发现，社会交往面广、交往对象趋于多样化、与社会地位高的个体之间的关系密切的创业者更易发现创新性更强的机会。刘兴国等（2009）认为较丰富的社会资本不仅有利于增强创业者发现创业机会的能力，而且有助于创业者评估与利用创业机会，与社会资本缺乏的创业者相比，具有丰富社会资本的创业者，不仅能够占有和利用更多的创业资源，而且在行业与战略选择上更优于前者。杨建东等（2010）以高科技创业企业调查数据为基础，分析了创业者个人特质及社会资本对风险投资决策的影响，研究发现，与个人特质相比，创业者社会资本对风险投资的投资倾向影响更大，创业者的社会关系尤其是政治关系对企业获得风险投资具有显著的正向作用。龚军姣（2011）通过构建以"人力资本、心理资本→社会资本→创业决策"为主要内容的理论模型，实证检验了人力资本、心理资本对创业决策的影响，发现农民的心理资本水平越高，其创业的可能性越大，农民的社会资本水平越高，其进行创业的倾向越明显。陈昭玖和朱红根（2011）利用 1 100 余个返乡农民工的调查数据，实证分析了人力资本和社会资本对农民工返乡创业获取政府支持的影响，研究表明，年龄、文化程度及职业技能状况等人力资本是影响农民工返乡创业获取政府支持的重要因素，而配偶及兄弟姐妹等"强关系网络"的影响较弱。李倩倩等（2012）认为社会资本能促进企业成长，在企业初创及成长期这一促进作用比在稳定环境及企业成熟期更强，社会资本能增强创业导向对企业成长的促进作用。企业外部社会资本有助于提升企业与其合作企业间的信任度，降低交易成本，提高信息传播效率。综上所述可以发现，社会资本在企业创业伊始与成长过程中均起着重要作用，社会资本拥有量对创业动机的产生和创业行为的实施有巨大影响，通过社会资本，创业者不仅能以较低的成本获得资源，而且能获得他人难以获得的稀缺资源。能够利用丰富的社会资本的创业者更易于快速采取创业行动，促进新企业生成。

（三）其他因素与创业的关系研究

在金融知识与创业的关系方面，卢萨迪等（Lusardi et al.，2007）发现拥有较高金融知识水平的人更倾向于制定退休规划，而金融知识水平较低的人不太可能做退休规划，这一研究从侧面反映了金融知识水平对个体经济行为的影响，退休规划与创业行为正是个体经济行为的不同表现形式，因此，有理由认为金融知识水平也会对创业产生一定影响。瓦斯特（West，2012）认为拥有较高金融知识水平并不意味着具有良好的金融与投资行为，金融知识水平对金融与投资行为的影响并不大。安纳威等（Alhenawi et al.，2013）发现金融知识水平与长期财务规划间存在弱相关关系，即日积月累的金融知识不会导致更好的规划，但通过正规的学术经验获得的金融知识与财务规划的能力是正相关的，而创业作为家庭财务规划的对象之一，显然会受到家庭金融知识水平的影响。哈斯廷斯等（Hastings et al.，2012）研究发现对有关金融知识的关键概念的不了解和基本财务计算能力的缺失会导致投资者做出次优的投资决策，甚至不进行任何投资，而这势必会影响作为资产配置和投资行为的创业。艾迪斯等（Aidisr et al.，2007）认为发展中国家的金融资源可得性是影响创业选择最关键的制度因素。卢亚娟等（2014）依据中国健康与养老追踪调查 CHARLS 中的农户样本实证分析了金融资源可得性与农户创业选择的相关性，发现农村家庭金融资源可得性与农村家庭的创业行为具有正向相关关系，提高家庭金融资源可得性对于提高创业概率有显著的正向边际效应；研究还发现，农村社区层面金融资源可得性对于社区内部家庭创业水平有着重要影响。他们建议未来促进农村地区家庭创业水平提高的政策重点是进一步降低农村金融市场准入门槛，增加乡镇尤其是农村社区层面的正规金融供给。尹志超等（2015）、马双与赵朋飞（2015）、张畑等（2020）研究发现，金融知识水平对家庭创业选择具有显著正向影响，金融知识水平的提高可显著推动家庭参与创业活动。孙光林等（2019）研究发现，金融知识通过提高被动失地农民对信息渠道的重视程度和增强其获取金融资本的能力促进他们参与创业，并改善其创业绩效。

还有国内外部分学者从个人特质及创业环境，如性别、风险偏好、意志力、洞察力、奉献精神、创造性思维、金融环境等考察了其与创业间的关系。美国学者马修等（Matthew et al.，1996）研究发现男性对创业的兴趣比较稳定，而女性的创业兴趣则会随着时间延长而递减。瑞诺德斯等（Reynolds et al.，2002）研究发现社会、文化和政治背景及国家政策等因素在一定程度上直接或间接地影响了农民是否创业的决定及其创业水平的高低。莱斯赛维卡（Lescevica，2002）指出技能、动机、态度等内部因素和获得咨询、政府政策等外部因素对农民创业的结果具有重要影响。拉夫恩特等（Lafuente et al.，2006）通过对泰罗尼亚农村地区的比较分析，发现创业榜样的出现对个人的创业意图有着显著的积极影响。艾迪斯等（Aidis et al.，2008）发现农民创业者创新和成就导向较强，有较强的独立自主、掌握自己命运的意识，并且对低风险有较强的厌恶，风险承担倾向及对不确定性的包容性都较强。卡迪尔（R. A. Kader，2009）认为企业家的品质，如创新、勤奋、自信和自力更生能力，是影响企业成功的关键因素之一。蒂蒙（Dimo，2010）基于 PSED 数据分析发现机会信心、行业经验会显著影响风险出现，而创业经验与前期规划间接影响风险出现。阿夫瑞（S. Afrin，2010）在《孟加拉国小额信贷和农村女性创业发展的关系模型分析》一文中明确指出，小额信贷项目帮助农村妇女参与以家庭为单位的经济活动，让她们更加独立和自给自足。

国内学者张艳红（2001）认为创新与实干精神、社会责任、奉献精神等价值观是影响创业者创业动机的主要因素。常建坤、李时椿（2004）认为创造性思维、经济与管理知识、法律意识与素质、修养与心理素质等是否具备是影响创业者是否创业并能否成功创业的重要因素。叶贤等（2008）认为社会经济、父母亲学历、自我实现需要、追求经济利益、洞察力、意志力、勤奋等多个内外部因素共同影响创业者的创业动机。张行与赵海涛（2011）针对农民工创业意愿的影响因素的研究发现，农民工性别、婚姻状况、风险承担意识、信息获取意识等因素对农民工创业有显著影响，其中，男性创业热情高于女性。杨文兵（2011）从农民家庭创业的角度，剖析了农民家庭创业环境、创业活动与创业绩效三者之间的关系，研究发现外部环境（如政府政策与支持、经济发展水平、基础设施条件和社会文化水平等）与家庭环境（如家庭人口数量、家庭劳动力结构、家庭年收入水平等）对农民家庭创业活动具有显著的直接正向影响；农民家庭创业环境对创业绩效具有显著的间接影响。陈琪、张永胜（2012）实证分析了女性年龄、受教育程度、工作经验、技术等个人特征对其创业的影响，研究发现，个人素质、创业前的职业、行业经验、渠道等因素对女性创业有重要影响。李后建（2016）则评估了自然灾害冲击对农民创业行为的影响，研究结果显示，自然灾害冲击显著提高了农民创业行为的发生概率，平均而言，1项自然灾害冲击将促使农民创业概率提高1.53%。还有部分国内外学者考察了其他因素与创业之间的关系，如个人经历、家庭人口数量、劳动力结构、收入水平等对创业决策的影响（赵建国 等 2019；范波文 等，2020）。

（四）家庭创业的支持体系研究

当前关于家庭创业支持体系研究的文献资料较少，国内外已有研究创业支持体系的文献主要针对特定人群（如大学生、农民）或影响创业的某个因素展开分析。美国学者穆兰等（W. Ed Mcmullan et al.，1987）认为创业教育作为推进经济发展的重要措施之一，应当被政府合理安排，在创造就业岗位和经济发展中发挥重要作用。阿奇·佐尔坦（Archie Zoltan，2001）从个人层面、企业层面、经济层面和社会层面提出了与创业相对应的支持政策。创业机会协会（2003）基于地方创业政策，提出从建立创业社团、创造竞争优势、开展创业教育、提供金融支持、进行网络建设及有形基础设施建设六个方面来完善地方创业政策的建议。芬兰贸易与产业部（2004）提出从创业教育、培训与咨询，创业初期、成长阶段和全球化过程，税收政策，地区创业以及法律制度五个方面构建创业政策。斯蒂姆伯格等（Sternberg et al.，2005）认为创业政策应依据国家经济发展水平进行相应调整，对于发达国家而言，改进新企业建立的激励方式、促进科学发展的商业开发是公共政策最有吸引力的措施；而对于发展中国家而言，通过发展规模经济、培育直接投资和提升管理教育水平的手段扶持创业效果可能更好。考洛赛克等（Ronnie L. Korosec et al. 2006）在全国调查与深度访问的基础上，发现市政府借助增强居民对社会问题关注的意识、帮助居民获得资源、协助他们与其他组织合作及执行计划等措施来扶持居民创业。克拉珀等（Klapper et al.，2008）认为改善电子注册和数据库技术等创业基础设施质量有利于更多新企业的快速形成。威廉姆斯等（Williams et al.，2012）认为针对非正式创业的问题，政府应制定不同的细致入微的政策措施加以解决，如基于企业文化角度制定政策等。

国内学者郑风田和孙谨（2006）指出目前我国的创业支持政策针对弱势群体的创业支持还很薄弱，而专门针对农民和失地农民的创业支持政策更是少见，即使有也是单一、分散性的，没有形成一个完整的体系。他们从建立我国失地农民的可持续长远生存战略出发，在借鉴国际创业支持经验，结合我国的国情和失地农民的群体特点的基础上，提出从创业辅导、金融支持、创业机会与创业服务四个层面构建失地农民创业支持体系。常忠义（2008）通过对区域创新创业政策支持体系的基本目标、一般原则和主要内容的系统分析，提出要从制度创新、人力资源使用效率与效益、投融资体系、法规体系、服务环境、社会文化等多个方面构建区域创新创业政策支持体系的对策措施。夏清华和易朝辉（2009）基于不确定环境对创业成败的影响分析，指出了创业支持政策的必要性，提出从培育具有创新精神的创业主体新阶层、提高创业主体新阶层的创业成功率、保障创业支持政策的连续性与连贯性、强调创业支持政策的"精细化"与"差异化"、完善创业基础设施五个方面制定我国创业支持政策。刘静等（2011）提出从中小企业政策环境层面、融资层面与辅助层面（如技术支持体系、人才管理与开发体系）三个层面构建中小企业创业支持体系的建议。于素丽（2011）提出从提高税收优惠政策的针对性、发展政策性创业资本、向创投企业提供债券担保等融资支持、科技、产业及政府采购等与其他政策的衔接配套四个方面来完善我国创业投资支持政策体系。卓高生与曾纪瑞（2013）认为通过营造良好的创业氛围、塑造宽松的创业环境和提供积极的创业支持，构建一个有效的社会支持体系，对于促进创业大学生的社会融合和创业创新人才的培养至关重要。肖陆军（2014）基于创业政策制定的视角，提出从创业文化、创业教育、创业融资、创业财税与创业产业五个方面构建支持创业的政策体系，而部分学者认为尽管在创业经济发展的初期，政策支持有重要的作用，但完善的市场机制才是促进创业经济持续发展的决定性因素。刘泽文（2015）提出政府要加强创业教育，构建完整的创业教育体系。刘丽（2016）从多元化的创业教育拓展体系、多渠道的创业资金扶持体系、全方位的创业保障体系、复合型的创业孵化支持体系四个方面提出构建贫困大学生创业支持体系。

在农村居民创业支持体系方面。陈红飞（2009）提出从构建竞争性农村金融体系、拓展政策性银行支农金融业务、创新农民创业金融产品、健全农业保险制度和规范引导民间金融五个层面来构建农民创业的金融支持体系的建议。刘文烈与王建（2010）针对我国农民工返乡创业问题，提出从观念、政策、融资、技能、产业、人力资源开发、科技创新等方面着手构建创业支持体系的建议。徐晋和骆建艳（2010）认为在没有外界力量的支持下，农民工返乡创业并获得成功存在很大困难，而构建一个由金融支持体系、创业辅导体系、创业机会集成体系、创业服务体系构成的农民工返乡创业支持体系可以提高农民工返乡创业的成功率。张秀娥等（2013）针对新生代农民工返乡创业，提出政府机构应当通过创建农村创业理念体系、完善创业培训和服务体系、强化创业宣传体系来推进新生代农民工返乡创业。王满四和高颖超（2014）基于广东省惠东县农民创业的调查数据，在分析农民创业面临的心理素质较低、创业知识和技能缺乏、融资困难、农村基础设施不完善、政策支持力度不强、治安环境不佳等制约因素的基础上，提出地方政府要提供相应的创业政策，建立农民创业资本筹集体系，营造农民创业氛围，加强农民创业者创业技能培训，改善农民创业的环境。吕莉敏和石伟平（2019）则认为各级政府需要进一步重视农民工返乡创业问题，加强政策的宣传和政策制定的针对性，不断完善政策扶持体系，吸引更多高素质农民工主动加入新型职业农民队伍。

在大学生创业支持体系方面。何云景（2006）认为制约我国大学生创业的关键因素是创业支持系统不完善，他认为应从创业知识、创业资金、政府支持三个层面构建大学生创业支持系统。郑凤田和傅晋华（2007）提出从完善创业法律制度和协调的管理体系、培育创业精神、制定合理的税收政策等方面来完善创业政策，建立创业型经济的对策建议。赵明（2008）在对上海市大学生创业研究的基础上，提出从政策支持、创业教育支持、资金支持与孵化支持四个方面来构建大学生创业支持体系。符昱（2009）在对比分析中美大学生创业支持体系的基础上，提出从政府与高校政策支持，政府、高校与社会资金支持，创业教育与培训支持及公共服务支持四个方面完善我国大学生创业支持体系的建议。王静（2011）通过对高校大学生创业意识、创业优势和存在的问题的分析，提出构建由政府、社会、高校和个人四个层面构成的大学生创业支持体系。其中，在政府层面，通过简化创业手续、提供金融支持、加大大学生创业优惠政策宣传力度来强化政府支持力度；在社会层面，主要是构建积极的创业文化；在高校层面，主要是发展创业教育；在个人层面，主要是自我意识与自我认知的培养。郎磊（2012）则基于对大学生创业支持的研究，提出从发挥政府的主导职能、强化高校的基础地位、挖掘社会产业资源三个层面完善大学生创业支持体系的对策。

二、文献述评

经梳理研究创业影响因素的既有文献来看，借助规范分析方法的研究成果较多，而运用实证分析方法的研究文献并不算多，即使在运用实证分析方法的文献中，也多基于某类创业者（如大学生、返乡农民工等）的个人特质、受教育水平、专业知识和社会网络的某一因素或几个因素对创业者创业行为的影响展开实证分析，而系统研究中国西部农村家庭创业现状、存在的问题、影响因素和支持体系构建的文献并不算多，针对西南民族欠发达地区农村低收入家庭创业的文献十分匮乏，目前也鲜有文献基于西南民族地区脱贫家庭就业生计策略选择展开分析。从研究家庭创业支持体系的文献来看，国内外已有研究创业支持体系的文献主要针对特定人群（如大学生、返乡农民工）展开分析，而基于中国西部农村家庭创业视角来分析构建创业支持体系的文献不足，这在一定程度上为本书提供了进一步研究的空间。

第三节　研究思路与框架

一、研究思路

第一，对国家和西部十二省（区、市）的创业政策、创业理论、创新理论、新经济增长理论、人力资本理论、社会资本理论、高质量发展理论进行了梳理，以作为分析西部地区农村家庭创业支持体系的基础理论；对与家庭创业的影响因素和家庭创业的支持体系有关的文献进行了梳理，以期为本书的写作提供指导与启示；对创业动机、主体禀赋、政策体系和文化环境对创业行为的作用机理进行系统的阐释。

第二，基于 CHFS 在西部地区十省（区、市）的调查数据和笔者 2015 年在陕西省、2019 年在西南四省（区、市）的民族地区调查数据及其他渠道数据，对西部地区农村家庭创业的基本态势与存在的主要问题进行了分析。

第三，在分析了西部地区农村家庭创业的基本态势与存在的主要问题的基础上，结合人力资本、社会资本及其他因素，实证分析了上述因素对西部地区农村家庭创业行为及家庭正规信贷约束的影响；基于西南民族欠发达地区农村低收入家庭数据，专门分析了心智资本、自然资本和其他因素对家庭创业的影响；并对脱贫家庭的生计策略选择进行了分析。

第四，基于西部地区农村家庭创业的基本态势与存在的主要问题和实证分析结果，提出构建以财税支持体系为基础、金融支持体系为重点、人力资本培育体系为主体和社会环境构建体系为辅助的西部地区农村家庭创业支持体系。

二、研究框架

本书研究框架如图 1-1 所示：

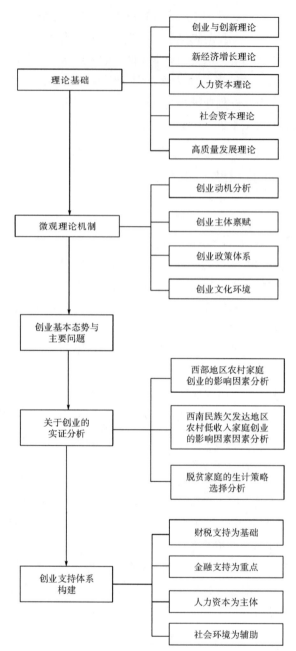

图 1-1　本书研究框架

第二章　创业政策、理论与机制

研究西部地区农村家庭创业行为，有必要梳理与创业相关的政策与理论。本章首先基于国家层面梳理了历年与创业有关的支持政策，并进一步整理了党的十八大以来西部地区十二省（区、市）的创业相关支持政策；其次，梳理了与创业有关的创业理论、创新理论、新经济增长理论、人力资本理论、社会资本理论和高质量发展理论；最后，创业微观理论机制研究的薄弱、内涵阐释的缺乏是西部地区农村家庭创业理论与实践面临的难题，为此，本章专门从创业动机、主体禀赋、政策体系和文化环境对创业行为的作用机理进行系统的阐释。

第一节　创业政策

推进大众创业、万众创新，是发展的动力之源，也是富民之道、公平之计、强国之策，对于推动经济结构调整、打造发展新引擎、增强发展新动力、走创新驱动发展道路具有重要意义，是稳增长、扩就业、激发亿万群众智慧和创造力，促进社会纵向流动、公平正义的重大举措①。改革开放以来，特别是1992年党的十四大确定了社会主义市场经济体制改革目标以后，我国非公有制经济发展的前景愈加广阔，给农村家庭创建中小微企业提供了稳健的政策支持环境。研究西部地区农村家庭创业有必要对有关的创业政策进行梳理分析，以期对创业政策环境的理解和掌握更充分。首先是历年中央一号文件中有关发展私营经济的论述，如表2-1所示，早在1982年的第一个中央一号文件《全国农村工作会议纪要》中就提出允许发展家庭副业、发展专业户，1983年中央一号文件继续明确适当发展个体商业，2004年的中央一号文件明确提出要

---

① 中央人民政府网，《国务院关于大力推进大众创业万众创新若干政策措施的意见》，2015年6月16日。

大力发展农村个体私营等非公有制经济，尽管1982—2004年中央一号文件并未出现有关"创业"的论述，但允许家庭发展副业、个体私营经济本质上与本书中创业的内涵是一致的。2006年中央一号文件则明确提出"开展有组织的创业培训，要引导和组织农民工自觉接受创业培训，提高创业能力"。2004—2021年连续18年的中央一号文件均提及"创业"，特别是2008年全球金融危机发生以后，全球经济和我国经济发展动力不足，农民工群体就业形势十分严峻，国家将就业创业问题作为头等大事来抓。2008—2021年中央一号文件中，几乎每年都提及"返乡创业"。2021年中央一号文件《中共中央 国务院关于全面推进乡村振兴加快农业农村现代化的意见》则提出吸引城市各方面人才到农村创业创新，参与乡村振兴和现代农业建设，将创业问题作为实施乡村振兴战略的重要一环①。

表2-1　历年中央一号文件有关"创业"的论述

年份	中央一号文件名称	有关"创业"的代表性关键词句
1982	《全国农村工作会议纪要》	发展家庭副业，发展专业户
1983	《当前农村经济政策的若干问题》	适当发展个体商业
1984	《关于一九八四年农村工作的通知》	在实行联产承包责任制基础上出现的专业户，是农村发展中的新生事物，应当珍惜爱护，积极支持
1985	《关于进一步活跃农村经济的十项政策》	鼓励农民发展采矿和其他开发性事业
1986	《关于一九八六年农村工作的部署》	支持农民发展多种经营，个体经济是社会主义经济的必要补充，鼓励各类专业户勤劳致富
2004	《中共中央 国务院关于促进农民增加收入若干政策的意见》	（1）大力发展农村个体私营等非公有制经济，未禁入的行业和领域，农村个体工商户和私营企业都可以进入。 （2）在税收、投融资等方面，对农村个体工商户和私营企业给予支持。 （3）对合法经营的农村流动性小商小贩，除另有规定外，免于工商登记和收取有关税费

---

① 历届中央一号文件和下文有关创业的政策文件均可自互联网查询得到，这里不再详列具体网站。

表2-1（续）

年份	中央一号文件名称	有关"创业"的代表性关键词句
2006	《中共中央 国务院关于推进社会主义亲农村建设的若干意见》	开展有组织的创业培训，引导和组织农民工自觉接受创业培训，提高创业能力
2007	《中共中央 国务院关于积极发展现代农业扎实推进社会主义新农村建设的若干意见》	采取各类支持政策，鼓励外出务工农民带技术、资金回乡创业
2008	《中共中央 国务院关于切实加强农业基础建设进一步促进农业发展农民增收的若干意见》	加快提高农民素质和创业能力，以创业带动就业，实现创业富民、创新强农
2009	《中共中央 国务院关于2009年促进农业稳定发展农民持续增收的若干意见》	落实农民工返乡创业扶持政策，在贷款发放、税费减免等方面提供支持，鼓励农民就近就地创业
2010	《中共中央 国务院关于加大统筹城乡发展力度进一步夯实农业农村发展基础的若干意见》	促进农民就业创业，增强就业创业能力，拓展农村非农就业空间，将返乡创业和就近创业纳入政策扶持范围
2012	《中共中央 国务院关于加快推进农业科技创新持续增强农产品供给保障能力的若干意见》	对符合条件的农村青年务农创业和农民工返乡创业项目给予补助和贷款支持
2013	《中共中央 国务院关于加快发展现代农业 进一步增强农村发展活力的若干意见》	制订专门计划，对符合条件的中高等学校毕业生、退役军人、返乡农民工务农创业给予补助和贷款支持
2015	《中共中央 国务院关于加大改革创新力度加快农业现代化建设的若干意见》	引导有技能、资金和管理经验的农民工返乡创业，落实定向减税和普遍性降费政策，降低创业成本和企业负担
2016	《中共中央 国务院关于落实发展新理念加快农业现代化 实现全面小康目标的若干意见》	大力促进就地就近转移就业创业，支持农民工返乡创业，鼓励各地设立农村妇女就业创业基金，加大妇女小额担保贷款实施力度，加强妇女技能培训，支持农村妇女发展家庭手工业
2017	《中共中央 国务院关于深入推进农业供给侧结构性改革 加快培育农业农村发展新动能的若干意见》	（1）支持进城农民工返乡创业，鼓励各类人才回乡下乡创业创新，整合落实支持农村创业创新的市场准入、财税金融等方面优惠政策。 （2）鼓励各地建立返乡创业园、创业孵化基地、创客服务平台

表2-1(续)

年份	中央一号文件名称	有关"创业"的代表性关键词句
2018	《中共中央 国务院关于实施乡村振兴战略的意见》	实施乡村就业创业促进行动,大力发展文化、旅游、生态等乡村特色产业
2019	《中共中央 国务院关于坚持农业农村优先发展做好"三农"工作的若干意见》	(1)支持乡村创新创业,鼓励外出农民工等各类人才返乡下乡创新创业。(2)鼓励地方设立乡村就业创业引导基金,加强创新创业孵化平台建设,创建一批返乡创业园,发展小微企业
2020	《中共中央 国务院关于抓好"三农"领域重点工作确保如期实现全面小康的意见》	深入实施农村创新创业带头人培育行动,将符合条件的返乡创业农民工纳入一次性创业补贴范围
2021	《中共中央 国务院关于全面推进乡村振兴加快农业农村现代化的意见》	吸引城市各方面人才到农村创业创新,参与乡村振兴和现代农业建设

除历年中央一号文件对"创业"问题的重视,党的十八大以后,我国政府还出台了一系列更为详细、操作性更强的政策文件以推进创业战略。在这些文件中,最典型、关注度最高的莫过于2015年《国务院关于大力推进大众创业万众创新若干政策措施的意见》,该意见从商事制度改革、人才培养机制、财税金融政策等方面对创业的政策支持进行了系统阐述。同年,我国政府还专门针对农民工群体出台了《国务院关于支持农民工等人员返乡创业的意见》,提出从产业转移,输出地产业升级、一、二、三产业融合发展等方面带动农民工返乡创业。因为受2020年新冠肺炎疫情影响,返乡留乡农民工规模扩大,针对这一新现象、新问题,我国政府又第一时间出台了《扩大返乡留乡农民工就地近就业规模实施方案》,提出要引导返乡留乡农民工积极发展乡村车间、家庭工场、手工作坊、创意农业等,并要求地方政府做好相关服务。随着精准扶贫战略的全面实施,创业支持政策又与贫困地区和贫困群体有效结合起来,给予建档立卡贫困人口创业项目优惠。针对其他重点群体,如高校毕业生、退伍军人等,国家也都有相关创业支持政策。总体来看,党的十八大以后,国家对农民创业和非农就业问题极为重视,几乎每年都有重磅文件出台(见表2-2),在国家层面掀起了一股创业风暴,使得"创业"一词成为社会关注的关键词,创业理念深入人心,创业氛围日益浓厚,创业文化逐渐形成。

表 2-2　党的十八大以来国家有关创业支持的主要政策一览表

年份	政策名称	有关"创业"的代表性关键词句
2013	《财政部 国家税务总局关于暂免征收部分小微企业增值税和营业税的通知》	对增值税小规模纳税人中月销售额、营业税纳税人中月营业额不超过 2 万元的企业或非企业性单位，暂免征收增值税、营业税
2014	《2014 年国家鼓励高校毕业生就业创业新政策》	2014 年至 2017 年，在全国范围内实施大学生创业引领计划，逐步提高高校毕业生创业比例
2015	《国务院关于大力推进大众创业万众创新若干政策措施的意见》	（1）深化商事制度改革；健全创业人才培养与流动机制；支持科研人员、大学生、境外人才来华创业。 （2）加大财税支持力度；优化资本市场、创新银行支持方式、丰富创业融资新模式；建立和完善创业投资引导机制、拓宽投资资金供给渠道。 （3）加快发展创业孵化服务，发展"互联网+"创业服务，打造创业创新公共平台
	《国务院关于加快构建大众创业万众创新支撑平台的指导意见》	（1）打造创业创新新格局，全面推进众创，释放创业创新能量，鼓励推进网络平台众创。 （2）推广众包，立体实施众扶，稳健发展众筹
	《农业部关于实施推进农民创业创新行动计划（2015—2017 年）的通知》	（1）营造农民创业创新政策环境，搭建创业创新平台，培养创业创新带头人和辅导师。 （2）总结推广农民创业创新模式和经验、健全服务体系
	《国务院办公厅关于支持农民工等人员返乡创业的意见》	（1）促进产业转移，输出地产业升级带动返乡创业；鼓励输出地资源嫁接输入地市场带动返乡创业；引导一、二、三产业融合发展，新型农业经营主体发展带动返乡创业。 （2）加强基层服务平台和互联网创业线上线下基础设施建设；整合发展农民工返乡创业园；强化返乡农民工等人员创业培训工作。 （3）降低返乡创业门槛，加大财税金融支持力度

表2-2(续)

年份	政策名称	有关"创业"的代表性关键词句
2015	《农业部办公厅关于加强农民创新创业服务工作促进农民就业增收的意见》	(1)建立一批"农民创新创业环境和成本监测点",发布"农民创新创业环境和成本监测分析报告";搭建农民创新创业示范基地。 (2)建设一支以专家导师、企业家导师为主体的农民创新创业指导人员队伍;为农民创新创业提供包括政务、事务等专业和综合类的服务;吸引社会资金建立农民创新创业发展基金
	《国务院办公厅关于深化高等学校创新创业教育改革的实施意见》	(1)建立创业就业导向的人才培养类型结构调整新机制;探索建立跨学科、跨专业交叉培养创新创业人才的新机制。 (2)健全创新创业教育课程体系,改革教学方法和考核方式,加强教师创新创业教育教学能力建设
2016	《国务院办公厅关于支持返乡下乡人员创业创新促进农村一二三产业融合发展的意见》	(1)鼓励和引导返乡下乡人员开发农业农村资源,发展优势特色产业;开展网上创业。 (2)培育产权清晰、利益共享、机制灵活的创业创新共同体
	《人力资源社会保障部办公厅等五部门关于实施农民工等人员返乡创业培训五年行动计划(2016-2020年)的通知》	使创业培训总量、结构、内容、模式与经济社会发展和农民工等人员创业需求相适应;到2020年,力争使有创业要求和培训愿望、具备一定创业条件或已创业的农民工等人员都能参加一次创业培训
	《人力资源社会保障部教育部关于实施高校毕业生就业创业促进计划的通知》	(1)把有就业创业意愿的高校毕业生全部纳入就业创业促进计划。 (2)实施能力提升、创业引领、校园精准服务、就业帮扶、权益保护五大行动
2017	《"十三五"促进就业规划》	坚持深化"放管服"改革,不断优化创业环境,激发全社会支持创业、参与创业的积极性

表2-2（续）

年份	政策名称	有关"创业"的代表性关键词句
2018	《人力资源社会保障部 国家发展改革委 财政部 关于推进全方位公共就 业服务的指导意见》	（1）对有创业意愿的劳动者，提供创业培训、开业指导、融资服务、政策落实等"一条龙"服务。 （2）加强创业孵化基地建设，加大创业担保贷款贴息等政策落实力度，完善担保机制。 （3）注重对创业失败者的指导服务，帮助其再次实现就业创业
2019	"2019年春风行动"①	加强就业服务、引导返乡创业、推进就业扶贫，支持农村劳动力就业创业
	《人力资源社会保障部 共青团中央关于实施青 年就业启航计划的通知》	（1）为符合条件的失业青年提供创业担保贷款、一次性创业补贴、场租补贴等支持，降低创业成本。 （2）发挥公益性创业组织作用，引入市场化、专业化社会机构参与创业服务和创业培训。 （3）组织开展"中国创翼""创青春"创业大赛等活动
	《国家级大学生创新创业 训练计划管理办法》	深化高校创新创业教育教学改革，加强大学生创新创业能力培养
	《职业院校全面开展职业 培训 促进就业创业行动 计划》	鼓励职业院校积极开展面向高校毕业生、退役军人、农民工、去产能分流职工、建档立卡贫困劳动力、残疾人等重点人群的就业创业培训项目
	《财政部 税务总局 人力 资源社会保障部 国务院 扶贫办关于进一步支持 和促进重点群体创业就 业有关税收政策的通知》	建档立卡贫困人口、持"就业创业证"或"就业失业登记证"的人员，自办理个体工商户登记当月起，在3年内按每户每年12 000元为限额依次扣减其当年实际应缴纳的增值税等

---

① "春风行动"是就业服务专项活动重点品牌之一。由原劳动和社会保障部发起，专门为进城农民工提供就业服务的"春风行动"，在全国各地相继启动，内容包括为农民工提供就业机会、保障农民工的合法权益以及整顿劳动力中介机构等。

表2-2(续)

年份	政策名称	有关"创业"的代表性关键词句
2020	《国务院办公厅关于应对新冠肺炎疫情影响强化稳就业举措的实施意见》	政府投资开发的孵化基地等创业载体应安排一定比例场地,免费向高校毕业生、农民工等重点群体提供
	《教育部关于应对新冠肺炎疫情做好2020届全国普通高等学校毕业生就业创业工作的通知》	强化线上就业创业指导,开发、共享一批线上就业创业精品课程和就业创业讲座视频;汇总发布毕业生就业创业政策汇编及就业创业网站等信息
	《扩大返乡留乡农民工就地就近就业规模实施方案》	实施返乡留乡农民工创业推进行动,引导返乡留乡农民工积极发展乡村车间、家庭工场、手工作坊、创意农业等。(2)在县乡行政服务大厅设立服务窗口,为返乡留乡农民工就业创业提供"一站式"服务
	《人力资源社会保障部 财政部 农业农村部关于进一步推动返乡入乡创业工作的意见》	(1)进一步推动返乡入乡创业,以创业带动就业,促进农村一、二、三产业融合发展。(2)将有培训需求的返乡入乡创业人员全部纳入创业培训范围
2021	《中华人民共和国乡村振兴促进法》	(1)支持农民、返乡入乡人员在乡村创业创新;鼓励高等学校、职业学校毕业生到农村就业创业。(2)组织开展返乡创业就业培训和职业技能培训,培养创新创业带头人
	《人力资源社会保障部关于做好2021年全国高校毕业生就业创业工作的通知》	(1)将创业培训向校园延伸,针对毕业生特点提供创业意识教育、创业项目指导、网络创业等培训。(2)落实创业担保贷款提高额度、降低利率政策和免除反担保要求,允许毕业生在创业地申请创业担保贷款。(3)倾斜创业服务资源,为毕业生推荐适合的创业项目,支持毕业生从事个体经营、非全日制就业和平台就业
	《退役军人事务部等8部门关于促进退役军人到开发区就业创业的意见》	优先优惠为退役军人及其创办企业提供有关金融、外贸、法律、信息咨询、人才交流与培训等支撑服务
	《人力资源社会保障部 国家发展改革委 财政部 农业农村部 国家乡村振兴局关于切实加强就业帮扶巩固拓展脱贫攻坚成果助力乡村振兴的指导意见》	(1)引导农民工等人员返乡入乡创业、乡村能人就地创业,帮助有条件的脱贫人口自主创业。(2)加强返乡创业载体建设,在脱贫地区建设一批返乡入乡创业园、创业孵化基地

仅有国家层面的创业支持政策，很难使创业行动落地。伴随国家创业政策的推进，西部地区各省（区、市）均积极跟进，结合本地实际情况，出台了一系列创业支持政策①。四川省作为西部地区人口数量第一大省、经济规模第一大省，特别重视就业创业问题，党的十八大以来，出台多项就业创业支持政策（见表 2-3）。最为典型的是 2016 年颁布的《创业四川行动实施方案（2016—2020 年）》（以下简称《方案》），《方案》从创业主体孵化、创业金融支撑、创业示范行动、创业人才激励、创业品牌塑造、创业氛围营造等方面进行了系统阐述。2018 年颁布的《促进返乡下乡创业二十二条措施》对返乡下乡创业活动的支持进行了详细阐述。

表 2-3　四川省有关创业支持的主要政策一览表

年份	政策名称	有关"创业"的代表性关键词句
2014	《四川省委办公厅 四川省人民政府办公厅关于改革完善体制机制大力促进大学生和科技人才创新创业的意见》	（1）推进大学生创新创业俱乐部建设，支持重点园区建立大学生和科技人才创新创业园。 （2）开设四川省大学生创新创业网，提供一站式、"一条龙"服务
2015	《四川省委办公厅 四川省人民政府办公厅关于全面推进大众创业、万众创新的意见》	实施创业四川行动，培育创新文化，激发全社会创新创业活力，搭建创新创业转化孵化平台，构建创新创业生态体系，形成想创、会创、能创、齐创的生动局面
2016	《创业四川行动实施方案（2016—2020 年）》	（1）实施创业主体孵化行动，实施创业人才激励行动，实施创新活力释放行动。 （2）实施创新创业金融支撑行动，实施创新创业示范行动。 （3）实施创业品牌塑造行动，营造创新创业氛围
2016	《四川省人社厅等 10 部门关于进一步促进大学生就业创业的意见》	扩大扶持范围，加大扶持力度，增添扶持政策，简化办理程序
2017	《四川省就业创业促进条例》	倡导劳动者树立正确的就业创业观念，提高就业创业能力

---

① 西部地区十二省（区、市）有关创业支持政策的主要文件通过网络搜集整理，可能并不详尽，敬请谅解。

表2-3（续）

年份	政策名称	有关"创业"的代表性关键词句
2018	《促进返乡下乡创业二十二条措施》	（1）支持返乡下乡创业企业创建技能大师工作室，鼓励返乡下乡创业者建立就业创业社会组织、实施返乡下乡创业培训专项行动和创业带头人培养计划。 （2）将省对贫困县（市、区）实施的返乡创业基金并入当地创业担保贷款担保基金。 （3）返乡下乡领办（创办）家庭农场（林场）、农民合作社、农业企业等新型农业经营主体和服务主体，可按规定享受小微企业扶持政策
2019	《四川省人力资源和社会保障厅等五部门关于做好当前形势下高校毕业生就业创业工作的通知》	（1）加强创新创业教育，允许本科生用创业成果申请学位论文答辩，将创业培训向校园延伸，大学生创业经历可作为实习经历。 （2）将在校大学生的创业担保贷款最高额度提高到15万元，贷款期限延长至3年，放宽创业担保贷款申请条件。 （3）支持高校毕业生返乡下乡创业创新，对到贫困村创业符合条件的，给予优惠政策
2020	《关于深入推动大众创业万众创新再上新台阶的若干措施》	（1）突出对创新创业主体的帮扶，实施大学生就业创业促进计划。 （2）突出对创新创业载体的建设，包括搭建大、中、小企业融通发展平台。 （3）突出对创新创业环境的优化，全面落实减税降费政策
	《四川省激励科技人员创新创业十六条政策》	加大高层次人才创新创业支持力度，鼓励科技人员离岗创新创业
	《四川省关于进一步做好残疾人就业创业工作的工作的若干政策措施》	（1）把创新创业教育融入残疾人培养成长的全过程，对有创业意愿和培训需求的残疾人开展免费的创业培训。 （2）残疾人首次创办小微企业或从事个体经营，按规定给予一次性创业补贴
	《四川省大众创业万众创新示范基地建设实施方案》	力争到2022年年底前建设30个左右高水平的省级"双创"示范基地，形成一批可复制、可推广的创新创业模式和典型经验
2021	《四川省就业创业证管理办法》	劳动者办理就业和失业登记业务后，可凭个人有效身份证件，通过全省公共就业服务网点等方式查询或下载电子"就业创业证"

　　重庆市作为西部地区唯一直辖市，其就业创业工作对于经济社会发展十分重要，第七次全国人口普查结果显示，截至2020年年底，重庆市常住人口共

3 205.42万人①，在西部地区十二省（区、市）中排第六位，人口密度较高，就业创业问题比较严峻。自党的十八大以来，重庆市结合本市经济社会发展情况，出台多项就业创业支持政策（见表2-4），2018年颁布的《关于进一步支持中小微企业发展政策措施实施细则（试行）》，从入库培育及成长奖励、微型企业商业贷款贴息、微型企业孵化平台运营绩效奖励等对中小微企业的发展制定了详细规则。

表2-4 重庆市有关创业支持的主要政策一览表

年份	政策名称	有关"创业"的代表性关键词句
2014	《重庆市完善小微企业扶持机制实施方案》	放宽市场准入标准、缓解融资困难；完善创业平台扶持政策；
2015	《重庆市人民政府办公厅关于深化高等学校创新创业教育改革的通知》	（1）健全融通专业教育与创新创业教育的课程体系，探索创新创业教学及其管理方式，推进产教融合的创新创业实践教学。 （2）加强创新创业教师队伍建设，建立健全学生创新创业服务体系，加大创新创业政策和资金支持力度，实施创新创业人才质量评价
2016	《重庆市人民政府办公厅关于下达2016年就业创业工作目标任务的通知》	（1）新增创业人数27万人，探索"网络创业培训"和"创业培训+X技能"模式，优化"政担银"创业扶持贷款模式。 （2）培育创业文化，举办创业创新大赛、创业名师大讲堂、创业沙龙等活动，开展"十佳创业明星""十佳创业项目""十佳创业孵化基地"评比
2018	《关于进一步支持中小微企业发展政策措施实施细则（试行）》	18项中小微企业的政策扶持实施细则
2019	《重庆市人民政府关于做好当前和今后一个时期就业创业工作的实施意见》	鼓励创业带动就业，符合创业担保贷款申请条件的人员自主创业的，可申请最高不超过15万元的创业担保贷款
2020	《重庆市人民政府办公厅关于应对新冠肺炎疫情影响进一步稳定和促进就业的实施意见》	高校毕业生、退役军人、返乡农民工等重点群体首次创办企业，正常经营1年以上的，按企业实际缴纳社会保险费单位缴费部分的20%给予创业补助

---

① 国家统计局网站，《第七次全国人口普查公报》（第三号），2021年5月11日。

云南省作为我国少数民族种类和国家扶贫开发工作重点县数量最多的省份，按照国家统计标准，2012 年年底，贫困人口超过 880 万人，排在全国第二位，其中，少数民族贫困人口占比 46.4%。结合本省少数民族和经济社会发展状况，党的十八大以后，云南省出台了多项就业创业支持政策（见表 2-5）。在 2015 年颁布的《云南省人民政府关于进一步做好新形势下就业创业工作的实施意见》中，专门提出要"实施'技能扶贫专项行动'，到 2020 年，帮助100 万以上贫困人口实现就业摆脱贫困"。2018 年颁布的《云南省人民政府关于强化实施创新驱动发展战略进一步推进大众创业万众创新深入发展的实施意见》，专门提出要"加快构建特色创业就业渠道。依托独特的区位优势、生态旅游资源、民族文化和传统工艺等优势，立足民族地区传统手工业、本土风情歌舞和全省旅游产业现有基础，以金、木、土、石、布等民族工艺制品，以及云南印象、三道茶歌舞、蝴蝶之梦、印象丽江、勐巴拉娜西、梦幻香格里拉等为重点，打造民族手工业产业体系和本土歌舞品牌，开辟更广阔的创业就业渠道，培养一批符合云南实际的'创客'"。这项政策意在将本省少数民族比较优势与创业紧密结合起来，突出创业项目的特色，拓宽创业之道。

表 2-5　云南省有关创业支持的主要政策一览表

年份	政策名称	有关"创业"的代表性关键词句
2015	《云南省人民政府关于进一步做好新形势下就业创业工作的实施意见》	（1）实施"创业带动就业促进计划"，到 2017 年，全省通过"贷免扶补"创业担保贷款、"两个 10 万元"微型企业培育工程，扶持 60 万个以上创业主体，通过鼓励创业带动 150 万以上城乡劳动者就业。（2）实施"创业园区建设计划"，到 2017 年，全省建成 60 个扶持各类创业群体的州市、县市区创业园，60 个服务各类园区创业企业的园区众创空间，100 个服务各类大中专学校、技工院校学生的校园创业平台。（3）实施"技能扶贫专项行动"，到 2020 年，帮助 100 万以上贫困人口实现就业摆脱贫困

表2-5(续)

年份	政策名称	有关"创业"的代表性关键词句
2017	《云南省人民政府办公厅关于支持返乡下乡人员创业创新促进农村一二三产业融合发展的实施意见》	（1）实施农民工等人员返乡创业培训5年行动计划和新型职业农民培育工程、农村青年创业致富"领头雁"计划、贫困村创业致富带头人培训工程，开展新型职业农民创业创新培训。 （2）鼓励返乡下乡人员积极参加创业培训，经培训取得创业培训合格证的按照规定给予创业培训补贴。 （3）培育农村创业主体，构建创业服务平台，强化科技金融结合，营造农村创业环境。 （4）创建一批具有区域特色的返乡下乡人员创业创新园区和农村创业创新实训基地
	《云南省人民政府关于做好当前和今后一段时期就业创业工作的实施意见》	对毕业3年内（含毕业学年）在云南省创办带动脱贫效果明显、创新示范效应显著的大学生创业实体，给予创业补贴扶持
2018	《云南省人民政府关于强化实施创新驱动发展战略进一步推进大众创业万众创新深入发展的实施意见》	（1）加快构建特色创业就业渠道，立足民族地区传统手工业、旅游产业现有基础，培养一批符合云南实际的"创客"，大力发展"创客空间""创业咖啡"等新型孵化模式。 （2）支持返乡下乡人员创业创新，在财税、土地等方面给予政策支持，设立"绿色通道"，提供便利服务
	《云南省人民政府关于做好当前和今后一个时期促进就业工作的实施意见》	（1）符合创业担保贷款申请条件人员自主创业的，申请贷款最高额度可提高至15万元。 （2）加大对创业载体建设、失业人员创业的支持力度
2019	《云南省人力资源和社会保障厅等五部门做好当前形势下高校毕业生就业创业工作文件的通知》	对获得州（市）级以上荣誉称号以及信用良好的大学生创业者，原则上取消反担保
2020	《云南省人力资源和社会保障厅办公室关于进一步做好离校未就业高校毕业生就业创业工作的通知》	促进毕业生就业20条措施，及时发放"就业创业证"

贵州省作为我国经济最不发达的省份之一，曾经贫困人口数量居全国第一位，就业创业形势一直十分严峻。党的十八大以来，贵州省结合本省实际情况，出台多项就业创业支持政策（见表2-6）。早在2015年，贵州省就出台了《贵州省人民政府办公厅关于印发"雁归兴贵"促进农民工返乡创业就业行动计划的通知》，积极引导农民工返乡创业就业，特别提出"促进留守儿童、困境儿童家庭劳动力返乡创业就业"和实施"贵州省中小企业星光培训工程"。在2017年《贵州省人民政府办公厅关于进一步支持返乡下乡人员创业创新促进农村一二三产业融合发展的实施意见》中，提要鼓励开展网上创业，结合贵州特色资源优势，促进"黔货出山"和"网货下乡"，并特别提出，对返乡下乡人员到省66个国家级贫困县创新创业给予重点扶持。2018年，颁布《贵州省农民全员培训三年行动计划（2019—2021年）》，提出"2019年至2021年，对1 842万农民群众开展多种形式的综合素质提升和技能培训，通过3年时间实现农民培训全覆盖"的目标。

表2-6　贵州省有关创业支持的主要政策一览表

年份	政策名称	有关"创业"的代表性关键词句
2015	《贵州省人民政府办公厅关于印发"雁归兴贵"促进农民工返乡创业就业行动计划的通知》	（1）到2017年，引导75万名农民工返乡创业就业；到2020年，累计引导150万名农民工返乡创业就业；促进留守儿童、困境儿童家庭劳动力返乡创业就业。 （2）将农民工创业就业与新农村建设、小城镇发展、县域经济和现代高效农业发展结合起来。 （3）建立农民工返乡创业就业"一站式"服务窗口；加大农民工返乡创业就业财政、金融服务支持力度。 （4）实施"国家中小企业银河培训工程"和"贵州省中小企业星光培训工程"，开展返乡农民工创业辅导培训；实施创业就业"双百"工程，加强农民工创业就业信息监测
2016	《贵州省人民政府关于大力推进大众创业万众创新的实施意见》	到2020年，新增一批众创、众包、众扶、众筹等大众创业、万众创新支撑平台，新建大学科技园8家以上，新增创业创新服务平台200个、创业创新示范基地20个、创业孵化基地100个、农民工创业园（点）100个，扶持各类创业创新团队3 000个以上、中小微企业30万户以上，初步建成全国创新示范基地

表2-6(续)

年份	政策名称	有关"创业"的代表性关键词句
2017	《贵州省人民政府关于做好当前和今后一段时期就业创业工作的实施意见》	(1) 引导新兴产业创业投资，积极发挥现有基金的作用，为高校毕业生创业提供股权投资、融资担保等服务。 (2) 对实现就业或自主创业的低保对象，降低就业创业成本。 (3) 构建集创业培训、政策咨询、项目推介、开业指导等"一条龙服务"的创业生产线。 (4) 积极开展农民工等人员返乡创业试点，鼓励和引导外出农民工返乡创业就业
	《贵州省人民政府办公厅关于进一步支持返乡下乡人员创业创新促进农村一二三产业融合发展的实施意见》	(1) 引导返乡下乡人员创办领办家庭农场、农民合作社、农业企业、农业社会化服务组织等，鼓励开展网上创业，促进"黔货出山""网货下乡"。 (2) 积极创建具有区域特色的返乡下乡人员创业创新园区（基地）。 (3) 突出抓好贫困地区创业创新，对返乡下乡人员到省66个国家级贫困县创新创业给予重点扶持。 (4) 鼓励银行业金融机构开发符合返乡下乡人员创业需求特点的金融产品和服务
2018	《贵州省农民全员培训三年行动计划（2019—2021年）》	2019年至2021年，对1 842万农民群众开展多种形式的综合素质提升和技能培训，通过3年时间实现农民培训全覆盖
2019	《贵州省人民政府关于推动创新创业高质量发展打造"双创"升级版的实施意见》	(1) 推动大数据关联业态创新创业，推动数字经济创新创业，推进创新创业特色小镇建设。 (2) 鼓励和支持科研人员、退役军人、大学生创新创业。 (3) 激发农村"双创"活力，推动"双创"要素向农村集聚，加快培育创新创业型农业经营主体，以创新创业助推脱贫攻坚
2020	《贵州省人民政府办公厅关于进一步加强易地扶贫搬迁群众就业增收工作的指导意见》	(1) 支持搬迁群众在城镇创业，给予场地、用水用电等创业扶持。 (2) 出台搬迁群众创业担保贷款、补贴政策，贫困人口、持"就业创业证"或"就业失业登记证"的搬迁劳动力，从事个体经营，享受优惠政策

党的十八大以来，广西壮族自治区结合区情出台多项就业创业支持政策（见表2-7），特别是在2021年审时度势，颁布了《广西大众创业万众创新三年行动计划（2021—2023年）》，提出实施创新创业主体培育、人才引育、金融支撑等八大行动。针对农村地区，则提出要实施农村创新创业人才培训行动、农村青年创业致富"领头雁"培养计划，鼓励农民依托电商创业。

表 2-7　广西壮族自治区有关创业支持的主要政策一览表

年份	政策名称	有关"创业"的代表性关键词句
2015	《广西壮族自治区人民政府办公厅关于印发大力推进大众创业万众创新实施方案的通知》	到 2020 年年底，全区初步形成较为完善的创业创新政策体系，呈现出创业创新载体多元、服务专业、创新要素集聚的良好格局
	《广西大力促进众创空间发展工作方案》	（1）到 2020 年，全区建成 20 个以上众创空间，10 个以上大学生创业示范基地、40 个以上小微企业创业孵化基地；在全区形成 100 家以上创业咨询专业机构，选拔创业导师、咨询师超过 500 人；以大学生创业者、海外创业者等为代表的创新创业人才达到 4 万人以上；累计孵化创业企业达到 1 500 家以上。（2）鼓励和支持农民工创业，加快推进农民工创业园建设试点，支持具有一技之长的农民工回乡创业
	《广西壮族自治区人民政府关于进一步做好新形势下就业创业工作的通知》	支持每个设区市创建自治区示范性农民工创业园，经验收合格的，给予奖励 500 万元；鼓励高校和社会各界建设各类新型众创空间
2017	《广西壮族自治区人民政府关于做好当前和今后一段时期就业创业工作的通知》	对做好就业创业工作制定出 11 条新政策，在支持企业发展、推动大众创业等 6 大方面，给创业者更多实惠
2018	《广西壮族自治区人力资源和社会保障厅 广西壮族自治区财政厅关于开展农民工创业就业补贴工作的通知》	对农民工新创办的各类市场主体给予一次性创业奖补
2020	《广西促进 2020 年高校毕业生就业创业十条措施》	加大对高校毕业生自主创业的金融支持力度，放宽创业担保贷款申请条件；对创业地在贫困县的，补贴标准提高至 1 万元
	《广西壮族自治区人力资源和社会保障厅等 7 部门关于印发广西高校毕业生就业创业推进行动实施方案的通知》	加大创业培训工作力度，对有创业意愿和培训意愿的毕业生普遍提供创业培训

表2-7（续）

年份	政策名称	有关"创业"的代表性关键词句
2021	《广西大众创业万众创新三年行动计划（2021—2023年）》	（1）实施科技创新能力提升、创新创业型产业集聚融合发展、创新创业主体培育、人才引育、金融支撑、开放合作水平提升、营商环境攻坚、服务体系升级八大行动。 （2）完善农民工创业园运营管理制度，实施农村创新创业人才培训行动、农村青年创业致富"领头雁"培养计划，鼓励农民依托电商创业

内蒙古自治区作为经济社会发展具有鲜明特色的省份，党的十八大以后，结合本省实际情况，出台了多项就业创业支持政策（见表2-8）。2015年颁布的《内蒙古自治区人民政府关于大力推进大众创业万众创新若干政策措施的实施意见》就提出实施"人才强区"工程和"草原英才"工程，壮大创业创新群体；围绕休闲农牧业、农畜产品深加工、农村牧区旅游、农村牧区服务业等开展创业。2016年出台《"创业内蒙古"行动计划（2016—2020年）》，提出实施创客逐梦、创业筑巢、创业领航、融资畅通、青年创业、返乡农牧民工创业计划。2021年提出的内蒙古自治区创业培训"马兰花计划"，重点对脱贫家庭子女、脱贫劳动力、城乡未继续升学初高中毕业生、高校学生、下岗失业人员、小微企业主、个体工商户等开展创业培训，且每年创业培训人数不低于2万人。同年出台《内蒙古自治区人力资源和社会保障厅等关于切实加强就业帮扶巩固拓展脱贫攻坚成果助力乡村振兴的实施意见》，提出要"支持脱贫人口、农村牧区低收入人口自主创业"。

表2-8 内蒙古自治区有关创业支持的主要政策一览表

年份	政策名称	有关"创业"的代表性关键词句
2015	《内蒙古自治区人民政府关于大力推进大众创业万众创新若干政策措施的实施意见》	（1）实施"人才强区"工程和"草原英才"工程，壮大创业创新群体。 （2）探索创业券、创新券等公共服务新模式、发展"互联网+"创业创新服务。 （3）支持围绕休闲农牧业、农畜产品深加工、农村牧区旅游、农村牧区服务业等开展创业
2016	《"创业内蒙古"行动计划（2016—2020年）》	实施创客逐梦、创业筑巢、创业领航、融资畅通、青年创业、返乡农牧民工创业计划；

表2-8（续）

年份	政策名称	有关"创业"的代表性关键词句
2017	《内蒙古自治区人民政府关于"十三五"时期促进就业的意见》	（1）实施"创业内蒙古"行动计划（2016—2020），加大对初创企业政策扶持力度，降低创业成本。（2）强化以众创、众包、众扶、众筹为支撑平台的"四众"创业市场建设，探索建立创业培训、创业模拟训练和创业基地实训"三合一"培训模式
2018	《内蒙古自治区人民政府关于强化实施创新驱动发展战略进一步推进大众创业万众创新深入发展的实施意见》	对于返乡创业的农牧民工，在创业担保贷款、培训补贴、社会保险补贴方面予以支持，鼓励返乡下乡人员围绕优势特色产业创业
2020	《内蒙古自治区人民政府办公厅关于应对新冠肺炎疫情影响强化稳就业若干措施的通知》	加大对农牧民工返乡创业的支持力度，对农牧民返乡创业用地指标优先保障
2021	内蒙古自治区创业培训"马兰花计划"	每年创业培训人数不低于2万人。重点对脱贫家庭子女、脱贫劳动力、城乡未继续升学初高中毕业生、高校学生、下岗失业人员、小微企业主、个体工商户等开展创业培训
	《内蒙古自治区人力资源和社会保障厅等关于切实加强就业帮扶巩固拓展脱贫攻坚成果助力乡村振兴的实施意见》	鼓励引导返乡农牧民工、入乡留乡人员等创业人员创办农牧产品加工实体、农牧民合作社、创意农牧业等新型农牧业经营主体；支持脱贫人口、农村牧区低收入人口自主创业

宁夏回族自治区作为西部地区经济社会发展水平较低的少数民族聚居省份，就业创业一直是地方政府十分重视的关键问题，自党的十八大以来，宁夏区委、区政府出台了一系列与就业创业相关的文件（见表2-9）。早在2015年，就颁布《宁夏回族自治区人民政府办公厅关于支持农民工等人员返乡创业的实施意见》，提出通过产业发展、产业融合来带动农民工等人员返乡创业，以回族特色村镇为平台和载体，带动民族地区创业。2021年颁布的《宁夏回族自治区人民政府办公厅关于支持多渠道灵活就业的实施意见》则更为具体地提出"完善网约车、外卖送货、网络销售等'互联网+劳务'新就业平台用工发展的政策支持体系"。

表 2-9　宁夏回族自治区有关创业支持的主要政策一览表

年份	政策名称	有关"创业"的代表性关键词句
2015	《宁夏回族自治区人民政府办公厅关于支持农民工等人员返乡创业的实施意见》	（1）加快产业发展带动返乡创业，积极发展特色优势产业，带动农民工等人员返乡创业；支持新型农业经营主体发展带动返乡创业。 （2）引导产业融合发展带动返乡创业，充分开发乡村、乡土、乡韵潜在价值，拓展创业空间，以回族特色村镇为平台和载体，带动民族地区创业；
2016	《宁夏回族自治区人民政府关于大力推进大众创业万众创新若干政策措施的实施意见》	支持农村劳动力创业，建立返乡人员创业联盟等协作创业模式，推动农村青年网上创业
2017	《宁夏回族自治区人民政府办公厅关于激发重点群体活力带动城乡居民增收重点任务落实分工方案的通知》	（1）支持农民工、大学生等人员返乡创业。 （2）推动工商登记注册便利化，推行"一表申请、一窗受理、一次告知"，提升创业参与率
	《宁夏回族自治区人民政府关于做好当前和今后一段时期就业创业工作的实施意见》	建立促进就业创业工作激励机制，加大就业补助资金转移支付力度
2019	《宁夏回族自治区人民政府办公厅关于印发吸引支持大学生在宁创新创业就业办法的通知》	（1）在校大学生或毕业 2 年内大学生在创业初始阶段经登记注册并正常营业 3 个月以上的，给予一定创业补贴。 （2）对毕业 5 年内在我区创业的大学生，可提供最高 30 万元个人创业担保贷款，贷款期限 3 年，并享受财政贴息
2021	《宁夏回族自治区退役军人事务厅关于做好 2021 年退役军人就业创业工作的通知》	启动加快推进退役军人创业孵化基地建设工作；为退役军人提供有特色精细化的培训服务
	《宁夏回族自治区人民政府办公厅关于支持多渠道灵活就业的实施意见》	创造更多灵活就业机会，鼓励自谋职业、自主创业；完善网约车、外卖送货、网络销售等"互联网+劳务"新就业平台用工发展的政策支持体系

　　甘肃省作为西部地区经济规模较小的省份，就业创业一直是政府工作的重点，党的十八大以来，甘肃省委、省政府出台多项政策以促进就业创业（见表 2-10）。其中，2017 年颁布的《甘肃省人民政府关于做好当前和今后一段

时期就业创业工作的实施意见》专门提出要"支持民族地区就业创业工作，加大对少数民族地区劳动者的创业培训力度"，2018 年颁布的《甘肃省人民政府关于强化实施创新驱动发展战略 进一步推进大众创业万众创新 深入发展的实施方案》则提出要"创建兰白国家自主创新示范区，拓展创新创业领域，提升创新创业层次"的目标。

表 2-10　甘肃省有关创业支持的主要政策一览表

年份	政策名称	有关"创业"的代表性关键词句
2015	《甘肃省关于大力推进大众创业万众创新的实施方案》	创建 1~2 个国家新兴产业"双创"示范基地、2 个国家小微企业创业创新基地示范城市、10 个省级"双创"示范县（区、市）、300 个众创空间和科技孵化载体、50 个就业创业实训基地、20 个创业创新示范园、100 个小微企业创业基地、1 000 个乡镇就业公共服务中心、80 个农民工返乡创业园
2017	《甘肃省人民政府关于做好当前和今后一段时期就业创业工作的实施意见》	（1）鼓励劳动者通过新兴业态就业创业；加大对省级返乡创业示范县的扶持力度；鼓励各类劳动者到农村就业创业。 （2）优化创业环境，创新创业平台，创业投融资渠道。 （3）加大对少数民族地区劳动者的创业培训力度
2018	《甘肃省人民政府关于强化实施创新驱动发展战略 进一步推进大众创业万众创新 深入发展的实施方案》	创建兰白国家自主创新示范区，拓展创新创业领域，提升创新创业层次，激发创新创业潜能
2020	《甘肃省人民政府办公厅关于切实保护和激发市场主体活力促进民营经济持续健康发展的若干措施的通知》	引导新毕业大学生、返乡能人等开展"互联网＋乡村旅游"，引导各类社会资本进入"互联网＋乡村体验"等创业项目；支持对乡村创业者的创业培训；对符合条件的返乡入乡创业人员可按规定给予创业补贴、担保贷款贴息和培训补贴
2020	《甘肃省人民政府办公厅关于积极应对新冠肺炎疫情影响切实做好稳就业工作若干措施的通知》	建设一批农民工返乡创业园、农村创新创业和返乡创业孵化实训基地。加强对返乡创业重点人群、贫困村创业致富带头人、农村电商人才等的培训培育。对返乡农民工首次创业且正常经营 1 年以上的，有条件的地区可给予 5 000 元的一次性创业补贴

陕西省作为西部地区传统经济强省，2020 年 GDP 总量为 2.618 万亿元，在全国排名第 14 位，人均 GDP 为 6.754 万元，在全国排在第 12 位，在西部地

区仅次于重庆和内蒙古，经济发展十分强劲，党的十八大以来，陕西省委、省政府出台了一系列就业创业政策（见表2-11）。早在2015年颁布的文件中，就提出加强西部农民创业促进工程试点县和农民工回乡创业示范县建设，实施农民创业示范工程，2017年更是提出实施农村青年创业致富"领头雁"计划、贫困村创业致富带头人培训工程以及开展农村妇女创业创新培训，2020年则进一步提出鼓励劳动者零成本、低成本创办小规模经济实体，从事个体经营。可以看出，陕西省对农民创业工作极为重视，尤其是对开展农村妇女创业创新培训。

表2-11　陕西省有关创业支持的主要政策一览表

年份	政策名称	有关"创业"的代表性关键词句
2016	《陕西省人民政府关于进一步做好新形势下就业创业工作的实施意见》	（1）降低创业创新门槛，加强创业载体建设，加大对创业投融资、信贷、税费的服务力度。 （2）鼓励农村劳动力创业，加强西部农民创业促进工程试点县和农民工回乡创业示范县建设，实施农民创业示范工程。 （3）营造大众创业良好氛围，强化公共就业创业服务功能
	《陕西省人民政府关于大力推进大众创业万众创新工作的实施意见》	建设"创新创业工场""众创空间""新创天地"；培育一批创业示范园区，发展"互联网+创业创新"服务，加强创业创新教育，加大创业创新文化宣传力度
2017	《陕西省人民政府办公厅关于支持返乡下乡人员创业创新促进农村一二三产业融合发展的实施意见》	（1）实施"互联网+现代农业"行动，开展网上创业；开展创业试点示范、创建创业园区基地。 （2）设立"绿色通道"，为返乡下乡人员创业创新提供便利服务。 （3）实施返乡下乡人员职业技能提升培训"春潮行动"、农村青年创业致富"领头雁"计划、贫困村创业致富带头人培训工程，开展农村妇女创业创新培训；

表2-11（续）

年份	政策名称	有关"创业"的代表性关键词句
2020	《陕西省人民政府办公厅关于支持多渠道灵活就业的实施意见》	（1）鼓励劳动者"零成本""低成本"创办小规模经济实体，从事个体经营。 （2）支持发展基于互联网平台创业就业的新就业形态，推进"上云用数赋智"行动，发展壮大数字经济新业态；
	《陕西省7部门联合印发关于实施高校毕业生就业创业推进行动的通知》	（1）对创业毕业生普遍提供创办企业、经营管理等培训。 （2）发挥创业孵化基地和县镇两级标准化创业中心作用，对创业毕业生提供"一条龙"服务
2021	《陕西省教育厅关于支持高校大学生创新创业的指导意见》	（1）将培养和提升大学生创新精神、创业意识和创新创业能力纳入人才培养质量体系。 （2）注重创新创业氛围营造，开展大学生创业政策、创业典型、创业动态等宣传活动。 （3）加强创新创业指导与服务，将有创业意愿和培训需求的大学生全部纳入培训。 （4）加大对大学生创新创业的政策支持力度，允许申请休学开展创业；设立支持大学生创新创业专项基金

青海省作为西部地区经济最不发达的省份之一，推进经济快速发展，提升就业创业水平一直是青海省委、省政府工作的重点。党十八大以来，青海省出台了一系列相关政策以促进就业创业（见表2-12）。除鼓励农民创业要结合本省农牧业特色资源优势外，还引导农民工返乡创业的企业适当向城镇集聚，引导和支持高校毕业生投身到民族特色和家畜产品加工、新产业、新业态中创新创业，实施"百万青年技能培训行动"，提供就业、技能和创业培训，大力提升市场活力，营造良好的创业氛围。

表2-12　青海省有关创业支持的主要政策一览表

年份	政策名称	有关"创业"的代表性关键词句
2016	《青海省人民政府办公厅关于发展众创空间推进大众创新创业的指导意见》	到2020年，全省建成众创空间50家以上，培育企业1000家以上，基本形成创新创业全链条服务体系；培育一批创业投资机构，畅通创业投融资渠道

表2-12（续）

年份	政策名称	有关"创业"的代表性关键词句
2017	《青海省人民政府办公厅关于支持返乡下乡人员创业创新促进农村一二三产业融合发展的实施意见》	推进特色优势产业发展、农畜产品加工业发展、生产生活性服务业发展、新型农牧业经营主体发展、农牧业产业融合发展、电子商务发展，促进创业创新
2018	《青海省人民政府关于强化实施创新驱动发展战略进一步推进大众创业万众创新深入开展的实施意见》	实施创新创业共享行动、开展创新创业协同行动、培育创新创业主体、打造特色"双创"载体；引导农民工返乡创业的企业适当向城镇集聚
2020	《青海省"保市场主体、抓质量提升、促创业就业"工作方案》	全力促进创业就业，年内培育建设1个省级小微型企业创业创新示范基地
2021	《青海省人民政府关于做好2021年我省高校毕业生就业创业工作的通知》	(1) 引导和支持高校毕业生投身到民族特色和家畜产品加工、新产业、新业态中创新创业中。 (2) 深入实施"百万青年技能培训行动"，提供就业、技能和创业培训

新疆维吾尔自治区作为我国极具民族特色和农业特色资源丰富的省份，经济发展潜力巨大，党的十八大以来，新疆区委、区政府结合本区实际发展情况，将民生问题放在工作第一位，出台了一系列就业创业支持政策（见表2-13）。2016年颁布的《新疆维吾尔自治区人民政府关于大力推进大众创业万众创新若干政策措施的实施意见》提出要"重点支持积累一定资金、技术和管理经验的农民返乡创业，支持就业困难的农牧民从事民族手工艺品制作，以及创办小商店、小饭馆、小作坊等创业活动"。2020年颁布的《新疆维吾尔自治区关于支持多渠道灵活就业的实施意见》提出要支持发展早市、夜市和各类特色小店，促进小店经济、地摊经济健康繁荣发展。

表2-13　新疆维吾尔自治区有关创业支持的主要政策一览表

年份	政策名称	有关"创业"的代表性关键词句
2016	《新疆维吾尔自治区人民政府关于大力推进大众创业万众创新若干政策措施的实施意见》	重点支持积累一定资金、技术和管理经验的农民返乡创业，支持就业困难的农牧民从事民族手工艺品制作，以及创办小商店、小饭馆、小作坊等创业活动；实施"万名高校毕业生创业培训计划"

表2-13(续)

年份	政策名称	有关"创业"的代表性关键词句
2017	《新疆维吾尔自治区人力资源和社会保障厅关于做好2017年高校毕业生就业创业工作的通知》	鼓励毕业生到城乡基层、艰苦边远地区、南疆四地州、中小微企业就业和创业,给予相关政策支持
2018	《新疆维吾尔自治区人力资源和社会保障厅关于实施2018年高校毕业生就业创业促进计划的通知》	把有就业创业意愿的高校毕业生全部纳入就业创业促进计划;持续实施创业引领、就业帮扶等
2019	《新疆维吾尔自治区人力资源和社会保障厅 自治区残疾人联合会关于开展2019年农村贫困残疾人和高校残疾人毕业生就业帮扶活动的通知》	通过政策宣讲、需求登记、岗位推介、专场招聘等方式,帮扶贫困残疾人就业创业
2019	《新疆维吾尔自治区人社厅 教育厅 公安厅 财政厅 中国人民银行乌鲁木齐中心支行关于做好当前形势下自治区高校毕业生就业创业工作的通知》	支持高校毕业生返乡入乡创业创新,对到贫困村创业符合条件的,优先提供贷款贴息、场地安排、资金补贴
2020	《新疆维吾尔自治区人社厅、国资委、扶贫办、教育厅等关于实施2020年高校毕业生就业创业专项行动的通知》	把未就业高校毕业生全面纳入就业创业专项行动,持续实施高校毕业生创业支持
2020	《新疆维吾尔自治区关于支持多渠道灵活就业的实施意见》	支持发展早市、夜市和各类特色小店,促进小店经济、地摊经济健康繁荣发展

　　西藏自治区作为我国人口规模最小、经济总量最小的省份,西藏区委、区政府一直很重视居民就业创业问题,党的十八大以来,西藏区委、区政府出台了多项支持政策(见表2-14)。2015—2020年颁布的政策文件中,明确提出要提升农牧民创业创新技能;拓宽农牧民工等人员返乡创业领域,发展线上"农家乐"等休闲观光游乐项目;鼓励创业基础好、创业能力强的返乡人员,充分开发民族文化底蕴潜在价值;以创建"一县一牌""一乡一品"为着力点,大力发展藏族文化、藏族风情旅游业,带动农牧民工等返乡人员创业;推广创业大街、工匠工作室、非遗传习基地、专业画廊或创意空间、专业合作社等"双创"载体;积极发掘区域自然资源优势和藏族文化特色,拓宽就业创

业领域，增加民众就业创业机会。

表 2-14 西藏自治区有关创业支持的主要政策一览表

年份	政策名称	有关"创业"的代表性关键词句
2015	《中共西藏自治区委员会办公厅自治区人民政府办公厅关于推进西藏科技长足发展促进大众创业万众创新的意见》	提升农牧民创业创新技能，支持科技人员带项目、带资金、带技术为农牧民开展技术服务和创业服务；实施科技特派员创业行动计划
2016	《西藏自治区人民政府办公厅关于支持农牧民工等人员返乡创业的实施意见》	（1）拓宽农牧民工等人员返乡创业领域，发展线上"农家乐"等休闲观光游乐项目。（2）鼓励创业基础好、创业能力强的返乡人员，充分开发民族文化底蕴潜在价值
2017	《西藏自治区党委办公厅自治区人民政府办公厅关于推进大众创业万众创新三年行动计划》	激发农牧民、大学生、科技人员、在校教师、高层次人才、非物质文化遗产传承人等创新创业主体的创造活力
2020	《西藏自治区关于进一步促进高校毕业生就业的政策措施》	（1）对创业高校毕业生给予每人 6 万元、每户最高可达 30 万元的一次性启动资金支持。（2）由区内业绩较好企业"一对一"结对帮扶高校毕业生创业企业；由创业指导师"一对一"提供创业服务和运营诊断，提高创业成功率
2021	《西藏自治区人民政府关于推进大众创业万众创新高质量发展的实施意见》	（1）促进创新创业产业平台全要素互动，构筑城市为主的创新创业集聚中心。（2）推广创业大街、工匠工作室、非遗传习基地、专业画廊或创意空间、专业合作社等"双创"载体

综上所述可以看出，在国家层面就业创业支持政策的基础上，西部地区十二省（区、市）从当地经济发展水平、就业创业形势等实际状况出发，将民生放在执政第一位，坚持遵循当地比较优势原则，坚持做好当前、布局长期的规划理念，各自出台了更适于当地的就业创业支持政策。

第二节 理论基础

一、创业理论

《史记·货殖列传》有载，"蜀卓氏之先，赵人也，用铁冶富。吾闻汶山之下，沃野，民工于市，易贾"。《易·系辞传》言神农氏"日中为市，致天下之民，聚天下之货，交易而退，各得其所"。《管子·乘马》中有"聚者有市，无市则民乏"①。尽管 2 000 多年前，我国尚处于典型的农耕时代，但司马迁却专门在著作中阐述了十多位善于生财的"货殖家"白手起家、创业致富的传奇故事。然而，截至目前，学术界对"创业"的概念或内涵并未达成一致意见，不同学者从各自研究角度对"创业"的内涵进行了诠释。"entreneurship"（创业）一词最早源自 12 世纪的法文"entreprendre"，代表"承担"的意思（赵月，2020）。18 世纪，法国经济学家理查德·坎蒂隆（Richard Cantillon）就提出了与创业有关的观点，其认为创业者的创业活动需承担一定的风险。熊彼特（Schumpeter，1934）认为创业是实现创新的过程，而创新是创业的本质和手段。美国学者山姆（Shame，1974）和瑟鲍里斯（Siropolis，1989）认为创业是创业者依据自己的想法和工作来开创一项新事业以实现自己的理想，如新公司或企业的创立、新单位或组织的成立及提供新产品或新服务。美国百森商学院创业学教授杰弗里·蒂蒙斯（Jeffry A. Timmons，1977）认为创业是一种思考、推理和行动的方法，它不仅要受机会的困扰，还要求创业者有完整缜密的实施方法和讲求高度平衡技巧的领导艺术。麦吉尔大学教授丹尼·米勒（Danny Miller，1983）认为创业就是与产品、市场和技术革新相关的公司活动。美国学者舒勒（Ronald Schuler，1986）认为创业是在已建企业或者新建立的企业中创造或者革新产品或服务的实践活动。赫伯特（Hebert et al.，1988）在对家庭创业研究的基础上将家庭创业选择界定在两个方面：一是企业家的创业精神；二是企业家的创新精神。霍华德·斯蒂文森等（Howard H. Stevenson et al.，1989）将创业看成追踪和捕获机会的过程，而这一过程与创业者所控制的资源数量没有关系。此外，古斯等（Guth et al.，1990）、尚恩等（Shane et al.，2000）、罗博特·D. 希斯瑞克（Robert D. Hisrich，2006）等学者也将创业视为一种过程，他们认为创业就是识别并捕获市场机会，然后通过创新资源组合方式创造出新产品或新服务来实现其潜在价值的一系列过程。彼得·德鲁克（Peter Ferdinand Drucker，2000）将创业看成一种行为，其认为只有那些能够创造出一些新的、与众不同的事情并能创造价值的活动才是创业。布鲁亚特等（Bruyat et al.，2001）认为创业就是新价值的创造。威廉姆·盖特纳等（Willianm B. Gartner et al.，2003）认为创业不应该包括个人维持已建企业或组织而进行的各项活动，它应包括个人创建新组织的活动。奥崔兹等

---

① 司马迁，李翰文. 史记全本［M］. 北京：北京联合出版公司，2015：2333.

（Audrech et al.，2001，2006）认为创业是一种能够实现把一般知识转化为有用的经济知识，并最终转化为经济行为的有效机制或渠道。艾瑞克·斯坦姆等（Erik Stam et al.，2007）从宏观与微观两个层面对创业进行了分析，其认为在宏观层面，创业是结构变革和就业创造的驱动力；在微观方面，创业是新企业创立及随后成长的引擎；他们还认为新企业的创立并非创业的根本标志，创业也可以在企业内部进行。

国内学者郁义鸿等（2000）认为创业是一个发现和捕获机会并由此创造出新颖产品或服务，实现其潜在价值的过程。刘常勇（2001）认为创业包括精神与实质两个层面的含义，在精神层面，创业代表一种以创新为基础的做事与思考方式；在实质层面，创业代表发掘机会，并组织资源建立新公司或发展新事业，进而创造新的市场价值。宋克勤（2002）则认为创业实质上是个体通过发现和识别商业机会，组织和利用各种资源来提供产品和服务，并创造价值的过程。张克英等（2008）认为创业是以利润为导向，组织或接管一个经济体，并进行维持和发展该经济体的有目的的自我雇用形式。部分学者将创业看成一种发现并利用潜在机会，进而创造或实现其价值的过程（陈震红 等，2005；李志能，2011）。而郭军盈（2006）认为农民创业活动是农民依托家庭组织（或者亲戚朋友关系形成的非正式组织）或者创建新的组织，通过投入一定的生产资本，在农村扩大原有的生产规模或从事新的生产活动或开展一项新的事业，以实现财富增加并谋求发展。

由上文可以看出，当前学术界关于"创业"的内涵并未达成一致意见，学者大多基于自己的研究特点或实际经验，在进行与创业活动相关的研究时，给出"创业"的内涵。基于 CHFS2013 调查问卷题目设置，本书认为家庭创业是指家庭以"创立"方式从事工商业生产经营项目，这里的工商业生产经营项目包括个体手工业经营和企业经营。只要被调查家庭中至少有一位成员以"创立"形式进行了创业活动，且至少有一位家庭成员参与日常生产经营，就认为被调查家庭存在创业活动。CHFS2013 调查数据显示，截至 2013 年 9 月，在西部农村地区，有 8.4%的家庭以"创立"形式在从事工商业生产经营项目。以课题组 2019 年 8 月在四川省、云南省、重庆市和广西壮族自治区西南四省（区、市）12 个少数民族聚居的欠发达县 1 286 户家庭调查数据来看，有 6.4%的家庭选择了创业。

二、创新理论

创新与创业密切相关，国务院总理李克强 2014 年 9 月在夏季达沃斯论坛上公开发出"大众创业、万众创新"的号召，几个月后，其被写入了2015年《政府工作报告》予以推动，可见创新与创业关系非常密切，创新中往往蕴藏着创业的商机，创业过程中也往往会产生创新，二者密切相关、相辅相成。创新作为一种理论可追溯到1912年哈佛大学教授熊彼特在《经济发展概论》对创新进行的全面系统研究，他认为企业家的职能是创新，企业家进行的创新就是建立一种新的生产函数，即把一种从来没有过的关于生产要素和生产条件的新组合引入生产体系；他认为创新主要包括引进新产品、引用新技术（新的生产方法）、开辟新市场、控制原材料的新供应来源、实现企业的新组织。熊彼特把新组合的实现称为"企业"，把实现新组合的人们称为"企业家"，他特别强调企业家的素质、才能、文化素养、首创精神、冒险本性等品格对企业发展的推动作用。20世纪40年代以后，创新理论逐渐朝着技术创新理论与制度创新理论两个方向演变。其中，技术创新理论以格·门施（G. Mensch）、范·杜因（J. van Duijn）、伊诺思（Enos）、曼斯菲尔德（E. Mansfield）等学者为代表，该理论从技术的创新与模仿、推广、转移的视角分析了技术创新在企业发展与经济发展中的作用。伊诺思（Enos, 1962）认为技术创新包括创新选择、投入资本、建立组织、制订计划、招用员工和开辟市场等行为，并且创新是这些行为综合作用的结果。门施（Mensch, 1979）认为重要的创新会进行分化并产生长期稳定的增长，影响社会和政策对主导产业的支持及其行为方式。制度创新理论以诺思（D. G. North）、戴维斯（L. E. Davis）、托马斯（R. P. Thomus）等学者为代表，该理论将技术创新与制度结合起来，强调制度安排和环境对经济发展的重要作用。该理论认为制度创新基本上可分为两种类型：一种是诱致性制度变迁，另一种是强制性制度变迁。诱致性制度变迁是现行制度安排的变更或替代，或者是新制度安排的创造，它由经济行为主体在响应获利机会时自发组织和实行；强制性制度变迁通常由政府命令以及法律引入和实施。伴随经济社会发展水平的逐步提高，创新理论的发展呈现多样化，产生了管理创新理论、持续创新理论、自主创新理论等。尼尔森等（Nelson et al., 1982）认为创新有广度模式与深度模式两种，广度模式主要指创新有助于降低市场进入门槛，有助于小规模的新企业在市场中发挥重要作用；深度模式主要指技术创新在经济发展中的作用及大公司在创新中扮演的关键角色。彼得·德鲁克认为创新是企业家的具体工具，也就是他们利用变化作为开创一种新的实业和一项新的服务的机会的手段。他认为人口状况（人口变化），如人口、人口数量、年龄结构、教育状况等的变化；认识、情绪和意义的变化；新知识，包括科学知识和非科学知识是创新的三个主要来源。

总体来看，家庭创业与以新组织的构建、引进新技术、开辟新市场、创业新政策与法律、新的生产方法、新的管理方式等为主要内涵的创新理论密切相关。因此，本书认为创新理论可以作为研究西部地区农村家庭创业的支撑理论之一。

三、新经济增长理论

创业过程往往包含着对专业化知识、新技术和人力资本的运用，而作为将技术、知识和人力资本引入理论框架的新经济增长理论，在一定程度上影响着创业行为。早在20世纪40年代，熊彼特（Schumpeter，1942）就提出"创造性破坏"这一思想，指出"确立并保持资本主义发动机运转的根本动力源自新的消费品、新的生产或运输方式、新市场……不断地使经济结构从内部发生、发明，不断地摧毁旧的经济结构，不断地创造新的经济结构"（刘伟 等，2019）。新经济增长理论产生于20世纪80年代中期，该理论作为宏观经济理论的分支，其核心思想是在假定制度与个人偏好外生的情况下经济能够不依赖外力推动而实现持续增长，而内生的技术进步是保证经济持续增长的决定因素。该理论将知识和人力资本等因素引入经济增长模型中，提出要素收益递增假设，对增长模型进行再修正，探讨一国经济长期可持续增长如何被经济系统内生决定（刘伟 等，2019）。新经济增长理论具体分为三种类别：第一类是以安德烈·施莱弗（Andrei Shleifer）、罗伯特·墨菲（Robert P. Murphy）为代表的策略性互补和需求外溢模型理论，强调政府干预和需求外溢在经济增长中的作用；第二类是以阿罗（Kenneth Joseph Arrow）为代表的边干边学和技术扩散模型理论，重视技术扩散对经济增长的推动，阿罗明确提出了个别厂商发明的新知识对其他厂商会产生外部效应，而知识的外部性会提升整个经济社会的知识水平；第三类是内生的技术进步与回报递增模型，主要有罗默（Paul M. Romer）的生产要素外溢效应、卢卡斯（Robert E. Lucas）的人力资本积累等理论。罗默（1986）认为，企业通过投资增加资本存量的行为提高了知识的水平，而知识的外部效应不仅使其自身形成收益递增，而且也使物质资本和劳动等其他投资要素具有收益递增的特性，正是这种收益递增带来了经济的长期增长，知识或技术具有溢出效应，一个厂商积累的知识或技术不仅可以提高自己的生产率，而且也会提升或促进其他厂商的生产率；卢卡斯（Lucas，1988）通过人力资本解释了一个国家的长期经济增长。早在1965年，宇泽弘文（Uzawa）就通过建立一个包含物质生产部门和人力资本生产部门的两部门经济增长模型，试图从人力资本不断积累的角度来解释长期经济增长。虽然罗默、卢卡斯等人解释经济增长的研究视角有所不同，但他们都认为"经济增长的根本动力不是外部力量而是经济体系的内部力量（如技术进步、人力资本等）作用的产物"①。

四、人力资本理论

早在 17—19 世纪，威廉·配第（William Petty）、亚当·斯密（Adam Smith）、约翰·穆勒（John S. Mill）、让·萨伊（Jean B. Say）与阿尔弗雷德·马歇尔（Alfred Marshall）等学者的著作中就已经出现关于人力资本内涵的描述。17 世纪 60 年代，威廉·配第在其著作《税赋论》中提出劳动技能是和土地、资本同等重要的要素，认为人类通过教育和训练可以提升自身劳动技能。亚当·斯密将一个国家人口中所有获得的、有用的能力归结为资本的一部分。约翰·穆勒指出技能与知识都是影响劳动生产率的重要因素。让·萨伊将人力资本划分为普通劳工的一般性人力资本、专业性人力资本和经营管理的创新性人力资本三种类型，他尤其强调了具有特殊才能的企业家在生产过程中的作用。马歇尔提出人类的才能与其他任何类的资本一样，同样是重要的生产手段的观点，他将人的能力分为通用能力和特殊能力两种，通用能力主要指智力、决策能力、责任力、通用的知识；特殊能力指劳动者的体力与劳动熟练程度。尽管上述学者已经意识到知识与技能可以蕴藏于劳动者自身并可通过一定教育与培训获得，同时这些知识与技能可以提升劳动生产率，进而增加国民财富；但直到 1906 年，欧文·费雪（Irving Fisher）在《资本的性质与收入》一文中才首次提出"人力资本"的概念。西奥多·舒尔茨（Theodore W. Schultz）认为人力资本是通过投资，体现在劳动者身上并由劳动者的知识、技能经历、健康状况、熟练程度等所构成的资本，一般可通过正规教育、在职培训、医疗保健以及劳动力转移等方式进行投资积累。马斯金（Mushkin）认为教育和健康是人力资本最重要的组成部分。约翰逊（Johnson，1960）认为劳动者获得的知识和技能具有经济价值，也即拥有知识和技能的劳动者，可以要求资本家付给他们超过劳动力交换价值的报酬。加里·贝克尔（Gary S. Becker，1964）认为人力资本包括蕴藏于个体的知识与技能，人力资本的获得主要来自于中学、学校教育与医疗保健等投资，其将人力资本划分为通用性人力资本与企业专用性人力资本。莱斯特·瑟罗（Lester C. Thurow，1970）将人力资本定义为个人的生产技术、才能和知识。布兰克等（S. Black et al.，

---

① 张元钊. 经济增长理论之争 [N]. 中国社会科学报，2021-03-17（9）.

1996）、巴罗（R. J. Barro，1991，2001）、艾亚尔等（S. Aiyar et al.，2002）等研究表明劳动者受教育水平的提升是经济增长的主要因素。小盐隆士（2002）则将人力资本分为通过学校教育得到的、通用性较强的一般性人力资本和在工作实践中获得的专业性较强的特殊人力资本。

国内学者朱明伟与杨刚（2001）将企业内的人力资本划分为通用性人力资本、专用性人力资本和准专用性人力资本。刘剑雄（2008）将人力资本划分为企业家人力资本和非企业家人力资本，前者主要包括进行创新的能力、管理的经验、领导和决策能力；而非企业家人力资本则包括一般性的知识、技能以及健康、研究与开发等方面的人力资本。张帏、陈琳纯（2009）认为创业者的人力资本可以划分为一般人力资本与特殊人力资本，其中一般人力资本主要包括受教育水平、工作经历等，特殊人力资本主要包括创业者以前的相关知识，如对机会的感知和识别、创业经历等。他们认为创业者的人力资本在创业机会识别和早期开发阶段发挥着明显作用，而社会资本在获取所需资源创建新企业时发挥着更为重要的作用。李建民（1999）、杨建芳等（2006）认为人力资本是具有经济价值的知识、技术、能力和健康等因素的综合体。总体来看，国内学者对人力资本的理解与国外学者大体一致，认为人力资本主要由知识、技能、健康等因素构成。

五、社会资本理论

有关社会资本的内涵的研究可以追溯至 19 世纪。19 世纪末，庞巴维克（Eugen Bohm Bawer）提出了与"个人资本"相对应的"社会资本"，他将社会资本看成一种产品，认为社会资本可以从社会经济中获取物质财富。而现代意义上的社会资本概念的正式提出可追溯至海尼凡（L J. Hanifan，1916），尽管早期学者劳瑞（Loury，1977，1987）及本-波拉斯（Ben-Porath，1980）已经指出社会关系的资源或资本性质，甚至使用了"社会资本"一词，但是直到 20 世纪 80 年代，美国社会学家詹姆斯·科尔曼（James S. Coleman，1988）发表了"Social Capital in the Creation of Human Capital"一文，"社会资本"的概念才开始引起众学者的关注。科尔曼认为社会资本是一系列不同的实体，这些实体具有社会结构的某些特征，且能够促使结构内部的参与者行使某种行为。社会行动者往往为了增加自我利益而参与到社会关系中来。皮埃尔·布迪厄（Pierre Bourdieu）认为社会资本是实际或潜在资源的集合体，这些资源与相互默认或承认的关系所组成的持久网络有关，而且这些关系或多或少是制度化的。罗伯特·普特南（Robert D. Putnam）认为社会资本是指社会组织的特征，诸如信任、规范以及网络，它们能够通过促进合作运动来提高社会的效率。弗朗西斯·福山（Francis Fukuyam，1999）认为社会资本是群体成员之间共享的非正式的价值观念、规范，它有利于促进群体成员相互合作。贝克尔（Baker，1990）认为社会资本是行为主体从特定的社会结构中获得的资源，它是通过行为主体间关系的变化而产生的。斯蒂夫（Schif，1992）认为社会资本是社会结构中一组影响人与人之间关系的要素，并且这些要素是生产功能或效用的要素输入的变量。波特（Burt，1992）认为社会资本是一种可以通过亲朋好友和一些更广泛的社会网络来使用金融和人力资本的机会。亚历山德罗·波茨（Alejandro Portes，2000）认为社会资本是处在社会结构中的个体运用稀有资源的能力。埃莉诺·奥斯特罗姆（Elinor Ostrom）指出社会资本是关于互动模式的共享知识、理解、规范、规则和期望，它包括家庭结构、共享规范、规则体系等要素（匡小平 等，2009）。纳哈皮特等（Nahapiet et al.，1998）认为企业社会资本是来源于个人或组织所拥有的关系网络中的实际及潜在的可利用资源，其包括来自组织内部成员之间（企业内部社会资本）以及组织整体与外部组织之间的网络关系（企业外部社会资本）的潜在及可利用资源。杜拉夫等（Durlauf et al.，2004）认为社会资本是基于网络过程所形成的行为规范和人们之间的信任。陈爱娟等（2010）认为社会资本是存在于个人或组织之间的联系及通过这种联系获取资源的能力。丁冬等（2013）认为社会资本是指能够通过协调行动提高经济效率的社会网络、信任和规范。根据布迪厄（Bourdieu，1986）和科尔曼（Coleman，1994）对社会资本概念的界定以及学者们的讨论，社会资本可以总结为个人通过社会联系获取稀缺资源，并由此获益的能力（边燕杰 等，2000）。上述稀缺资源可以通过两种社会联系来获取，第一种社会联系是指个人作为社会团体或组织的成员与这些团体和组织所建立起来的稳定的联系，个人可以通过这种稳定的联系从社会团体和组织中获取稀缺资源（边燕杰 等，2000）；第二种社会联系是指人际社会网络。边燕杰和邱海雄（2000）指出："与社会成员关系不同，进入人际社会网络没有成员资格问题，无需任何正式的团体或组织仪式，它是由于人们之间的接触、交流、交往、交换等互动过程而发生和发展的。"

通过对上述学者关于社会资本的论述，本书采取社会联系的第一种含义来代表社会资本，即"个人作为社会团体或组织的成员与这些团体和组织所建立起来的稳定的联系，个人可以通过这种稳定的联系从社会团体和组织中获取稀缺资源"，社会资本借助于行动者所在的网络或所在群体中的联系、资源及行动者自身的社会交际能力而起作用。

六、高质量发展理论

创业作为"双创"战略的重要构成，既是衡量一国或地区经济发展质量的重要指标之一，又是推进经济发展的主要动力之一，更是经济高质量发展的重要构成部分。习近平总书记在党的十九大报告明确提出我国经济已由高速增长阶段转向高质量发展阶段，正处在转变发展方式、优化经济结构、转换增长动力的攻关期，建设现代化经济体系是跨越关口的迫切要求和我国发展的战略目标。2017 年 12 月召开的中央经济工作会议精神强调，"推动高质量发展，是保持经济持续健康发展的必然要求，是适应我国社会主要矛盾变化和全面建成小康社会、全面建设社会主义现代化国家的必然要求，是遵循经济规律发展的必然要求。推动高质量发展是当前和今后一个时期确定发展思路、制定经济政策、实施宏观调控的根本要求"①。2018 年政府工作报告再次强调，"按照高质量发展的要求，统筹推进'五位一体'总体布局和协调推进'四个全面'战略布局，坚持以供给侧结构性改革为主线，统筹推进稳增长、促改革、调结构、惠民生、防风险各项工作"②。2020 年，习近平总书记在中共十九届五中全会第一次全体会议上指出："我国社会主要矛盾已经转化为人民日益增长的美好生活需要和不平衡不充分的发展之间的矛盾，发展中的矛盾和问题集中体现在发展质量上。"③ 高质量发展，是基于我国经济发展阶段和社会主要矛盾变化，对我国经济发展方向、重点和目标作出的战略调整，是适应引领我国经济社会发展新时代、新要求的战略选择，它要求以质量为核心，坚持"质量第一，效率优先"，确定发展思路、制定经济政策、实施经济调控都要更好地服务于质量和效益。高质量发展是动力和活力更强、效率更高的发展。动力和活力主要体现在创新上，创新驱动成为主要引领和支撑，科技创新对经济增长的贡献更大。创新作为高质量经济发展的基础，可以通过源源不断的乘数效应作用到劳动力、资本等生产要素中，提高发展质量（田秋生，2018）。吕守军和代政（2019）认为，高质量发展的核心驱动力在于科技发展，科技发展的关键在于创新，创新的主体在于人才；要让创新的活力充分显现，关键在于破除制约创新的制度性、结构性障碍；要深化科技体制改革，引导创新资源向科技企业聚集，在各行各业评选科技创新带头企业，在项目审批、金融支持等方

---

① 新华社网，中央经济工作会议在北京举行，2017 年 12 月 20 日。
② 中国政府网，政府工作报告——2018 年 3 月 5 日在第十三届全国人民代表大会第一次会议上，2018 年 3 月 5 日。
③ 人民网，中共十九届五中全会在京举行，2020 年 10 月 30 日。

面对其给予优惠政策；实施更加开放的人才培养和引进政策，在创新实践中发现人才、在创新活动中培育人才、在创新事业中凝聚人才，从体制上为人才松绑，充分发挥各行业顶尖人才的智慧和创造力，聚天下英才之力推动科技创新和社会进步。主流观点认为"高质量发展，就是能够很好地满足人民日益增长的美好生活需要的发展，是体现新发展理念的发展，是创新成为第一动力、协调成为内生特点、绿色成为普遍形态、开放成为必由之路、共享成为根本目的的发展"（张涛，2020）。苗勃然、周文（2021）则认为，高质量发展首先体现为经济发展和经济结构的高质量。经济结构包括产业结构、城乡结构、区域结构、贸易结构等，产业结构贯穿于其余各项结构之中，因此，产业结构居于国民经济体系的主导地位，产业结构的优化与合理化发展是优化经济结构的根本前提；而创业作为产业发展的源泉与推进产业结构改变的主要动力，与经济高质量发展密切相关。因此，引入高质量发展理论，或可为深入剖析创业行为提供一定理论启示。

第三节　理论机制

一、创业动机

当前各种动机理论分析均认为动机是构成人类大部分行为的基础，大部分学者比较接受"动机是激发和维持个体进行活动，并导致该活动朝向某一目标的心理倾向或动力"的定义[①]。沙恩（Shane）认为创业是不断演化的过程，这一过程需要人们愿意参与到这项活动之中，而这种"愿意"就是创业动机，创业动机是创业行为发生的起始点，创业动机为预测创业能否成功提供了基础，创业动机是激发、维持、调节人们从事创业活动，并引导其朝向某一目标的内部心理过程或内在动力（曾照英 等，2009；范波文 等，2020）。创业动机作为影响家庭或个人经济行为选择的因素，对家庭或个人是否发生创业行为具有直接影响。家庭或个人创业的动机因其所处经济、文化、社会环境不同，拥有的经济基础、人力资本、社会资本等禀赋不同而存在差异，部分家庭或个人创业的动机可能出于对物质丰裕程度的追求或提高生活质量，有的可能出于追求价值观的实现或社会的认同，还有一部分家庭或个人进行创业掺杂着较多因素。全球创业观察项目（GEM）基于创业动机将创业划分为生存型创业与

[①]　王玉帅. 创业动机及其影响因素分析 [D]. 南昌：南昌大学，2008：24.

机会型创业，其中，生存型创业是指在没有其他更好选择的情况下，为解决其所面临的困难而实施的创业，其主要目的是创造财富；机会型创业是指个人基于实现价值的强烈愿望，抓住现有机会而实施的创业，其主要目的是追求非物质回报①。吉拉德等（Gilad et al.，1986）提出了创业动机的"推动理论"与"拉动理论"。"推动理论"指出个体是被外在的消极因素"推着"去创业的，这些消极因素可以激发潜在创业者的才能；而"拉动理论"认为个体在创业活动中被寻求独立、自我实现、财富等的结果吸引②。创业的动机不仅是为了追求机会，还为了能脱离工作环境中的约束。库拉特科等（Kuratko D. F. et al.，1997）通过对美国中西部创业者的访谈，提出了包括外部报酬（如获得个人财富、增加个人收入、增加收入机会）、独立/自主（如人身自由、个人保障、控制自己的职业命运）、内部报酬（如得到公众认可、个人成长、享受兴奋、证明自己的能力）与家庭保障（如家庭成员将来的保障、建立可以传承下去的家族企业）的影响创业动机的四项主要因素。高施等（Ghosh et al.，2001）认为个人想要向上成长、喜欢挑战、有更多自由、有发挥自己知识和经验的机会、受朋友或家庭的影响等因素是个人选择创业的动因③。叶贤等（2008）认为社会经济、父母学历、自我实现需要、追求经济利益、洞察力、意志力等多个内外部因素共同影响创业者的创业动机。瑞德瓦等（Rindova，2009）认为希望获得自主权是驱使个体创业的主要动力，这也得到了许多研究者的证实（段锦云 等，2012）。吴泓（2010）认为精神追求、家庭因素、社会环境和物质追求是影响农民工进行创业的四个维度。窦大海和罗瑾琏（2011）认为，创业动机来自"经济需求的激励"和"社会需求的激励"，经济需求是指温饱、安全等保障性需求，社会需求是指探索新的生活方式、谋求更大独立、成就一番事业、得到他人尊重等。罗明忠等（2012）认为农民创业的主要动机是生存需要，自我实现和发展是其创业的重要动机，解决自身就业是其创业的动机之一。

刘美玉（2013）则将创业动机划分为经济性动机（如维持生存、增加收入、脱贫致富）、社会性动机（如不满现有工作、群体影响、满足社会需求）和成就性动机（如实现梦想、自主独立、成为成功人士）三个维度，三者共

① 孙红霞，郭霜飞，陈浩义. 创业自我效能感、创业资源与农民创业动机 [J]. 科学学研究，2013（12）：1879-1888.

② 段锦云，王朋，朱月龙. 创业动机研究：概念结构，影响因素和理论模型 [J]. 心理科学进展，2012（5）：698-704.

③ 胡萍. 国内外创业理论研究综述 [J]. 浙江树人大学学报，2008（6）：52-56.

同影响新生代农民工的创业行为。孙红霞等（2013）认为个体所拥有的创业资源，如经济收入水平、社会网络规模、市场与客户资源等越多，其创业动机也越强，这对创业行为的实施有促进作用，其分析发现财务资源和知识资源会显著影响农民生存型创业动机和机会型创业动机，那些发现潜在创业机会的农民，在风险承担上越自信，其机会型创业的动机越强烈。王晶晶和郭新东（2014）在系统梳理了学者们关于社会创业动机的主要观点的基础上，总结提炼了社会创业动机的四个来源，主要有社会价值、市场需求、个人特质、政策支持。李雪莲等（2015）研究发现，有一定职位的公务员家庭的创业获得了明显超过企业平均利润的投资回报，他们认为寻租动机可能是有一定职位的公务员家庭有较高创业活力的真正原因。而胡胜（2016）则研究发现，创业文化会影响农民工返乡创业的动机，具体而言，创业文化中的个人主义、家族创业传统、朋友圈创业成功人士、周边地区成功创业者等创业文化因素对农民工返乡创业动机存在正向影响。还有的学者研究发现，地区的资源、环境、区位会影响农民工返乡创业的动机，家乡区位的地形、与县城之间的距离、与乡镇之间的距离、家乡地居民创业的积极性、政府的支持等显著影响农民工选择机会创业的动机（岳甚先，2014；王肖芳，2017）。伍如昕和何薇薇（2018）研究发现，人力、社会和心理资本的其他变量对新生代农民工创业动机均有正向影响。董静与赵策（2019）从家庭经济支持和情感支持出发，研究了家庭对农民创业动机的影响，研究发现，家庭经济支持力度越大，农民选择生存型创业的倾向越低，选择机会型、成就型创业的倾向越高；家庭情感支持力度越大，农民选择成就型创业的倾向越高；农民创业者的外部人际关系与家庭支持存在一定替代性，即人缘关系越广，家庭支持对创业动机选择的影响越小。范波文和应望江（2020）研究则表明，家庭背景和地区差异显著影响了农民的创业动机，男性、更高的学历水平将显著地提高农民机会拉动型创业的概率；但地区差异、身体状况、是否有手艺对精英家庭和普通家庭的农民创业动机的影响却不一致。有的学者则对大学生创业的动机进行了研究，郭小贤（2018）认为，利他动机和利己动机促使大学生参与创业，社会环境、家庭环境、教育环境、人际环境和政策环境通过作用于创业自我效能感影响大学生社会创业动机；陈霞和许松涛（2020）发现个人兴趣、家乡经济发展水平和市场机会是大学生乡村创业的主要动机。

总体来看，家庭或个人选择创业的主要原因可以归纳为四个方面：一是主要为了追求物质财富（如提高个人或家庭的物质生活条件或财富积累）而进行创业；二是主要为了实现个人非物质需要（如更灵活的工作环境、喜欢挑战、自我实现、得到他人认可）而进行创业；三是基于物质追求与非物质追求的多种需要而进行创业；四是受到外部环境或氛围的影响，如亲朋好友的创业行为、创业的政策支持环境等促使个体或家庭选择创业。

二、创业主体禀赋

无论是家庭还是个人进行创业均需具备一定的资源禀赋，创业者所具备的资源禀赋是贯穿于整个创业过程的核心要素，对新创企业的组织架构和资源属性起到决定性作用（Morris，1998）。研究表明，在创业主体创业所需的多种资源禀赋中，人力资本与社会资本积累发挥着基础作用。Firkin（2001）首次在创业管理领域引入了创业者的"资源禀赋"这个概念，提出资源资本、人力资本和社会资本三个维度；杨俊（2004）则从国情出发，提出创业者资源禀赋的三大维度包括经济资本、人力资本和社会资本。个体拥有较多的创业资源，不仅会增强创业者创业认知的渴望，使其产生创业倾向，而且还对创业认知的可行性产生积极的正向影响（王玉帅，2008）。王西玉等（2003）研究发现，那些因打工经历而获得人力资本提升、自有财富增加和对市场信息了解的农民工返乡后更有可能进行创业活动。斯库阿斯（Skuras，2005）基于欧洲四国的研究发现，家庭成员的受教育年限对创业选择乃至创业成功率都有显著的正向影响，那些曾接受基础教育的人更有可能选择创业并且创业成功率更高。斯奎亚（Siqueira，2007）研究发现，拥有高中学历的移民选择创业的可能性更大，但与高中学历的移民相比，接受过大专及以上教育的移民人群创业成功的概率更高。部分学者研究发现对于农民而言，其受教育程度越高，进行非农创业的概率越大（Vander Sluis et al.，2008；Unger et al.，2011）。赵耀辉（1997）研究发现，教育、年龄等人力资本因素对农村劳动力选择非农就业具有显著影响。高建与石书德（2009）基于我国1996—2006年的各地区数据分析发现，拥有较高人力资本水平的地区，其人群创业水平也就越高。李长安和苏丽锋（2013）研究了人力资本对东部、中部与西部地区创业活动的影响，结果发现人力资本水平对创业者的产生具有正向影响，人力资本水平越高的地区创业活动就越活跃。徐建华（2010）研究发现拥有诸如从实践活动中获得的知识、技巧、谋略等"实践性知识"的个体进行创业的概率更高。美国社会学家弗朗西斯（Francis，2000）、伯特等（Burt et al.，2000）认为错综复杂的个人网络是创业者最重要的资源，拥有的社会资本丰欠程度会直接影响创业意愿的大小和创业成功的可能性，创业者拥有可利用的强联系社会资本越丰富，创业的可能性及取得成功的可能性也就越大。钱德勒等（Chandler et al.，

2005）认为社会资本理论对家庭创业团队的形成与构成具有强大的解释力。张方华（2006）研究发现，社会资本水平越高的企业，获取信息与资金的便利程度越高、数量也越多。钱永红（2007）认为个体对创业所需资源的可获得性是影响创业意愿的一个重要因素，个体是否已经具备创业所需的管理知识、运营团队、市场渠道、社会关系网络以及融资支持等，均会影响个体创业的意愿。张玉利等（2008）对创业者社会资本与创业机会创新性之间的联系进行了分析，其发现那些社会交往面广、与社会地位高的个体关系密切的创业者更易发现创新性更强的机会。社会网络更加广泛、社会资本水平更高的农民往往有更宽阔的民间借贷渠道，从而更有可能创办工商业（龚军姣，2011；马光荣等，2011）。石智雷等（2010）从个人特征和家庭资源禀赋两个方面分析了影响农民工创业行为和创业意愿的因素，结果显示，年龄和文化程度对农民工创业意愿没有显著的影响，家庭财富积累水平对农民工的创业意愿有显著的正向影响，而家庭经济水平自我评价中等及中上等对农民工创业意愿有显著的负向影响。汪三贵等（2010）研究发现，人力资本与社会关系会对农民工的创业行为产生直接影响，接受过较好教育和培训、具有和谐人际关系的农民工进行创业的可能性更大。朱红根等（2011）的研究表明个体特征因素、家庭特征因素和社会资本特征因素对农民工创业意愿的正向影响是显著的。罗明忠与罗琦（2016）研究发现，家庭人力资本中的培训、家庭经济资本、家庭社会资本、家庭政治资本、家庭自然资本中的土地质量等都对农村劳动力创业转移存在显著正向影响。周宇飞等（2017）通过实证分析指出，积极的文化锚定能强化农民工返乡创业意愿，带动创业意愿转化为创业实践。孔祥利和陈新旺（2018）定量分析了返乡农民工的经济资本、社会资本、人力资本及外在环境等资源禀赋差异对其创业行为决策的影响。实证结果表明，经济资本以及风险偏好和主观幸福感等内在禀赋对返乡农民工创业具有积极影响，年龄和受教育水平对其创业的影响呈现倒"U"形分布，外出务工经历与返乡农民工的创业决策呈现负相关关系。李海波（2020）认为，家庭资本禀赋对返乡农民工创业抉择具有重要影响，受教育程度、外出务工劳动力数量、物质资本和社会资本对返乡农民工创业具有显著促进效应。总体来看，家庭或个体是否选择创业并非一时冲动，而是他们依据所拥有的资源禀赋进行充分衡量后做出的判断。研究表明具有一定程度的人力资本积累水平与较为丰富的社会资本的家庭或个体选择创业的可能性更大。

三、创业支持政策

创业政策作为一国或地区政府调控创业活动的重要手段，对家庭或个人创业具有重要影响，颁布创业政策的目的往往是用来减少初创企业面临的障碍、成本、风险，给创业者营造一个宽松、有利的创业环境，有利于促进新创企业的发展（周劲波 等，2011）。早在2009年，国家就推动创业型城市试点建设，旨在通过政策试点先试先行，营造良好的创业制度环境以催生市场新生力量、激发人才活力和解决就业难题，最终实现以创业带动就业和经济高质量发展的政策目标（曾婧婧 等，2021）。潜在创业家庭或个人最终是否决定创业并付诸实施，在很大程度上取决于他们对创业是否可行和创业是否值得的判断，而政策因素与创业者的判断密切相关。人们普遍认为政策支持足够充分对积极引导和促进创业活动至关重要，它关系着创业的兴起与成败（朱红根 等，2013）。已有研究表明，制度和规则以及其他外在因素的变化会影响创业者的数量；较少的政策约束、便捷的融资渠道、便利的技术支持、完备的培训和咨询服务以及税收和其他方面的激励可以提高新企业的创办比例。大多数学者认为创业是创业者在一定社会环境条件下从事创业行为的结果，创业者会依据制度环境选择各自的行为方式和创业方式，制度创新有助于优化创业环境。合理的制度可以激励创业者进行生产性创业活动，不合理的制度则会使创业者致力于导致社会财富再分配的非生产性创业活动（李雪灵 等，2011），外部因素（如经济情形、政府法规）对创业者是否选择创业具有重要影响。伍利 等（Woolley et al.，2008）研究发现，政府营造的有利的创业环境能够极大地促进创业活动，在技术和金融两方面加强创业环境建设的地区，其新创企业的数量会显著高于未进行创业环境建设的地区。李姆等（Lim et al.，2010）的研究显示，法律、金融、教育以及信任关系等在内的制度环境会影响创业者的创业决策。税收作为影响创业者创业决策的成本因素，对创业者是否选择创业具有较大影响，研究表明，有关所得税和破产免责的政策与创业活动之间存在正相关关系。张钢和彭学兵（2008）对创业政策与技术创业关系的研究表明，创业政策对促进新技术创业活动具有重要作用。张鸿宇（2010）通过比较部分省（区、市）扶持农民工返乡创业的政策并分析相关政策实施的效果，发现包括创业指导、税收优惠、金融支持等方面的扶持政策很好地激发了农民工创业的热情。赵都敏与王蓉（2012）通过实证分析发现，创业政策对创业企业成长具有显著的积极影响。哈尔（Hall，2008）研究表明，制度（包括经济、政治、法律等方面）较完善的地区，其生产性创业活动水平较高。朱红根（2011）研究发现，政府政策的支持力度、创业环境与农民工的创业意愿存在正相关关系，其中，良好的基础设施、优越的投资环境会增强农民工回乡创业的意愿。张秀娥等（2013）认为有利的外部创业环境可以有效地促进农民工开展创业活动。艾迪斯等（Aidis et al.，2014）认为新兴发展中国家的金融资源可得性是影响创业者创业选择最关键的制度因素。覃玉荣（2013）则将政策支持细分为财政扶持政策、金融扶持政策、服务保障政策、创业教育政策等，通过对农民工返乡创业现状为期一年的研究，发现创业政策的实施有力地提升了农民工返乡创业的积极性，推动了县域经济社会的发展，促进了农村劳动力转移和农民工脱贫致富。科尔等（Kerr et al.，2009）研究发现，对创业活动的金融支持会极大地提高新创企业的数量。农村家庭金融资源的可得性与其创业行为具有正向相关关系，提高农村家庭金融可得性对于提高其创业意愿具有显著的正向边际效应；农村社区层面金融资源可得性会显著影响社区内部家庭的创业水平（卢亚娟 等，2014）。谢香兵等（2018）基于河南省农民工调研数据分析发现，国家创业政策支持对创业意愿和创业能力都具有促进作用，同时创业政策通过增强农民工创业能力来间接影响其创业意愿。宋喆（2019）分析发现，内蒙古双创政策对大学生创新创业活动产出具有正向影响作用，不同的政策类型对大学生创新创业活动产出的影响程度不同。向赛辉和孙永河（2021）分析发现，政府政策支持对创业者创业生存和创业成功绩效具有显著的正向影响。曾婧婧和温永林（2021）研究发现，国家创业型城市试点建设显著促进了城市创业，城市规模大、人力资本水平高、政府财政投入多以及互联网基础设施完善的城市，其试点政策效果更为明显。总体来看，政府相关的创业支持政策对营造积极的创业环境具有显著促进作用，为个体创业提供了较为有利的政策环境，对创业的促进作用比较明显。

四、创业文化环境

文化是历史上人类所创造的生存式样的系统，文化已渗透到社会的所有领域，并取代政治和经济等传统因素跃居社会生活的首位（朱伟珏，2007），人类依靠文化而得到生存和生活（费孝通，2013）。经济发展是一个文化过程，文化价值观和态度可以阻碍社会进步，也可以促进社会进步，对一个社会的发展起决定性作用的是文化，奥兰多·帕特森在《整合的磨难》一书中写道："当我们力求理解为什么存在着技能差距、能力差距和工资差距，以及为什么数以百万计的非洲裔美国人陷入病态心理的社会深渊时，一定可以从文化中找到答案。"（塞缪尔·亨廷顿，2010）文化是企业家精神的重要决定因素，是有利于创业行为的因素，如冒险行为和独立思考（王春超 等，2018）。家庭或个体存在于一定地理空间，其行为必然受到当地文化环境的影响，研究发现社会文化会对个体与家庭产生潜移默化的影响，使其具有某些个性特征，并可以促使其产生某些特定行为，文化价值和信仰的差异可能引致家庭或个体多样的创业行为。文化差异是造成创业过程和结果差异的主要因素之一（吴凌菲 等，2007），不同文化环境下创业者的创业动机存在一定差异。文化会从深层次影响创业过程，家庭或个体因所处文化环境的不同而有着不同的创业倾向。现实中可以发现某些文化环境更容易刺激个体或家庭创业或产生某种特定的创业行为，创业文化与创业行为高度相关，其是创业的基本条件之一，没有良好的创业文化作为支撑就不可能有大量的创业行为（周亚越 等，2005）。戴维德森（Davidsson，1995）通过对不同文化价值区域的创业情况进行分析，发现文化和信仰会对不同区域内新企业的创建产生影响。

创业文化是社会文化的一部分，与区域的地理环境、传统习惯和当地政治经济发展情况密切相关，反映了该地区对追求财富的态度以及为创造财富、保障财富所制定的法律法规（孙启明，2005）。Schumpeter（1934）把创业文化看成创业价值观、行为经验和能力的综合体，强调创业者个人在创业活动中体现的个体特质。Minguzzi（2000）认为创业文化是创业者自身素质和个体创业行为、风格特征的集中体现。创业文化会影响组织对个体和个体对组织的双重期望，积极的创业文化将有利于企业对资源的管理（McGrath，2000）。Hilary Rollin（2001）认为创业文化会对创业者的创业产生积极和消极两方面的影响，强调社会环境对于创业的影响。曹威麟（2002）认为，创业文化包括四个方面的含义，即创业者在创业过程中所体现出来的对待创业的思想价值观念，特定的创业行为方式，整个社会对待创业的基本态度以及通过创业活动创造出来的新组织、产品和服务。刘文辉（2011）认为，创业文化指的是勇于承担创业风险的态度、与创业相关的价值观以及支持创业的社会氛围。胡晓龙和徐步文（2015）认为创业文化在主观层面是指居于区域内的人们对于个体、组织、做事风格等的认知，而这些认识以隐性的方式作用于人们为人处世的理念之中，影响人们的创业意愿；创业文化在客观层面是指人们能够明显感知到的区域环境自身存在或提倡的创业精神氛围。地区创业活动水平与其创业文化氛围密切相关，地区间创业活动水平的高低主要源于创业氛围的差异。创业氛围总是存在于特定的地理空间，成为一种影响人们创业意愿的客观存在（张治栋 等，2009）。居民是否选择创业、能否成功，在很大程度上取决于一定的创业氛围，创业者会根据区域创业文化氛围选择创业地点，具备良好创业文化氛围的区域能够吸引更多创业者前来创业，形成集聚效应，促进区域创业型经济发展（戴玲，2008；汪三良，2009；窦鹏，2010）。创业文化的先进与否直接影响创业家队伍能否产生与壮大以及企业家创新精神能否发挥，是决定创业活动能否成功的重要因素（樊行健 等，2002）。而淡薄的创业文化氛围、错位乃至缺位的正式制度安排及滞后的制度实施机制建设是制约中国转型经济中家庭或个人创业行为的制度性因素（王仕军 等，2005）。

创业文化就像一只无形的手，会悄无声息地影响人们的创业意愿和创业选择，而农村地区深受传统文化的影响，其居民行为受文化氛围的影响更为显著（吴彩容 等，2012）。胡生（2016）认为创业文化中的个人主义、不确定性规避弱、男性主义等文化维度因素对农民工返乡创业动机存在正向影响；创业文化中的家族创业传统、朋友圈创业成功人士、周边地区成功创业者等区域创业文化氛围因素对农民工返乡创业动机存在正向影响。王春超和尹蓉娟（2018）则分析了"一带一路"建设沿线主要国家创业文化环境对创业选择行为的影响，研究发现这些国家积极的创业文化环境会促进创业者的创业机会识别，从而提高个人创业可能性。而赵月（2020）分析发现，创业文化对于流动人口异地创业具有显著的正向影响。

总体来看，文化环境会对家庭或个体的经济行为产生影响，而创业作为一种经济行为必然也会受到地域文化的影响，不同文化环境下的家庭或个体的创业活动因文化环境的不同而存在一定差异，但毫无疑问其是否进行创业是或多或少受到文化尤其是创业文化环境影响的。

五、创业微观理论机制对创业选择的影响

创业主体（家庭或个体）的禀赋条件对其创业选择具有重要影响，尤其是潜在创业主体的人力资本与社会资本水平对其是否进行创业影响较大；创业政策体系对家庭或个体是否选择创业的影响也较大，如政府针对"月营业收入在3万元以下的小微企业免征增值税"的税收优惠政策对家庭或个体创业及现有小微企业发展具有积极的促进作用；创业文化环境会从较深层次影响家庭或个体的创业选择，家庭或个体的创业倾向因所处文化环境的不同而有差异。创业主体禀赋与创业动机驱使主要通过内在机制来对家庭或个体的创业选择产生影响，而创业政策体系是通过外在机制来影响家庭或个体是否选择创业，创业文化环境既通过内在机制又通过外在机制来影响家庭或个体是否选择创业，如图2-1所示。

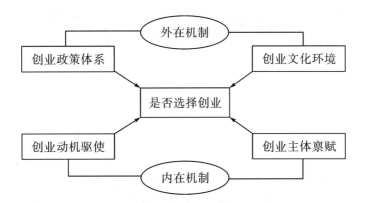

图 2-1　创业微观理论机制对创业选择的影响

第三章 西部农村家庭创业的基本态势

西部十二省（区、市）陆域总面积 686.8 万平方公里，占我国国土陆域总面积的 71.5%；截至 2020 年年底，西部地区常住人口 38 285.2 万人，占全国总人口的 26.5%①。西部地区国内生产总值 205 185.18 亿元，占全国总量的 20.76%；西部地区人均国内生产总值为 5.37 万元，而全国平均水平为 7.06 万元，比西部地区高出 1.69 万元②。第四次全国经济普查公报显示，截至 2018 年年底，西部地区拥有法人单位 405.8 万个，占全国比重 18.6%；拥有产业活动单位 478.3 万个，占全国比重 19.5%③。2020 年中国民营企业 500 强榜单，西部十二省（区、市）仅上榜 42 家，占比 8.4%④，而 2013 年时，上榜数量为 53 家。新疆维吾尔自治区的新疆广汇实业投资有限责任公司排位最靠前，但仅排在第 21 位。重庆市上榜企业最多，为 12 家；作为西部地区经济最强省的四川仅上榜 10 家；排在第 3 位的是陕西省，有 5 家企业；排在第 4 位的是内蒙古自治区，有 4 家企业上榜；排在第 5 位的是新疆维吾尔自治区，有 3 家企业上榜；而青海、西藏与甘肃无上榜企业，2013 年起，这三个省就无上榜企业。因此，可以看出，西部地区总体经济实力相对较弱，民营企业发展水平较低。

对西部地区农村家庭创业的基本态势进行分析是构建中国西部农村家庭创业支持体系的基本前提。本章从西部地区农村家庭创业的创业特点、创业水平、家庭与创业相关的信贷状况三个方面对其创业的基本态势进行分析，以期为构建中国西部农村家庭创业支持体系提供启示。

---

① 数据来源：国家统计局网站，第七次全国人口普查公报。
② 数据来源：国家统计局网站，中国统计年鉴 2020。
③ 数据来源：国家统计局网站，第四次全国经济普查公报。
④ 数据来源：中华全国工商业联合会网站，2020 中国民营企业 500 强榜单。

第一节　创业特点

一、农村家庭创业氛围不浓厚

可能是受到传统地域经济发展模式、风俗习惯、传统观念的影响，西部地区农村家庭创业思想仍然较为保守，市场精神不足，居民市场经济素养亟待提高，创业不如打工、投资不如储蓄等怕冒险的精神和民族地区轻商贱利、重义轻财的思想观念较为普遍。尽管很多从沿海发达地区返乡的农民对沿海发达地区较为成熟的企业生产经营模式和如火如荼的民营企业发展有着深刻的直观感受，但返乡后，受本土文化氛围、风俗习惯、市场活力等非制度因素的影响，他们最终放弃创业想法，久而久之，致使西部地区农村创业氛围较为淡薄。CHFS 在西部地区的十个省（区、市）对 3 182 个农村家庭的调查数据显示[1]，截至 2013 年 9 月，西部农村地区以"创立"形式从事工商业生产经营项目的家庭仅占受调查家庭总数量的 8.1%，也即参与创业的家庭比例仅为 8.1%。相比之下，西部地区城镇家庭进行创业的概率约为 18.8%，比农村地区高出 10.7 个百分点；中部农村进行创业的家庭比例约为 8.6%，东部农村地区约为 10.8%，全国农村平均水平为 9.2%，全国平均水平为 14.1%，西部地区家庭进行创业的比例约为 13.8%，比农村地区高出了 5.7 个百分点，显著高于西部农村地区。根据笔者 2019 年对四川省、重庆市、云南省和广西壮族自治区少数民族聚居的 12 个经济欠发达县（原国家扶贫工作重点县）60 个村 1 286 户农村家庭的调查[2]，该类区域进行创业的家庭占比仅为 6.4%。可以发现，经济越是欠发达的地区家庭创业的活力越低，西部农村地区与全国、东部和中部农村地区相比，从事创业的家庭占比最低，而西南民族欠发达地区创业活动更不活跃。

---

　　① 被调查的西部地区十个省（区、市）分别为四川省、重庆市、陕西省、甘肃省、青海省、宁夏回族自治区、内蒙古自治区、广西壮族自治区、云南省、贵州省。

　　② 笔者依托主持社科基金项目"西南少数民族地区农村贫困家庭返贫抑制及可持续生计对策研究"（17CSH014）进行的调研。

二、被动创业的家庭占比较高

西部地区尤其是农村地区就业渠道较为狭窄，使得部分农村家庭被迫进行创业，以谋生计。依据 CHFS 调查数据统计，针对选择创业的原因，在"找不到其他工作机会""从事工商业能挣得更多""想自己当老板"与"更灵活，自由自在"四个原因方面（本书将"找不到其他工作机会"划分为"被动创业"），在已经创业的农村家庭中，西部农村地区因"找不到其他工作机会"而"被动创业"的家庭占比达 32.1%，分别比全国农村、东部农村与中部农村家庭高出近 6 个百分点、10 个百分点与 6 个百分点；而在受访者中，西部农村地区创业家庭"想自己当老板"的受访者占比仅为 8.8%，显著低于全国农村、东部农村与中部农村地区（见表 3-1）。2015 年 6 月，笔者在陕西省西安市对 60 余家小微企业调查后发现，"找不到其他工作机会、没有更好的就业机会"是这些小微企业主或所有者、创业家庭进行创业的第一影响因素。

表 3-1 选择创业的原因① 单位:%

地区	找不到其他工作机会	从事工商业能挣得更多	想自己当老板	更灵活，自由自在
西部农村	32. 1	30. 8	8. 8	28. 3
全国农村	26. 5	31. 6	12. 2	29. 7
东部农村	21. 8	33. 5	13. 7	31. 0
中部农村	26. 4	30. 3	13. 8	29. 5

2019 年 8 月笔者在西南民族欠发达地区的调查显示，因"从事工商业能挣得更多"而选择创业的比例为 51.3%，排在创业原因的第一位，考虑到调查地区为原国家扶贫工作重点县，而且样本家庭中，尚有 37%未脱贫，因此，众多家庭对提升收入水平的渴望度很高；因"找不到其他工作机会"而选择创业的家庭占比为 19.7%，排在第二位；因"更灵活，自由自在"而选择创业的比例为 17.1%，排在第三位（见图 3-1）。

---

① 表中数据系据 CHFS2013 年全国调查数据统计得出，下文表格数据若无特别说明，则均系据 CHFS2013 年全国调查数据统计得出。

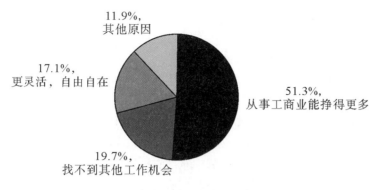

11.9%,
其他原因

17.1%,
更灵活，自由自在

51.3%,
从事工商业能挣得更多

19.7%,
找不到其他工作机会

图3-1 西南民族欠发达地区家庭创业原因

在农民工返乡创业方面，2021年7月，笔者在四川省三台县针对返乡农民工的调研数据显示，因"城市务工困难，找不到更好的工作机会"而选择创业的农民工家庭占比为47.4%，因"大城市生活成本高、社会保障不足"而返乡创业的比例为50.0%，因"乡土情怀"而返乡创业的比例为68.4%，因"照顾家庭"而返乡创业的农民工比例为86.8%，因"更灵活、自由自在"而返乡创业的比例为21.1%，因"从事工商业挣得更多""理想爱好或想做老板"而返乡创业的比例均为16%①。

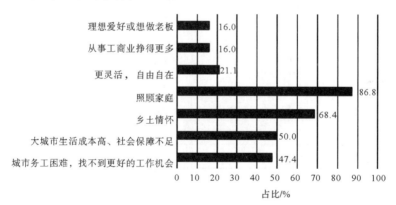

图3-2 四川省三台县农民工返乡创业原因分析

综上所述可以发现，西部地区农村家庭更多由于较少的就业机会产生的压力或低收入水平的现实而想要通过创业获取更高收入，主动性创业的现象并不普遍。

---

① 因为是多选题，故每项比例之和不是100%。

三、生产经营项目的经营特征

（一）行业分布较为集中

当前西部地区农村家庭创业项目多集中在少数几个行业。CHFS调查数据显示，西部地区农村创业家庭的创业项目主要集中在批发和零售业，交通运输、仓储及邮政业，住宿和餐饮业，居民服务和其他服务业，制造业五类行业，这五类行业集中了84.4%的创业项目。其中，西部农村从事批发和零售业的家庭占比为47.3%，高于西部城镇、东部农村与全国农村平均水平，但低于中部农村地区。从事制造业的西部农村家庭占比仅为2.0%，显著低于东部农村地区20.4%、全国农村地区10.2%和中部农村地区6.2%和西部城镇地区3.7%的水平，如表3-2所示。而在交通运输、仓储及邮政业上，西部农村创业家庭的占比是城镇家庭的2倍多，且显著高于中部、东部及全国农村平均水平。总体来看，西部农村创业家庭工商业生产经营的项目中，劳动密集型的服务业占比较高，制造业比重较低。

表 3-2　创业项目的行业分布　　　　　　　　单位:%

地区	批发和零售业	交通运输、仓储及邮政业	住宿和餐饮业	居民服务和其他服务业	制造业
西部农村	47.3	20.2	9.1	5.8	2.0
中部农村	49.0	16.2	10.1	4.9	6.2
东部农村	41.1	12.1	8.1	7.6	20.4
全国农村	45.5	15.9	9.1	6.2	10.2
全国	42.4	11.7	10.9	7.5	7.9
西部城镇	41.2	9.9	12.7	9.4	3.7

（二）组织形式较为单一

在创立的工商业项目组织形式上，CHFS调查数据显示，西部地区农村创业家庭的工商业生产经营项目以"个体工商户"形式经营的家庭比例约为82.8%（见表3-3），比城镇地区高出近5个百分点，分别比东部农村、中部农村与全国农村地区高出7.6个百分点、0.4个百分点和3个百分点；西部农村地区以"股份有限公司"形式进行生产经营的家庭占比很低，显著低于西部城镇地区、全国平均、东部农村、中部农村和全国农村地区水平；以"有限责任公司"形式经营的西部农村创业家庭比例仅为0.5%，这一指标略高于中部农村地区，但低于西部城镇地区、全国平均、东部农村与全国农村地区水平。以"合伙企业"形式经营的西部农村创业家庭比例仅为1.0%，这一指标均低于西部城镇地区3.4%的水平、全国3.7%的平均水平、东部农村1.7%的水平与全国农村2.7%的水平。在创业家庭中，西部农村地区以"独资企业"形式进行生产经营的家庭占比为2.0%，略低于西部城镇地区，高于全国平均、东部农村、西部农村与全国农村地区水平。数据还显示，西部农村创业家庭中以"没有正规组织形式"进行生产经营的家庭占比为13.7%，比西部城镇地区高5个百分点。

表3-3　创业项目的组织形式　　　　单位:%

地区	股份有限公司	有限责任公司	合伙企业	独资企业	个体工商户	没有正规组织形式
西部农村	--	0.5	1.0	2.0	82.8	13.7
中部农村	0.6	0.2	5.5	--	82.4	11.3
东部农村	0.2	1.4	1.7	1.4	75.2	20.1
全国农村	0.3	0.7	2.7	1.1	79.8	15.3
全国	1.9	3.7	3.7	1.7	79.1	10.0
西部城镇	2.8	4.5	3.4	2.2	78.4	8.7

注：括号内"--"表示调查数据显示的数值很小。

根据笔者2019年对西南民族欠发达地区的调查显示，92%的创业项目以"个体工商户"和"无正规组织"形式存在。笔者2020年在四川省三台县返乡创业的调查显示（见图3-3），15.4%的创业项目无正规组织形式，38.5%的创业项目属于个体工商户，28.9%属于合伙企业，独资企业占9.6%，股份有限公司占5.8%，有限责任公司占1.9%。值得注意的是，在经营形式方面，纯实体店占比75%，另有25%的创业项目采用了"实体店+网络"的形式。

总体来看，西部农村创业家庭主要集中于个体工商户和非正规组织，而以公司和企业进行生产经营的家庭占比较低，创业项目的组织形式有待进一步优化。随着网络技术的普及和居民对信息技术的了解越来越多，部分创业项目不再局限于实体经营，而是借助互联网进行经营。

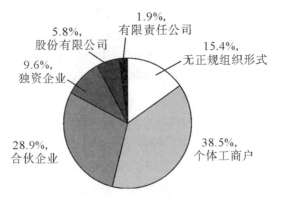

1.9%,
有限责任公司

5.8%,
股份有限公司

9.6%,
独资企业

15.4%,
无正规组织形式

28.9%,
合伙企业

38.5%,
个体工商户

图 3-3　四川省三台县返乡创业项目的组织形式占比

第二节　创业水平

一、用工数量偏少

员工数量是衡量企业发展规模、质量及未来发展前景的重要指标之一，CHFS调查数据显示，西部地区农村创业家庭平均雇工数量为2.3人，而西部城镇创业家庭这一指标为5.0人，东部农村与全国农村创业家庭平均雇工数量分别为2.4人与4.9人，总体来看，西部农村创业家庭用工数量偏少（见图3-4）。2015年6月，笔者在西安市调查小微企业时发现农村经营小微企业家庭以夫妻二人经营或家庭主要成员为生产经营人员而零雇工或有偿雇佣1~3名亲戚朋友〔如侄子（女）、外甥（女）、弟（妹）、同学等〕的现象比较多见。笔者2019年在西南民族欠发达地区的调查显示，83%的家庭没有雇佣员工，劳动力以家庭成员为主，在雇佣员工的创业项目中，平均雇佣3.5人，最少只雇佣1人，最多雇佣10人。总体来看，西部地区农村家庭创业项目雇佣员工数量较少。

在雇工成本方面，根据笔者2021年8月在四川省三台县的返乡创业调研发现，雇佣员工一个月的平均成本（工资）在3 001~5 000元的项目比例为73.1%，1 500~3 000元的项目比例为19.2%，5 001~10 000元的创业项目比例为7.7%（见图3-5）。

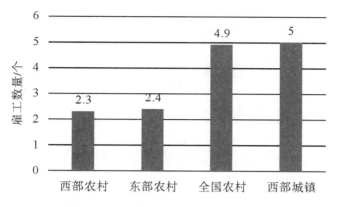

图 3-4　不同地区创业家庭平均雇工数量

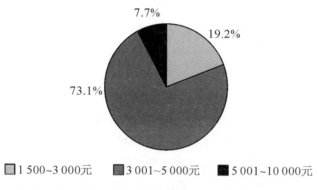

■ 1 500~3 000元　■ 3 001~5 000元　■ 5 001~10 000元

图 3-5　四川省三台县创业家庭每月雇工成本情况

二、资产规模较大

从家庭创立的工商业生产经营项目的资产均值来看，西部地区农村创业家庭的企业资产均值为38.48万元，最大值为4 000万元；中部农村创业家庭的生产经营项目资产均值为20.07万元，最大值为800万元；东部农村创业家庭的生产经营项目资产均值为37.35万元，最大值为5 000万元；全国农村创业家庭的生产经营项目资产均值为31.91万元。剔除项目资产总额在4 000万以上的极值样本后，西部地区农村创业家庭的生产经营项目资产均值为22.1万元，中部农村创业家庭为20.07万元，东部农村创业家庭为20.06万元，全国农村创业家庭为20.69万元，如图3-6所示。由此可以看出，尽管西部农村家庭创业的比例偏低，但生产经营项目资产额度却较高，高于中部、东部与全国农村创业家庭的生产经营项目资产。

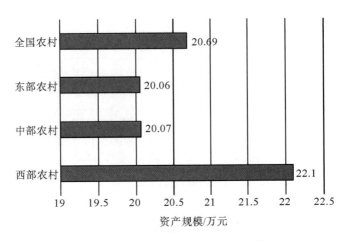

图 3-6　不同地区创业项目资产规模

三、经营绩效一般

从家庭创业项目一年的盈利情况来看，79.4%的西部地区农村创业家庭处于盈利状态，西部城镇地区这一指标为76.1%，中部农村为79.9%，东部农村为80.6%，全国农村为80.0%，如图3-7所示。横向对比可见，西部农村地区比城镇地区高出3.3个百分点，但比中部农村、东部农村与全国农村的平均水平低0.5个百分点、1.2个百分点和0.6个百分点。西部农村创业家庭处于"亏损"状态的比例约为15.2%，略高于全国农村和中部农村地区，低于东部农村与全国平均水平，比西部城镇地区低2.3个百分点。总体来看，西部农村创业家庭的生产经营绩效略低于全国、中部与东部农村地区，但相差不大；与西部城镇地区相比，西部农村创业项目的经营状况更好。

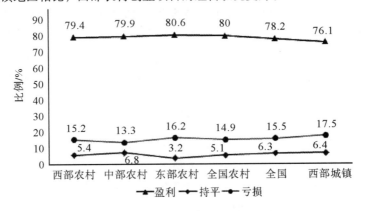

图 3-7　创业项目的盈亏比例情况

根据笔者 2019 年在西南民族欠发达地区的调查显示，在经营效益方面，与创业初期相比，53%的家庭经营效益获得增加，经营效益下降的家庭比例为 8%，39%的家庭经营效益变化不大。根据笔者 2021 年 8 月在四川省三台县针对返乡创业的调研分析，创业项目的营业收入额度情况，如图 3-8 所示，统计显示，调研时，"上一年营业收入"在 1 万~5 万元、50 万~100 万元的占比为 8.3%，在 5 万~10 万元、10 万~30 万元的占比为 41.7%。

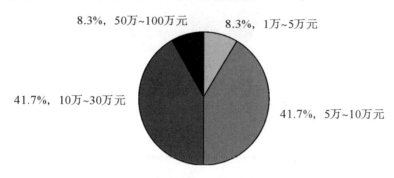

图 3-8　四川省三台县返乡创业项目营业收入额度情况

四川省三台县返乡创业项目税后收入情况如图 3-9 所示，在 1 万~5 万元的项目占比为 25.0%、5 万~10 万元的占比为 58.3%，10 万~50 万元的占比为 16.7%。

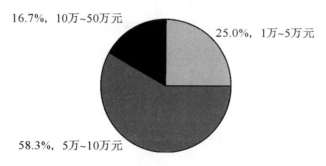

图 3-9　四川省三台县返乡创业项目营业收入情况

四川省三台县返乡创业项目在 2020 年实现盈利的比例仅为 34.6%，盈亏基本平衡的占比 1.9%，有 64.5%的创业项目出现亏损，这或许与 2020 年新冠肺炎疫情给经济带来的负面影响有关。在盈利的创业项目中，如图 3-10 所示，盈利额度在 1 万元及以下的占比为 5.6%、1 万~3 万元的占比为 5.6%、3 万~5 万元的占比为 22.2%、5 万~7 万元的占比为 16.6%、7 万~10 万元的占比为

11.1%、10万~30万元的占比为33.3%、30万~50万元的占比为5.6%①。

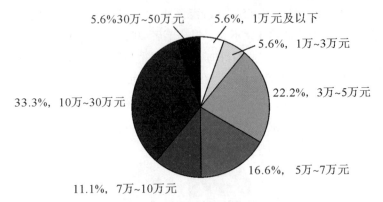

图 3-10   四川省三台县返乡创业项目的盈利情况

在四川省三台县出现亏损的返乡创业项目中，如图 3-11 所示，亏损额度在 1 万元及以下的项目比例有 12.1%，1 万~3 万元的占比为 21.2%，3 万~5 万元的占比为 15.2%，5 万~7 万元的占比为 18.2%，7 万~10 万元的占比为 21.2%，10 万~30 万元的占比为 9.1%，30 万~50 万元的占比为 3.0%。

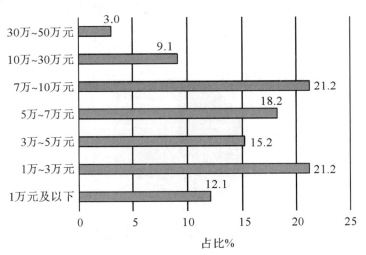

图 3-11   四川省三台县返乡创业项目的亏损情况

①   取值区间范围左开右闭，如 3 万~5 万元，即大于 3 万元，小于等于 5 万元。

第三节　信贷状况

一、基本情况

当前西部地区农村小微企业在融资方面面临诸多困难。第一，尚未构建完善的创业家庭与小微企业融资支持体系，直接融资体系仍不健全，风险投资、民间融资、融资租赁等直接融资方式发展缓慢；间接融资体系亟待完善，对小微企业的长期信贷资金支持力度不够，票据融资额度有限，政策性银行经营范围狭窄，扶持小微企业的力度较为薄弱。政策性银行资金通常是以发行长期债券、政府借款、金融机构同业借款等方式作为主要筹措渠道，且规模大、时间长、利率低，严重束缚了政策性银行的风险防范和长期发展。在商业性金融方面，一是在农村合作金融上，存在"内部人控制"问题，同时目标多元化的农村信用合作社与农村商业银行难以有效支持小微企业发展；二是在新型农村金融机构方面，由民政局登记、非金融机构县级农工部监管的农民资金互助合作社与在市场监督管理局注册、缺失银保监会监管的农村小额贷款公司挪用存款发放高利贷的行为有增无减，且后者"只贷不存"的政策限制使其难以实现支持家庭小微企业发展的规模效应。第二，尚未建立起银企信息有效交流机制，致使银行与企业信息不对称，大多数小微企业的内部信息不透明，尤其是财务信息，"两套账本"的现象较为普遍，致使银行搜集与甄别有效信贷信息的成本上升，大大打击了银行针对小微企业投放信贷资金的积极性。第三，小微企业担保体系仍不健全，担保产品品种单一，尚未建立地方性担保机构风险分散与补偿机制，担保资金的放大效用和担保机构的信用能力受到制约，金融服务难以有效跟进小微企业发展需要。第四，西部农村家庭工商业创业项目对银行信贷资金的依赖程度较高，CHFS2013 年统计数据显示 20.9% 的西部农村创业家庭有银行贷款，而西部城镇创业家庭有银行贷款的比例为 13.9%，中部、东部农村及全国农村有银行贷款的创业家庭比例分别为 8.0%、12.2% 和 13.5%，全国创业家庭中有银行贷款的比例为 12.0%，均显著低于西部农村地区（见图3-12）。笔者 2021 年 8 月在四川省三台县的返乡创业调研数据显示，因创业而在银行或信用社有贷款的家庭占比 90.4%。可见，西部地区农村创业家庭对银行资金的依赖程度相对较高。第五，家庭工商业创业项目的民间融资缺乏制度支持，有关民间借贷的法律法规体系相当匮乏，西部地区民间金融机构发展水平较低，政府对民间金融机构信贷行为的监管力量薄弱，民间金融机构"跑路"现象时有发生。CHFS2013年调查数据显示，在西部地区农村创业家庭中，有30.0%的家庭从民间渠道获得资金①，中、东部及全国农村创业家庭的这一比例分别为30.2%、27.7%与27.1%；在被调查的创业家庭"最大一笔借款的来源渠道"上，"朋友/同事""兄弟姐妹"与"其他亲属"成为主要来源渠道，其中，从"朋友/同事"处获得最大一笔借款的西部农村创业家庭比例最高，而从"民间金融组织""小额贷款公司"筹集资金的创业家庭占比仅为4.4%与0.1%。

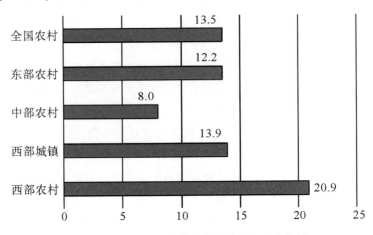

图3-12 不同地区有银行贷款的创业家庭比例

二、银行贷款

根据CHFS2013年调查数据统计（见表3-4），西部农村创业家庭在"没有银行贷款"的原因方面，"不需要贷款"的创业家庭占比为71.6%，"需要，但未申请"的家庭比例为16.3%，"申请过贷款，但被拒绝"的家庭比例为6.9%，"曾经有贷款，现已还清"的家庭比例为5.2%；西部城镇创业家庭的这些指标分别为77.2%、15.1%、2.8%和4.9%。与西部城镇创业家庭相比，西部农村地区"不需要贷款"的创业家庭比例低于前者近6个百分点，显示出农村没有银行贷款的创业家庭的资金自有率较高；"申请过贷款，但被拒绝"的农村创业家庭的比例是城镇地区的2倍多，说明农村创业家庭面临贷款被拒的可能性更高。"不需要贷款"的中部农村、东部农村、全国农村创业家庭及全国创业家庭比例高于均西部农村地区；上述几类地区"申请过贷款，

---

① 书中民间渠道主要包括民间金融组织、小额贷款公司、有合作关系的人或机构、朋友/同事、兄弟姐妹、子女、父母/岳父母/公婆、其他亲属。

但被拒绝""需要，但未申请"的创业家庭比例均低于西部农村地区，这显示出上述几类地区遭受银行信贷约束的可能性更低。

表3-4　创业家庭没有银行贷款的原因　　　　单位:%

地区	不需要贷款	需要，但未申请	申请过贷款，但被拒绝	曾经有贷款，现已还清
西部农村	71.6	16.3	6.9	5.2
中部农村	74.7	16.0	3.2	6.1
东部农村	80.8	12.6	4.3	2.3
全国农村	76.0	14.9	4.6	4.5
全国	79.9	12.4	3.4	4.3
西部城镇	77.2	15.1	2.8	4.9

在"没有申请贷款"的原因方面，在西部农村创业家庭中，"不知道如何申请贷款"的家庭占比为 13.2%；在西部城镇创业家庭中，这一比例为 11.7%；中部农村、东部农村及全国农村地区这一比例分别为 14.3%、7.9%、12.0%（见图3-13）。西部农村创业家庭因"申请过程麻烦"而未去申请贷款的比例为 41.4%，比西部城镇创业家庭这一比例低近 15 个百分点，同时也低于中部、东部及全国农村创业家庭。西部农村创业家庭因"估计贷款申请不会被批准"而未去申请贷款的比例为 45.4%，这一比例与西部城镇创业家庭基本持平，但显著低于中部、东部及全国农村创业家庭，比全国创业家庭的均值低近 10 个百分点。

赫尔南德斯（Hernandez et al., 2009）研究发现，那些与少数几家银行保持关系的小企业能够获得较低的贷款利率，较为集中的银企联系能够降低借贷的不确定性。在"贷款优惠获得"方面，CHFS2013 年调查显示，17.8%的西部农村创业家庭获得了银行贷款优惠，西部城镇创业家庭这一比例为 20.4%，比农村创业家庭高出 2.6 个百分点；中部、东部及全国农村创业家庭这一比例分别为 1.6%、16.4% 与 13.3%。总体来看，与中、东部及全国相比，西部地区创业家庭因创业获得贷款优惠的家庭比例更高；在其内部，城镇地区这一比例要高于农村地区。

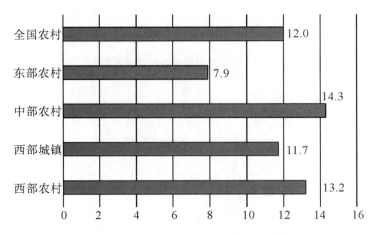

图 3-13   不同地区"不知道如何申请贷款"的家庭比例

较低的收入水平成为西部农村家庭被银行拒绝放贷的重要原因之一。在创业家庭"申请贷款被银行拒绝的原因"方面，49.0%的西部农村创业家庭因"收入低，信贷员担心还不起"而被银行拒绝放贷，这一比例比西部城镇创业家庭高出近45个百分点，比全国农村创业家庭高出近25个百分点，比全国创业家庭高出近33个百分点，比中部农村创业家庭高出近40个百分点，比东部农村创业家庭高出近49个百分点，可见，西部农村创业家庭因"收入水平"而遭受信贷约束的现象较为普遍，同时也反映出西部农村家庭收入水平较低的现实。43.0%的西部农村创业家庭因"没有人为我担保"而被银行拒绝放贷，西部城镇创业家庭这一比例为42.3%，中部农村、东部农村、全国农村及全国创业家庭的这一比例分别为0.1%、33.4%、26.0%与29.7%，均显著低于西部农村地区，如表3-5所示。霍什等（Hoshi et al.，1990）在研究银行与日本企业融资约束问题时发现，与银行保持良好关系的日本企业在投资中较少受到融资约束的影响，紧密的银企关系有助于企业及时获得所需资金。法布瑞齐奥等（Fabrizio et al.，2006）认为在风险水平和企业特征一样的情况下，与银行保持良好关系的企业受到信贷约束的程度较低。CHFS2013年调查数据显示8.1%的西部农村创业家庭因"与信贷员不熟悉"而被银行拒绝放贷，这一比例显著低于城镇地区、中部农村、东部农村、全国农村及全国创业家庭，可见，与西部城镇地区，东、中部农村创业家庭，全国农村及全国创业家庭相比，与银行信贷员的关系成为阻碍西部农村创业家庭获得信贷资金的重要因素。

表 3-5　申请贷款被银行拒绝的原因　　　　　　单位:%

地区	有欠款未还清	没有人为我担保	与信贷员不熟悉	收入低,信贷员担心还不起	没有抵押品
西部农村	0.1	43.0	8.1	49.0	19.7
中部农村	21.3	0.1	69.9	10.7	0.1
东部农村	0.1	33.4	30.3	0.1	36.3
全国农村	7.1	26.0	34.8	24.5	17.7
全国	3.5	29.7	32.7	16.8	30.8
西部城镇	6.4	42.3	20.2	4.3	51.4

在"从申请贷款到获得贷款的天数"上,在受调查且有银行贷款的家庭中,西部地区农村家庭从申请贷款到获得贷款的平均天数为 19.4 天,而东部农村地区为 10.5 天,显著低于西部农村地区。笔者 2021 年在四川省三台县的返乡创业调研数据显示(见图 3-14),创业家庭从银行或信用社获得的贷款金额在 1 万元及以下的占比为 2.1%,1 万~3 万元的占比为 8.5%,3 万~5 万元、5 万~7 万元的占比均在 14.9%,7 万~10 万元的占比为 21.3%,10 万~30 万元的占比为 36.2%,50 万~100 万元的占比为 2.1%。可以看出,贷款额度在 3 万~30 万元的家庭比例达到近 90%,尤其是 10 万~30 万元的家庭占比超过三分之一。

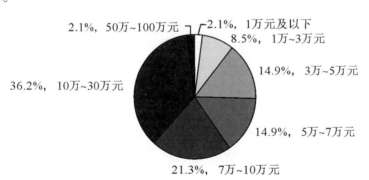

图 3-14　四川省三台县返乡创业家庭获得的贷款金额情况

三、贷款类型

西部地区农村创业家庭通过社会网络获得额度规模最大贷款的现象更为普

遍，CHFS 调查数据显示（见表 3-6），在"总额最大一笔贷款的类型"上，在西部农村创业家庭中，使用"信用贷款"的家庭占比为 75.4%，相比之下，西部地区城镇家庭这一比例仅为 37.6%，中、东部农村及全国农村地区分别为 47.2%，58.5% 和 64.5%，在全国创业家庭中这一比例也仅为 46.7%；在"抵押贷款"上，西部农村创业家庭的这一比例为 16.7%，显著低于西部城镇地区的 48.8% 和中、东部农村及全国农村地区的 36.7%、18.4% 和 21.1% 及全国创业家庭的平均水平 37.9%。

表 3-6　总额最大一笔贷款的类型　　　　　　　单位：%

类型	西部农村	中部农村	东部农村	全国农村	全国	西部城镇
抵押贷款	16.7	36.7	18.4	21.1	37.9	48.8
质押贷款	0.1	0.1	2.2	0.7	1.6	0.7
保证贷款	7.8	16.0	20.9	13.7	13.8	12.9
信用贷款	75.4	47.2	58.5	64.5	46.7	37.6

四、贷款原因

在选择贷款银行的类型上，CHFS 调查数据显示，"时间、地点便利"成为西部农村创业家庭选择贷款银行的首要原因，选择这一原因的家庭占比为 39.4%，如表 3-7 所示。2015 年 6 月，笔者在陕西省西安市在对 60 余家小微企业调查时，就选择贷款银行的原因与受访企业主或主要管理者进行了交流，发现这些小微企业对银行距离企业的远近程度特别重视，这在一定程度上显示出"地点"对小微企业选择信贷银行的重要影响；排在第二位的是"没有选择权"，选这一原因的家庭比例为 18.2%；"私人关系"成为创业家庭选择贷款银行的第三位原因，选择这个原因的家庭比例为 17.0%；"利率低"仅排在第四位；"有过业务往来"是选择贷款银行的第五位原因。从全国农村创业家庭来看，排在前五位的原因依次是"时间、地点便利""利率低""没有选择权""私人关系"与"有过业务往来"。从东、中、西部及全国农村创业家庭来看，"时间、地点便利""没有选择权"与"利率低"成为创业家庭选择贷款银行的重要影响因素。此外，在东、中、西部三个地区间，还存在因地区差异而影响创业家庭选择银行贷款的重要因素，其中，"灵活的贷款条款"是影响东部农村创业家庭选择贷款银行的重要因素之一，而"私人关系"则是影响中部、西部农村创业家庭选择贷款银行的重要因素之一，"有过业务往来"

是影响东部、西部农村创业家庭选择贷款银行的重要因素之一。

表3-7　创业贷款家庭选择某个银行贷款的原因　　单位:%

原因	西部农村	中部农村	东部农村	全国农村
利率低	15.1	17.2	24.0	18.7
有过业务往来	12.9	3.0	10.3	10.0
审批门槛低	4.3	17.7	11.6	9.6
费用低	5.4	0.1	9.7	5.9
私人关系	17.0	18.2	4.4	12.7
灵活的贷款条款	5.1	0.3	17.4	8.6
声誉好	4.7	5.0	5.2	4.9
服务好	6.0	5.0	13.5	8.5
时间、地点便利	39.4	35.2	44.4	40.4
没有选择权	18.2	19.3	10.1	15.5

注：每列之和不为100%的原因是题目为多选题，下表原因同此。

五、借款情况

在需要支付利息的借款上，西部地区农村创业家庭中，CHFS 调查数据显示，有28.1%的家庭需要支付借款利息，而西部城镇地区的这一比例比农村地区低近10个百分点，中部、东部及全国农村地区的这一家庭占比分别为25.8%、19.8%与24.8%，均低于西部农村地区。2015年6月，笔者在陕西省西安市对60余家小微企业调查后发现，在因企业生产经营而存在借款的家庭或企业中，有近半数家庭或企业需要支付借款利息。在需支付利息的借款的缔约形式上，36.0%的西部农村创业家庭是以"书面"形式确定的借款事宜，这一比例要显著高于城镇地区及中、东部、全国农村地区的比例及全国平均水平。相比其他地区，西部农村家庭以"口头"形式确定借款事宜的比例较低。

埃文斯等（Evans et al., 1989）实证分析发现大多数家庭创办新企业时，最大投资规模普遍低于其初始家庭资产的1.5倍，这意味着这些家庭创业遭受了金融约束。CHFS 调查数据显示，西部农村地区面临较为严重的正规信贷约束，在西部农村地区，27.6%的家庭受到了正规信贷约束①，而中部农村与东部农村的平均水平分别为26.2%与21.6%，西部城镇地区与全国平均水平分别为24.2%与20.3%，总体来看，西部农村家庭遭受正规信贷约束的比例更高。2015年6月，笔者在陕西省西安市在对60余家小微企业调查后发现，因抵押、质押、信用等条件的约束，有约三分之一的企业或创业家庭面临正规信贷约束。

在民间借款方面，笔者2021年8月在四川省三台县的返乡创业调研数据显示（见图3-15），有46.1%的创业家庭在银行或信用社存在贷款的同时，还有民间借贷，实际借贷金额在1万元及以下的家庭占比为4.2%，1万~3万元的占比为16.6%，3万~5万元的占比为50.0%，5万~7万元的占比为12.5%，7万~10万元的占比为16.7%。

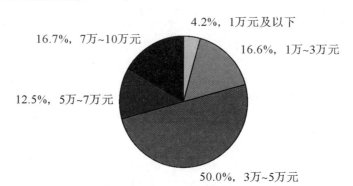

图3-15 四川省三台县返乡创业项目民间借贷金额情况

笔者在四川省三台县的返乡创业调研数据显示，有71.2%的创业家庭因创业项目的生产经营需要资金支持。在未来资金需求额度上（见图3-16），8.1%的家庭资金需求在1万元及以下，40.6%的家庭在1万~3万元，32.4%的家庭在3万~5万元，5万~7万元、7万~10万元的家庭占比均在8.1%，10万~30万元的家庭占比为2.7%。可以看出，创业家庭对资金需求额度并不算大，73%的家庭集中在1万~5万元。

_____

① 关于正规信贷约束，在书中是指个人或家庭因生产经营、购置住房、汽车或日常消费等经济活动对正规金融机构有贷款需求但未被满足的情况，具体地，基于问卷问题设置，分为两种情形：一是需要贷款，但没有申请；二是申请过，但被拒绝。这里的正规金融机构主要指商业银行和具有商业银行职能的正规金融机构，包括国有独资商业银行、股份制商业银行、城市合作银行、外资银行、信用合作社等。

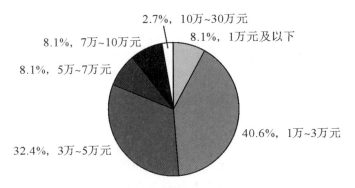

图 3-16　四川省三台县创业项目生产经营对资金的需求情况

　　在四川省三台县创业项目所需资金的借贷渠道上（见图3-17），75.7%的家庭计划从银行、信用社等正规金融机构借贷，67.6%的家庭选择向亲朋好友借贷，46.0%的家庭选择向民间金融组织借贷，18.9%的家庭选择向有业务往来的经济组织借贷[①]。

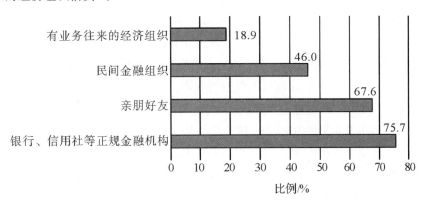

图 3-17　四川省三台县创业项目所需资金的计划借贷渠道

第四节　本章小结

　　总体来看，西部农村地区创业氛围仍然不够浓烈，与东、中部及全国农村相比，参与创业家庭比例依然较低，创业项目盈利能力较低。调查数据显示，截至 2013 年 9 月，西部农村地区参与工商业创业的家庭仅占受调查家庭总数

---

　　① 　非单选题，故各项百分比之和不为100%。

量的 8.1%，而西南民族欠发达地区创业活动更不活跃。在参与创业的农村家庭中，西部农村地区因"找不到其他工作机会"而"被动创业"的家庭占比达 32.1%，这一比例显著高于全国农村、东部农村与中部农村地区，笔者 2021 年在四川省三台县针对返乡农民工的调研数据显示，因"城市务工困难，找不到更好的工作机会"而选择创业的农民工家庭占比为 47.4%。调查数据显示西部农村创业家庭的工商业项目主要集中在批发和零售业，交通运输、仓储及邮政业，住宿和餐饮业，居民服务和其他服务业，制造业五类行业，这五类行业集中了 84.4%的工商业项目。西部农村创业家庭生产经营项目的资产均值较高，在剔除极值样本后，西部农村创业家庭的生产经营项目资产均值为 22.1 万元，略高于中部农村创业家庭的 20.07 万元，东部农村创业家庭的 20.06 万元，全国农村创业家庭的 20.69 万元。从家庭创业项目一年的盈利情况来看，截至 2012 年年底，79.4%的西部地区农村创业家庭处于盈利状态，比中部农村、东部农村与全国农村的平均水平低 0.5 个百分点、1.2 个百分点和 0.6 个百分点。西部农村创业家庭处于"亏损"状态的比例约为 15.2%，略高于全国农村中部农村地区，低于东部农村与全国平均水平，比西部城镇地区低 2.3 个百分点。笔者 2019 年在西南民族欠发达地区的调查显示，在经营效益方面，与创业初期相比，53%的家庭经营效益获得增加，经营效益下降的家庭比例为 8%，39%的家庭经营效益变化不大。四川省三台县农民工返乡创业项目的营业收入额度显示，"上一年营业收入"在 1 万~5 万元、50 万~100 万元的占比均为 8.3%，在 5 万~10 万元、10 万~30 万元的占比均为 41.7%左右。返乡创业项目在 2020 年实现盈利的比例仅为 34.6%，盈亏基本平衡的占比 1.9%，有 64.5%的创业项目出现亏损，这或许与 2020 年新冠肺炎疫情给经济带来的负面影响有关。

西部地区农村家庭遭受正规信贷约束的比例更高，调查数据显示，27.6%的家庭受到了正规信贷约束，而中部农村与东部农村的平均水平分别为 26.2%与 21.6%，西部城镇地区与全国平均水平分别为 24.2%与 20.3%。与中、东部及全国相比，西部地区创业家庭因创业获得贷款优惠的家庭比例更高。研究表明，较低的收入水平成为西部农村家庭被银行拒绝放贷的重要原因之一。CHFS 调查数据显示，在创业家庭"申请贷款被银行拒绝的原因"方面，49.0%的西部农村创业家庭因"收入低，信贷员担心还不起"而被银行拒绝放贷，这一比例比城镇创业家庭高出近 45 个百分点，比全国农村创业家庭高出 25 个百分点，比中部农村创业家庭高出近 40 个百分点，比东部农村创业家庭高出近 49 个百分点，可见，西部农村创业家庭因"收入水平"而遭受信贷约束的现象较为普遍，同时也反映出西部农村家庭收入水平较低的现实。西部地区农村使用信用贷款的创业家庭占比较高，在"总额最大一笔贷款的类型"上，在西部农村创业家庭中，使用"信用贷款"的家庭占比为75.4%，显著高于西部城镇地区以及中部、东部、全国农村地区创业家庭这一比例，90.4%的家庭因创业而在银行或信用社有贷款。研究还发现，获得银行、信用社等正规金融机构贷款的创业家庭贷款额度主要集中在10万~30万元，创业家庭对资金的未来需求额度并不算大，73%的家庭集中在1万~5万元。在资金需求的借贷渠道方面，随着政府相关金融支持政策的力度加大和金融环境的优化，越来越多的创业家庭倾向于选择银行、信用社等正规金融机构进行融资。笔者2021年在四川省三台县的返乡创业调研数据显示，有71.2%的创业家庭因创业项目的生产经营需要资金支持；有46.1%的创业家庭在银行或信用社存在贷款的同时，还有民间借贷，实际借贷金额在1万元及以下的家庭占比为4.2%，1万~3万元的占比为16.6%，3万~5万元的占比为50.0%，5万~7万元的占比为12.5%，7万~10万元的占比为16.7%。在未来资金需求额度上，8.1%的家庭的资金需求在1万元及以下，40.6%的家庭在1万~3万元，32.4%的家庭在3万~5万元，5万~7万元、7万~10万元的家庭占比均在8.1%，10万~30万元的家庭占比为2.7%。可以看出，创业家庭对资金需求额度并不算大，73%的家庭集中在1万~5万元。

第四章　西部农村家庭创业的主要问题

对西部地区农村家庭创业的主要问题剖析是建立西部地区农村家庭创业支持体系的重要基础。在对西部地区农村家庭创业的基本态势进行分析的基础上，本章从创业政策法规体系、人力资本积累、社会资本发展水平及创业文化发育程度四个方面对西部地区农村家庭创业面临的基本问题进行了分析，以期为构建家庭创业支持体系提供启示。

第一节　创业政策法规体系亟待优化

一、政策法规时效较短

当前我国及西部地区与创业相关的政策法规有效时间较短，政策有效期限多集中在 1~3 年，而创业项目往往面临较大的经营不确定性、起步时间较长，若政策法规效用时间在 1~3 年，尤其是 1 年以内，会使得以扶持小微企业发展为目的的创业政策的效果大打折扣，在很大程度上打击创业者的积极性。如国家层面颁布的《农业部关于实施推进农民创业创新行动计划（2015—2017年）的通知》，计划通过三年时间（2015—2017 年），"形成一批农民创业创新支持政策、搭建一批创业创新平台、培育一批创业创新带头人、树立一批创业创新典型、构建一个公共服务体系，形成农民创业创新发展新格局，为推进农业强、农村美、农民富提供有力支撑"。《财政部 税务总局 人力资源社会保障部 国务院扶贫办关于进一步支持和促进重点群体创业就业有关税收政策的通知》规定，"建档立卡贫困人口、持就业创业证（或就业失业登记证的人员，自办理个体工商户登记当月起，在 3 年内按每户每年 12 000 元为限额依次扣减其当年实际应缴纳的增值税等"。广西壮族自治区颁布的《广西壮族自治区促进全民创业若干政策意见》指出，"自项目取得第一笔生产经营收入起 3年内免征企业所得税中属于地方分享部分"；《广西大众创业万众创新三年行动计划（2021—2023 年）》提出，三年内实施"科技创新能力提升、创新创业主体培育、创新创业型产业集聚融合发展、创新创业人才引育、创新创业金融支撑、创新创业开放合作水平提升、创新创业营商环境攻坚、创新创业服务体系升级"八大行动，可以说是时间紧，任务重，极易造成追求速度、忽视质量的短平快模式。再如《贵州省人民政府办公厅关于引导和鼓励外出务工人员返乡创业就业的意见》规定，"返乡创业人员贷款额度最高不超过 8 万元，大学生、妇女贷款额度可达到 10 万元，期限最长不超过 2 年"。贵州省《促进高校毕业生就业创业的实施意见》规定，对持高校毕业生自主创业证的高校毕业生从事个体经营的，在 3 年内按每户每年 8 000 元为限额依次扣减其当年实际应缴纳的各种税费。《贵州省农民全员培训三年行动计划（2019—2021 年）》规定，"2019 年至 2021 年，对 1 842 万农民群众开展多种形式的综合素质提升和技能培训，通过 3 年时间实现农民培训全覆盖"，但是在全省培训资源有限的情况下，进行规模如此之大的素质提升和技能培训，很容易造成流于形式，培训效果大打折扣。

内蒙古自治区颁布的《关于开展大学生万人创业行动的实施意见》提出，从 2014—2017 年扶持 3.5 万名大学生创业。云南省相关政策规定，"给予首次创业人员 1 000 元的一次性创业补贴；对其中招用具有我省户籍劳动者 6 人以上的，给予首次创业人员 2 000 元的一次性创业补贴"。《甘肃省人民政府办公厅关于切实保护和激发市场主体活力促进民营经济持续健康发展的若干措施的通知》规定，"对首次创业并正常经营 1 年以上的返乡入乡创业人员，可按规定给予一次性创业补贴"，"对 2020 年年底前到期的普惠小微贷款本金、2020 年年底存续的普惠小微贷款应付利息，银行业金融机构应根据企业申请，给予一定期限的延期还本付息安排，最长可延至 2021 年 3 月 31 日"。宁夏回族自治区《大学生创业引领计划》规定，"应届高校毕业生从事创业项目并带动就业，连续正常经营 1 年以上的可给予 6 000 元创业补贴"。重庆市《关于进一步完善微型企业扶持机制的实施办法》指出，"自 2014 年 1 月 1 日至 2016 年 12 月 31 日，对年应纳税所得额不高于 10 万元的小型微利企业，其所得减按 50% 计入应纳税所得额，按 20% 的税率缴纳企业所得税。2014 年 1 月 1 日至 2017 年 12 月 31 日期间新办微型企业给予……2 年补贴。2013 年 12 月 31 日之前成立的微型企业，在 2015 年 12 月 31 日前……给予补贴"。由此可见，当前各地颁布出台的一系列有关扶持小微企业的政策优惠期限多集中在 1~3 年，对于在近年来国内外经济整体环境不好、经济下行压力较大、市场前景黯淡、创业机会狭窄的背景下进行风险较高的创业的家庭或个人而言，这些扶持政策真正发挥的促进作用比较有限。

二、政策执行力度偏弱

我国及西部地区与创业相关的政策制定及执行部门权力分割的现象较为明显，梳理近年来我国与西部地方政府出台的创业政策及执行情况，可以发现，人力资源和社会保障部门、财政部门、市场监督管理局、发展和改革委员会、教育部门、税务部门、共青团、中国人民银行、工业和信息化部门等众多机构各司其职，分别制定了各自职能范围内与创业相关的政策，但未能建立部门之间、部门与地方之间的政策协调联动机制。尽管也存在几个部门共同颁布一份创业政策的情况，但分工的不明确及最终负责部门的缺失致使政策执行力度较弱，产生的有益效果有限。尚未建立、健全普惠性政策措施落实情况督查督导机制、政策执行评估体系和通报制度，决策部署的"最先一公里"和政策落实的"最后一公里"尚未打通。以创业贷款申请为例，尽管财政部、工商总局、中国人民银行、商业银行及政策性银行出台了多部扶持家庭创业、小微企业发展的优惠政策，但因政策执行性较差使得相当数量的创业家庭及小微企业望而却步。CHFS调查数据显示在西部农村创业家庭"没有申请贷款"的原因方面，41.4%的家庭因"申请过程麻烦"，13.2%的家庭因"不知道如何申请贷款"，45.4%的家庭因"估计贷款不会被批准"而放弃贷款申请。

此外，各部门发布的创业政策内容相似乃至重复的现象较为普遍，这无疑增加了创业者与创业家庭解读政策信息的负担，且使得创业者与创业家庭需要相关部门帮助时，面临不知寻求何方的难题，同时，政策的相似性使得部门间相互推诿责任的现象时有发生。如《财政部 国家税务总局 人力资源社会保障部关于继续实施支持和促进重点群体创业就业有关税收政策的通知》和《财政部 国家税务总局 民政部关于调整完善扶持自主就业退役士兵创业就业有关税收政策的通知》均涉及退役士兵的创业问题，且上述几个负责部门在扶持重点人群创业的职责方面并没有明确的分工，因此，极易出现退役士兵不知寻求上述哪个或哪几个部门来解决就业难题的现象。又如《甘肃省推动全民创业促进就业若干政策规定》中指出，"……当地政府可给予不超过1万元的一次性创业补助""对涉及同级多个部门或一个部门多个办事机构的，实行'首办负责制''并联审批'……"，这里"可给予"并不是"要给予或必须给予"，并没有明确"当地政府"是哪一级政府，使得这项政策的可执行性大打折扣。《宁夏回族自治区关于支持多渠道灵活就业的实施意见》规定，"就业困难人员、高校毕业生等重点群体从事个体经营，按规定享受国家及自治区创业担保贷款、税收优惠、创业补贴等相关优惠政策"，"重点群体"除就业困难人员、高校毕业生外，还有哪些？可以按什么规定享受优惠政策？云南省"对首次创业成功并稳定 1 年以上的，给予 1 000 元至 3 000 元的创业补贴"。再如《2009 年广西返乡农民工创业就业基金实施意见》规定，对返乡农民工开展规模种养、初次创业成功的，给予一次性补贴 2 000 元。而"创业成功并稳定 1 年以上的，给予 1 000~3 000 元补贴"，对创业成功并稳定 1 年以上的企业帮扶的意义已经不大，此外，什么才是"创业成功"，没有给出"成功"的标准，很容易在实际操作过程中，出现执行有偏差、执行不力等后果。《重庆市人民政府关于做好当前和今后一个时期就业创业工作的实施意见》中提到，"加大对就业困难人员的帮扶力度，大龄、残疾、低保家庭等劳动者可按规定在常住地申请认定为就业困难人员"，那么什么是"就业困难人员"，如何才算是"大龄"，文件中均没有具体指明含义或范围，这使得政策执行力度大大减弱。此外，创业相关部门的成立时间较短、工作人员整体素质依然偏低等原因，使得提供的创业服务质量不高。基层创业支撑服务体系尚不完善，城乡基层创业人员社保、住房、教育、医疗等公共服务体系建设亟待加速推进，跨区域创业转移接续制度亟待完善，中小金融机构开展面向基层创业创新的金融产品创新能力不足。

三、创业政策特色不足

当前西部地区大部分省（区、市）颁布的创业支持政策未能全部扎实立足于地区经济社会实际发展情况，区域资源特色挖掘不足，机械式生搬硬套、照搬照抄国家层面相关政策、当作一项任务、被动式出台有关创业就业支持政策、模仿其他省份创业政策的并不少见。如《重庆市大学生创业引领计划2014—2017 年实施方案》《陕西省大学生创业引领计划实施方案（2014—2017）》《青海省大学生创业引领计划实施工作方案》、内蒙古自治区的《关于开展大学生万人创业行动的实施意见》、宁夏回族自治区的新一轮"大学生创业引领计划"均对创业课程设置、创业培训、大学生创业财税优惠等做出了规定，且内容大体相似，内蒙古自治区与宁夏回族自治区的民族区域特色未能得到很好体现。再如，各省对大学生创业培训基地、创业服务中心、全民创业计划、小额担保贷款的政策或方案的相似度很高，很难体现出经济较为发达省份与欠发达省份、少数民族聚居省份与非民族省份、边疆省份与非边疆省份的差异所在。各省有关农民工返乡创业就业的政策文件，几乎都笼统规定"建立农民工返乡创业就业'一站式'服务窗口；加大农民工返乡创业就业财政、金融服务支持力度""通过开发农林产品加工、休闲农业、乡村旅游、农村服务业等特色产业和项目，促进农村一、二、三产业融合，培育一批新型农业经营主体"，有关立足本地特色资源优势而制定详细创业支持政策的文件很少。此外，各省间创业政策在一定程度上存在歧视色彩，以"户籍""年龄""学历""是否初次创业"为界线来判定能否享受创业优惠政策的现象较为普遍，创业优惠政策的地方保护主义色彩浓烈。打造创新创业特色载体种类有限，利用区块链、互联网、云平台等工具十分有限，绝大多数创业项目依旧沿袭传统模式；大部分省（区、市）未能做到引导返乡创业人员融入特色专业市场，打造具有区域特点的创业集群和优势产业集群。创业人员因地制宜围绕休闲农业、农产品深加工、乡村旅游、农村服务业等开展创业的活力、动力和能力不足，依托"三农"产业的创意项目发展十分有限。

第二节　人力资本积累仍然不足

一、劳动人口占比较低

《第七次全国人口普查公报》数据显示，截至2020年年底，西部地区常住人口38 285.2万人，占全国总人口的26.5%，而统计局数据显示，截至2013年年底，西部地区常住人口36 637万人，占全国总人口的26.9%，即七年以来，西部地区人口总量占全国比重还在下降①。截至2019年年底，西部地区农村常住人口17 532万人，占西部地区常住人口45.92%，比2013年下降近8个百分点。在常住人口中，0~14周岁人口占比为18.3%，高于全国、中部与东部地区；15~64周岁人口占比69.7%，低于全国、中部与东部地区；65周岁及以上人口占比达12.0%，低于全国、中部与东部地区。与2013年相比，2019年，西部地区0~14周岁人口占比增加0.1个百分点，而中部、东部与全国相应指标分别上升了0.4个百分点、0.6个百分点和0.4个百分点；在15~64周岁人口方面，与2013年相比，西部地区下降2.2个百分点，而中部、东部与全国相应指标分别下降了3.3个百分点、4个百分点和3.3个百分点；在65周岁及以上人口上，与2013年相比，西部地区上升2.1个百分点，而中部、东部与全国相应指标分别上升了2.9个百分点、3.4个百分点和2.9个百分点。总体来看，当前西部地区与其他地区相比，尽管0~14周岁人口占比最高，但

---

① 使用2013年数据来对比，主要是考虑到党的十八大以后经济社会发展的变化情况。

增速却最低，劳动年龄人口占比较低，非劳动年龄人口占比较高①（见表4-1）。

表4-1　西部地区常住人口年龄结构　　　　单位:%

年龄结构（周岁）	全国		西部		中部		东部	
	2013	2019	2013	2019	2013	2019	2013	2019
0~14	16.4	16.8	18.2	18.3	17.3	17.7	14.5	15.1
15~64	73.9	70.6	71.9	69.7	73.1	69.8	75.8	71.8
65及以上	9.7	12.6	9.9	12.0	9.6	12.5	9.7	13.1

注：表中数据是依据《国家统计年鉴》2014版及2020版整理得出。

二、文化教育基础薄弱

国家统计数据显示，截至2019年年底，西部地区普通高等学校数量为711所，占全国总量的26.4%，东部地区普通高等学校数量为1 135所，是西部地区的1.6倍。在校本科学生数量439.70万人，占全国总量的25.1%，比2013年上升1.2个百分点；专科学生数量359.63万人，占全国总量的28.1%，比2013年上升3.8个百分点。在生师比方面，西部地区普通高校的生师比为18.5∶1，全国平均水平为17.9∶1，而东部地区为17.2∶1，中部地区为18.1∶1，可见，西部地区生师比全国、东部地区和中部地区都要高；与2013年相比，西部地区普通高校的生师比增加了1个单位，而全国、东部和中部地区分别增加了0.4、1.5和0.4个单位。西部地区中等职业学校数量为2 247所，占全国总量的29.2%，比2013年上升0.8个百分点；西部地区中等职业学校专任教师数量为17.15万人，占全国总量的26.7%，比2013年上升了0.4个百分点；中等职业学校在校学生数量379.5万人，生师比例为22.0∶1，比2013年下降了5个单位。东部地区中等职业学校专任教师数量为28.0万人，是西部地区的1.63倍；中等职业学校在校学生数量447.6万人，生师比例为16.0∶1，比2013年下降了5.3个单位。全国范围内生师比为18.9∶1，比2013年下降了4.1个单位。西部地区普通高中数量4 238所，占全国总量的30.3%，比2013年增加123所，但占全国对比重却下降了0.5个百分点；普通高中专任教师数量54.6万余人，占全国总量的29.4%，比2013年增加1.3个

---

① 因《第七次全国人口普查公报》有关人口统计数据没有统计年鉴详尽，故有些数据采用的仍然是《统计年鉴2020》。

百分点；普通高中在校学生数量 749.7 万余人，占全国总量的 31.0%，比 2013 年增加 0.5 个百分点；生师比例为 13.7∶1，比 2013 年下降 2.5 个单位，而东部地区生师比为 11.4∶1，全国范围内生师比为 13.0∶1。西部地区初中数量 15 315 所，占全国总量的 29.2%，比 2013 年下降 1.7 个百分点；初中专任教师数量 107.6 万余人，占全国总量的 28.7%，比 2013 年下降 0.6 个百分点，初中在校学生数量 1 400.6 万余人，占全国总量的 29.0%，比 2013 年下降 2.8 个百分点，生师比例为 13.0∶1，比 2013 年下降 0.8 个百分点。东部地区生师比为 12.5∶1，全国范围内生师比为 12.9∶1，均比 2013 年上升 0.2 个百分点。

截至 2019 年年底，西部地区未上过学的人口占比为 6.7%，分别比全国、中部及东部地区高出 1.6 个百分点、1.7 个百分点与 2.4 个百分点，与 2013 年相比，比例在下降，与其他地区差距在缩小；小学教育程度人口占比为 30.3%，高于上述三个地区；初中教育程度人口占比 34.8%，低于上述三个地区；高中教育程度人口占比为 11.1%，显著低于上述三个地区；中职教育程度人口占比 4.1%，比全国平均水平低了 0.6 个百分点；大专及以上教育程度人口占比为 13.0%，比全国平均水平低 1.6 个百分点（见表 4-2）。

表 4-2　受教育程度人口结构比　　　　单位:%

受教育程度	全国		西部		东部		中部	
	2013	2019	2013	2019	2013	2019	2013	2019
未上过学	5.0	5.1	6.8	6.7	4.2	5.0	4.5	4.3
小学	26.4	25.3	33.0	30.3	22.9	24.0	25.3	24.8
初中	40.8	37.3	37.1	34.8	41.8	40.1	42.7	39.3
高中	16.5	13.0	13.5	11.1	17.6	14.0	17.7	14.6
中职①		4.7		4.1		5.9		4.1
大专及以上	11.3	14.6	9.7	13.0	13.5	11.0	9.8	12.9

（注：表中数据是依据《国家统计年鉴》2014 版及 2020 版整理得出。

在 15 岁及以上人口平均受教育年限方面，《第七次全国人口普查公报》的数据显示，全国平均水平为 9.91 年，而西部地区除内蒙古、陕西和新疆三省（区）外，其他九省（区、市）均低于全国平均水平（见图 4-1）。

---

① 2014 年年鉴未单独列出中职教育情况。

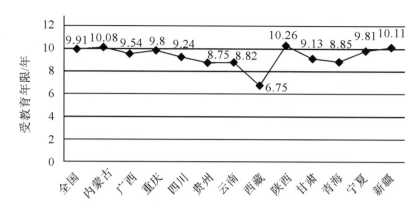

图 4-1　全国及西部地区 15 岁及以上人口平均受教育年限

在每 10 万人口中大专及以上文化程度人口指标方面,《第七次全国人口普查公报》的数据显示, 全国每 10 万人口中大专及以上文化程度人口数量为 15 467 人, 而西部地区除内蒙古、陕西、宁夏和新疆四省 (区) 外, 其他八省 (区、市) 均低于全国平均水平 (见图 4-2)。

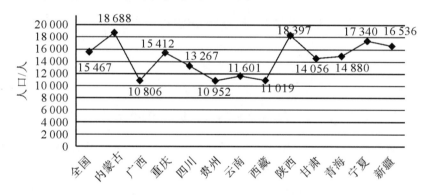

图 4-2　全国及西部地区大专及以上文化程度人口

总体来看, 西部地区常住人口受教育程度偏低, 主要集中于小学与初中文化程度, 文盲人口占比较高, 而高中及以上受教育程度人口所占比例偏低。

三、家庭受教育程度偏低

依据 CHFS 调查数据, 在西部农村被调查家庭的 16 周岁以上家庭成员中, 参与创业家庭的家庭成员人均受教育年限为 8.1 年, 而西部城镇创业家庭这一指标为 10.1 年, 比前者高出 2 年; 中部、东部及全国农村参与创业家庭的家庭成员人均受教育年限分别为 8.8 年、8.7 年与 8.6 年, 分别比西部农村创业家庭这一指标高出 0.7 年、0.6 年与 0.5 年。在农村非创业家庭成员的教育方面，西部农村这一指标为 6.9 年，而中部、东部及全国农村非创业家庭的这一指标分别为 7.4 年、7.8 年与 7.3 年，分别比西部农村非创业家庭这一指标高出 0.5 年、0.9 年和 0.4 年。在城镇创业家庭成员人均受教育年限上，西部城镇家庭这一指标为 10.1 年，而中部、东部及全国城镇创业家庭的这一指标分别为 10.5 年、10.2 年与 10.3 年。总体来看，西部农村创业家庭成员人均受教育年限要高于非创业家庭，但显著低于城镇地区与中、东部及全国农村创业家庭。西部农村非创业家庭成员人均受教育年限显著低于中、东部及全国农村非创业家庭这一指标（见图 4-3）。

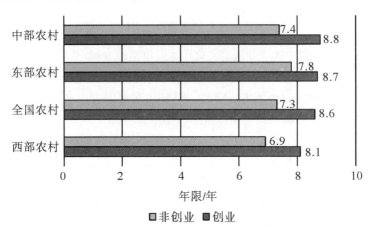

图 4-3　不同地区创业家庭成员人均受教育年限

从被调查家庭的受访者受教育年限来看，西部地区农村创业家庭受访者平均受教育年限为 7.7 年，而农村非创业家庭受访者平均受教育年限仅为 6.0 年，比前者低 1.7 年，而西部城镇创业家庭受访者平均受教育年限为 10.3 年，比农村创业家庭受访者高出 2.6 年。中部、东部农村创业家庭受访者平均受教育年限分别为 8.5 年和 8.3 年，全国农村创业家庭受访者平均受教育年限为 8.2 年。总体来看，与中部、东部及全国农村创业家庭的受访者相比，西部农村创业家庭受访者平均受教育年限仅为 7.7 年，分别比前三者低 0.8 年、0.6 年与 0.5 年；与西部城镇创业家庭受访者平均受教育年限相比，西部农村创业家庭与城镇家庭间的差距为 2.6 年，与中部、东部及全国同一指标相比，差值最大。从农村来看，创业家庭受访者平均受教育年限要高于非创业家庭受访者平均受教育年限。笔者 2019 年在西南民族欠发达地区的农村家庭调研数据也显示，进行创业家庭的受访者平均受教育年限为 9.8 年，而未创业家庭的这一指标为 6.2 年。

四、教育支出额度较少

从家庭教育支出来看，CHFS 调查数据显示，截至 2012 年年底，西部农村创业家庭的教育支出均值约为 4 560 元，而农村非创业家庭这一指标约为 2 330 元，仅为创业家庭的 50%左右；西部城镇创业家庭教育支出约为 5 550 元，比农村创业家庭高出约 1 000 元；中部、东部及全国农村创业家庭教育支出分别为 5 630 元、4 190 元与 4 770 元；全国创业家庭这一指标为 6 200 余元。而西部城镇，中部、东部及全国农村非创业家庭以及全国非创业家庭的教育支出分别为 3 040 元、2 990 元、2 730 元、2 680 元和 3 410 元。据笔者 2019 年在西南民族欠发达地区的农村家庭调研数据显示，创业家庭教育支出为 11 447 元，而非创业家庭教育支出仅为 5 992 元，仅为前者的二分之一左右（见图 4-4）。

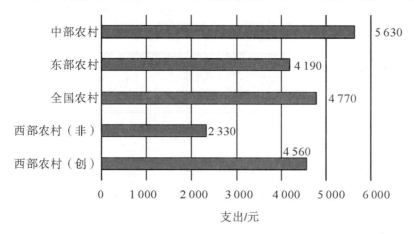

图 4-4　创业（非创业）家庭教育支出情况

总体来看，创业家庭教育支出高于非创业家庭，西部农村创业家庭教育支出显著高于非创业家庭，但明显低于西部城镇，中部、全国农村创业家庭以及全国参与创业的家庭的平均水平，西部农村创业家庭与非创业家庭教育支出仍然偏低。

五、研发投产状况不佳

统计局数据显示，截至 2019 年年底，西部地区规模以上工业企业研究与试验发展（R&D）人员全时当量为 29.7 万人/年，仅占全国总量的 9.4%，比 2013 年下降了 0.3 个百分点；而东部与中部地区这一指标分别为 222.7 万人/年和 62.7 万人/年，分别是西部地区的 7.5 倍和 2.1 倍。在 R&D 经费投入额度上，西部地区 2019 年全年投入 1 554.4 亿元，仅占全国投入总额的 11.1%，比 2013 年增加 1.4 个百分点，仅为东部地区的 16.4%、中部地区的 52.5%。在 R&D 项目数量上，西部地区 2019 年共有约 5.90 万个项目，占全国总量的 9.9%，比 2013 年下降了 0.9 个百分点，仅为东部地区的 13.9%、中部地区的 51%。西部地区产生有效发明专利数约 11.9 万件，仅占全国总量的 9.7%，比 2013 年增长了 1 个百分点，而东部地区达约 90.4 万件，是西部地区的 7.6 倍，中部地区达到约 19.6 万件，是西部地区的 1.6 倍[①]（见表 4-3）。

表 4-3　规模以上工业企业研究与试验发展（R&D）活动及专利情况

地区	R&D 人员 全时当量 /万人·年$^{-1}$		R&D 经费 /亿元		R&D 项目数 /项		有效发明专利数 /件	
	2013	2019	2013	2019	2013	2019	2013	2019
全国	249.4	315.2	8 318.4	13 971.1	322 567	598 072	335 401	1 218 074
西部	24.2	29.7	807.3	1 554.4	34 707	58 976	29 229	118 708
东部	165.6	222.7	5 707.3	9 453.6	215 935	423 411	249 076	903 649
中部	67.2	62.7	1 961.1	2 963.1	89 263	115 685	58 973	195 717

注：表中数据是依据相关年份的《国家统计年鉴》整理得出的。

六、医疗卫生条件堪忧

劳动者的健康素质会直接影响其体力、劳动年限、劳动效率等，因此劳动者的健康是人力资本的重要因素之一，美国著名经济学家西蒙·库兹涅茨（Simon Kuznets）在《美国经济的资本：它的形成和筹措》一书中指出：为了研究长期经济增长和各种不同社会中的经济增长，资本和资本形成的概念应该加以扩大，以便把人口本身的健康教育和培训投资包括进去[②]。依据国家统计局 2010 年西部地区人口的平均预期寿命，西部地区人口 2010 年预期寿命仅为76.71 岁，而全国、东部及中部地区分别为 78.61 岁、80.24 岁及 78.97 岁，分别比西部地区高出 1.9 岁、3.53 岁与 2.26 岁。截至 2019 年年底，西部地区每千人口卫生技术人员为 7.36 人，其中，城镇地区 10.91 人，农村地区 5.21人，而全国地区分别为 7.26 人、11.10 人与 4.96 人，东部地区每千人口卫生技术人员分别为 7.89 人、12.13 人与 3.84 人，中部地区分别为 6.59 人、

---

①　数据来源：《中国统计年鉴》（2014、2020）。
②　孙勇. 中国广义人力资本积累及其二元性研究 ［D］. 上海：复旦大学，2003：1-2.

11.21 人与 4.51 人。与 2013 年相比，经过六年发展，西部农村地区呈现出高于全国、东部和中部平均水平的良好局面。

CHFS 调查数据显示，在社会医疗保险支出方面，西部农村参与创业的家庭社会医疗保险支出均值约为 2 273 元，未进行创业的西部农村家庭社会医疗保险支出均值为 3 050 元，西部城镇创业家庭这一指标为 2 225 元。中部、东部与全国农村创业家庭社会医疗保险支出均值分别为 1 859 元、2 550 元与 2 234 元，全国创业家庭的这一指标的平均水平约为 2 273 元。笔者 2019 年对西南民族欠发达地区的调研数据显示，进行创业的家庭全年医疗支出（含看病、住院等）为 6 477 元，而未进行创业家庭的这一均值为 4 963 元。从整体来看，与中部、东部与全国农村创业家庭相比，西部农村创业家庭社会医疗保险支出额度较高。统计局数据显示，2013 年，西部地区家庭医疗保健支出占家庭总消费的比例为 9.5%，全国、中部与东部地区分别为 9.3%、10.4% 与 8.8%。在被调查家庭的受访者身体健康状况方面（见图 4-5），在西部农村创业家庭的受访者中，47.0% 的受访者身体健康状况良好，而西部农村未创业家庭的这一比例仅为 31.1%，西部城镇创业家庭的这一比例为 54.7%；中部、东部及全国农村创业家庭的这一比例分别为 55.4%、62.3% 与 55.4%，均显著高于西部农村创业家庭；而全国创业家庭的受访者身体健康状况良好的比例为 58.0%，比西部农村地区高出 11 个百分点。笔者 2019 年在西南民族欠发达地区的调研数据显示，进行创业的家庭中，93.2% 的受访者身体健康，而未创业家庭这一指标为 89.1%。总体来看，进行创业的家庭受访者身体更健康，这在一定程度上也反映了健康的身体更有助于创业。

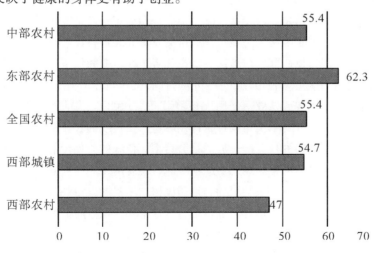

图 4-5　不同地区创业家庭受访者身体健康占比

第三节　社会资本发展水平不高

一、社会资本理念较为封闭

　　西部地区荒漠戈壁、高山峡谷、黄土高原等地形地貌面积广阔，恶劣的自然地理条件使得西部地区社会资本理念较为封闭。在偏远的山区、边疆、高原与森林地带的农村地区，交通的闭塞、思想观念的封闭、生活的贫困、传统的耕作技术条件、狭小的土地规模、以家庭为核心的自给自足的小农生产方式、与社会分工与协作难以协调等，导致农村居民固守稳定、传统、一成不变的社会资本，缺乏与外来文化的交流与互动。同时，农村内部人与人之间的关系也表现出典型的保守性、家族性与乡土性特征，村规民约、社区公约等社会规范建设进程比较缓慢，社会公德、职业道德、家庭美德、个人品德等道德规范有待加强，社会主体共同参与服务和治理的积极性不高，参与和服务程度十分有限，在社会救助、慈善事业、社区服务、就业援助、贫困帮扶、纠纷调解等领域直接提供社会服务的专业人才严重不足。农村地区自然经济文化和农耕文化的历史底蕴浓厚，使得农村居民尤其是少数民族群众逐渐形成了保守、缺乏竞争、重义轻利、群体至上、法治缺乏的文化理念，此外，小富即满、小富即安、安于现状的心理特征逐渐造成了西部地区尤其是贫困落后区域居民保守、愚昧、狭隘的人文性格，加之频繁的自然灾害和恶劣的自然条件严重威胁着西部贫困落后地区居民的生存，这种环境逐渐造就了居民冒险精神不足、创新精神缺乏、不愿竞争的生产与生活理念。上述理念很难与外来文化理念、市场经济理念相融合，严重阻碍了当地市场经济的发展和先进科技的引进，十分不利于工商业的发展，使西部农村地区的资源优势难以转变为经济优势。以陕西省为例，正是因为缺乏适合市场经济发展的社会文化制度环境，从而导致了资金、土地、技术闲置或低效率使用（杨鹏鹏 等，2008）。当前西部农村地区正由计划经济体制向社会主义市场经济体制转型、由传统的农业社会向现代的工业社会转型、由封闭的社会向开放的社会转型。传统的与现代的、国内的与国外的、不同利益群体的思想观念交织在一起，观念的冲突和利益的冲突成为转型社会的一个突出特征，亟待引导当地居民树立正确的人生观、世界观、价值观，提高心理健康水平，培育自尊自信、理性平和、积极向上的社会心态，提高社会文明水平。此外，在少数民族集聚区域，有的民族直接从奴隶社会、封建社会直接进入社会主义社会，伴随巨大且迅速的社会制度变迁而来的是难以改变的以传统农业为经济基础的社会资本结构，社会资本的农业性特征并未因社会主义社会的建立而发生改变，部分民族地区甚至有强化的趋势，这严重阻碍了市场经济、创业精神在西部地区尤其是少数民族区域的发展。

二、亲缘血缘氛围较为浓厚

中国是一个传统的关系型社会（Yang，1994；Bian，1997），这就使得社会关系在经济社会活动中起到重要作用。研究表明在传统的农耕社会中，以血缘和亲缘为纽带的家庭及家族是社会的基本单位，人际交往主要局限在家庭内部，然后才逐渐扩大到亲戚邻里（赵曦 等，2008）。在农村，农民缺少获得其他资本的优势，其社会资本大多由血缘、亲缘、地缘构成，这些社会资本是他们可以获得的最丰富的、最便宜的资本，所以社会资本在中国农村经济发展中起着举足轻重的作用（汪红梅，2018）。尤其是西部地区农村社会经济结构呈现出的典型的"马铃薯堆积型结构"，在这种结构中，家庭是小农经济关系的核心与基础，农村社区是小农社会活动的空间范围，以亲缘、血缘、地缘为基础的社会关系是小农家庭关系的放大（张永丽 等，2013）。西部地区浓厚的农业性特征，使得血缘、亲缘信任体系在居民日常生产生活中占有主导地位，尤其在农村地区与少数民族聚居区域，这一信任体系更为坚固。一方面，可以说，在一定程度上，这种浓厚的亲缘、血缘关系有助于家庭生产；但在另一方面，这种较为封闭、狭隘的信任体系不利于家族成员接受外部文化、理念，甚至可能引发其对非群体成员的不信任、歧视乃至仇恨和暴力，最终导致社会信任程度下降。依据 CHFS 调查数据，笔者统计发现，43.0%的西部农村创业家庭和42.3%的城镇创业家庭因"无人担保"而无法获得正规金融机构的信贷资金。2012 年，在西部地区创业家庭中，"最大一笔借款的借款渠道"来自"父母/岳父母/公婆、子女、兄弟姐妹及其他亲属"的家庭比例达95%以上；有86.9%的家庭给予过非家庭成员超过 100 元的现金或非现金，而非创业家庭的这一比例为77.1%；西部农村创业家庭中，有84.5%的家庭给予过非家庭成员超过 100 元的现金或非现金①；在农村非创业家庭中，这一指标为72.3%。在创业家庭中，有54.0%的家庭收过非家庭成员超过 100 元的现金或非现金，非创业家庭的这一指标为48.3%；在农村创业家庭中，这一指标为49.7%，而非创业家庭为46.1%（见图4-6）。总体来看，以超过 100 元的现金或非现金

---

① 依据 CHFS2013 年调查问卷，这里的家庭成员是指居住在一起，且经济上有联系的共享收入、共担支出的成员。

的方式参与社会关系维护的西部地区创业家庭占比更高，这凸显出非家庭成员的亲缘、血缘、朋友等社会关系对家庭生产的重要程度。

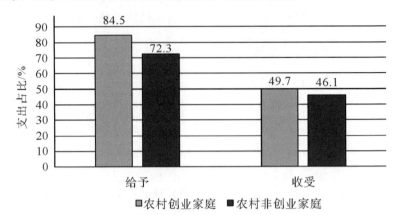

图4-6 西部农村家庭人情支出占比情况

三、社会组织发育程度较低

社会组织是具有一定规模的社会群体，即执行特定社会职能、完成特定社会目标、构成一个独立单位的社会群体。它体现一种社会关系，表现为社会稳定关系的网络，是社会分工和协作不断发展的结果（孙国华，1997）。农村居民平时来往对象多是拥有相同或相近信息的亲朋邻里，这些以血缘、地缘为纽带，具有高度同质性、封闭性的社会关系网络，难以拓展和重组，表现为职业流动、收入提升等方面受到较大限制。而社会组织作为市场经济的重要组成部分，是提供社会服务的重要力量和社会自治的重要载体，社会组织的多样性、公益性和志愿性等特征可以在匡正政府与市场失灵领域扮演重要角色，能在提供专业服务、培育社会资本和优化社区治理绩效等方面发挥积极作用（周小舟，2016；李江涛，2021）。弗朗西斯·福山（Francis Fukuyama）通过对中国、美国、英国、日本、法国、德国、意大利和韩国等国的研究发现介于政府与个人之间的中间社会团体对建立和重建社会资本十分重要。社会组织有助于提升社区社会资本存量、社区融合度和认同感，社会组织通过发掘关键群体、展开社区动员、组建兴趣小组以及组织化塑造，培育居民团体和促进居民参与，推进社区居民社团发展，而且居民社团的成长可拓展居民互动合作的公共空间，重建社区居民间的信任，增强社区凝聚力、认同感和归属感，增进社区社会资本积累（赵罗英，2014；李江涛，2021）。然而，西部地区封闭的社会理念，坚固的血缘、亲缘体系，落后的经济社会发展水平及重要战略地位和敏感的政治区域使得社会组织发展较为缓慢，致使组织型社会资本严重缺失。国家统计局 2020 年统计数据显示，截至 2019 年年底，西部地区社会组织数量为 220 731 个，占全国总量的 25.5%，比 2013 年下降了 1.7 个百分点；而东部地区社会组织数量占全国的比重为 48.8%，总数量是西部地区的近 2 倍；中部地区社会组织总量为 220 407 个，与西部地区基本持平。在社会组织中，西部地区社会团体数量为 119 563 个，占全国总量的 32.2%，比 2013 年上升0.5 个百分点；东部地区为 162 898 个，是西部地区的 1.4 倍；中部地区为 87 194 个。西部地区民办非企业单位 100 075 个，占全国总量的 20.5%，比 2013 年下降 1.9 个百分点；东部地区民办非企业单位 255 007 个，是西部地区的 2.5 倍；中部地区为 131 931 个，是西部地区的 1.3 倍。西部地区基金会数量 1 093 个，占全国总量的 14.4%，比 2013 年下降了 2.9 个百分点①；东部地区和中部地区分别为 4 997 个和 1 282 个，均显著高于西部地区。

总体来看，西部地区社会组织在全国所占比重较低，社会组织整体质量不高、组织机构不健全、内部管理制度不完善、民主管理程度低、财务管理不透明的现象较为普遍。此外，在社会组织法律法规建设方面，当前我国及西部地区现行的有关社会组织发展的法律只是行政法规，没有高层次的立法保障，法律效力不够高，有些规定存在本身不够规范、细化和相互抵触的问题，有关社会组织的财税扶持政策、人事管理制度、社会保障等方面的政策规定仍然有待完善。社会组织相关法律法规给予对社会组织登记、党建、人事、财务、业务活动管理的权利，但在细节方面，却没有划分实施管理的权力边界和管理方式。社会治理存在重视行政干预，但却轻视法制手段和政策引导的倾向。社会组织登记"门槛"过高，过于严格的限制政策自然会使社会组织成立难度较大，大量社会组织因不能注册而无法成立，更不能吸纳社会人员实现自我运作，从而影响了社会组织在就业创业方面发挥作用。成立政治法律类、宗教类等社会组织以及境外非政府组织在华代表机构，仍需要业务主管单位审查同意。这种直接登记与双重管理相结合的社会组织登记管理体制。对业务主管单位的职责没有明确限制，没有具体细化，这就给了管理部门很大的主观性，在实践中一些业务主管单位并非监督指导社会组织活动，而是直接参与、甚至干预社会组织的业务。社会组织行政色彩浓厚，部分社会组织主要由政府举办，这必然使得社会组织具有官方色彩，政社不分的现象导致部分社会组织沦为个别地方党政领导提升个人声誉、为仕途加分的宣传与美化工具，这就不利于社

---

① 数据来源：《中国统计年鉴》（2014、2020）。

会组织自身的健康发展和解决促进就业问题。西部地区社会组织大部分是自筹资金，仍然没有普遍建立起政府购买服务的社会机制，社会组织目前还没有实现完全社会化经营模式，再加上自身能力不强的因素，社会组织的营业性收入非常有限，经费不足制约了社会组织在举办招聘会、提供就业信息、进行职业培训等就业创业方面正常发挥作用。由于经费有限，社会组织部门存在规模较小、提供的服务较分散、资金相对缺乏、人员福利待遇不高等状况，导致了公众对进入社会组织部门就业的不认同，公众缺乏对社会组织运行理念以及运作模式的了解，未能实现把社会组织作为一种就业领域来看待。同时，部分社会组织公共就业服务质量不高，难以为缺少就业创业机会的居民提供他们迫切需要的指导、帮助，也是造成居民不愿意主动寻求社会组织提供就业服务的主要原因。西部地区作为我国重要的资源储备区、国防战略要地和政治敏感区域，也要加强对社会组织尤其是国外社会组织分支机构在西部地区的监管活动，坚决遏制打着"社会组织幌子"进行政治活动的国外社会组织。

第四节 创业文化发育程度较低

一、创业文化底蕴较为薄弱

拜格雷夫（Bygrave，1988）研究发现，创新与创业文化是美国经济迅速发展的重要促进因素，他认为创业精神与创业活动是美国经济最重要的战略优势。创业文化是自然环境和人文环境的产物，其是建立在地理环境、历史传统、生活习惯和社会政治、经济制度等大文化背景基础上的子文化（孙启明，2005）；陈坤与尹春爱（2012）认为创业文化是在创业活动过程中创业者普遍表现出来的思想意识、价值观念、基本态度、行为方式、创新精神等的总和。孙启明（2005）认为创业文化应包含两个层次的内容：一是人们对财富本身及财富的创造和追求的总看法；二是社会为人们追求财富、创造财富、保护财富提供的社会经济法律制度。马克斯·韦伯（Max Weber）认为：经济需求的水平最广泛地由纯粹的"习俗"所决定。个人至少在某种规模上可能丢掉习俗，而不会引起不赞同，然而在实际上，大多数却极难摆脱它[①]。西部地区地处希腊文化、阿拉伯文化、印度文化和中国文化四大文化交汇处，四大文化经不断地碰撞、融合与演变，逐渐形成了以宗教信仰为主要支撑的新疆伊斯兰

韦伯. 经济与社会（上卷）[M]. 林荣远，译. 北京：商务印书馆，1997：356.

文化圈、青藏吐蕃文化圈、陕甘儒道释文化圈、蒙宁西夏文化圈、巴蜀儒道释文化圈、滇黔桂的多神崇拜文化圈六个文化板块。多元的宗教文化、农耕文化与游牧文化使得西部地区传统文化绚丽多彩、错综复杂。总体来看，受几千年来传统农耕文化的影响、小农意识的禁锢以及宗教信念的束缚，尤其是民族地区浓厚的宗教文化带来的影响，如受藏传佛教重来世轻今生、重精神寄托轻物质消费的价值观的影响，藏族农民养牛却不愿意宰杀，存在养老牛放生牛的现象；四川凉山地区彝族耻于经商的传统和"一家有，大家有"的平均主义习惯均极大限制了居民扩大再生产的经济行为①。宗教文化天然形成的封闭、自我循环的文化系统在一定程度上抵御着异质文化的冲击，极易造成人们思想的僵化，加之历史上"重农抑商"的传统，工商业长期受到压制，道家的安贫乐道、清心寡欲的思想，儒家的积极入世、治国平天下的重政思想均在一定程度上不利于工商业的发展。总之，西部地区浓厚的宗教文化与传统思想使得当前市场竞争意识、进取的创业精神、优秀的创业理念极难在西部地区尤其是经济社会发展水平较低的贫困落后区域生根发芽，使得西部地区创业文化底蕴依然较为薄弱，直接表现在居民创业精神疲软，创业积极性较差。

CHFS 调查数据显示，截至 2013 年 9 月，西部地区进行创业的家庭占比为 13.8%，西部农村地区仅为 8.4%，分别比全国及全国农村平均水平低 0.8 个百分点与 0.3 个百分点。数据还显示，西部地区被调查家庭 2012 年因红白喜事及节假日支出的金额为 2 490 元；西部农村创业家庭的这一支出达到 3 113 元，农村非创业家庭这一支出为 1 699 元；西部城镇创业家庭与非创业家庭的这一支出分别为 4 422 元与 2 825 元。笔者 2019 年在西南民族欠发达地区的调查显示，进行了创业的家庭人情支出（红白喜事、过节走亲戚、朋友等）年均约 12 453 元，而未创业家庭的这一指标为 4 475 元。在红白喜事及节假日收入方面，西部地区被调查家庭的平均额度为 1 240 元，西部农村创业家庭与非创业家庭的这一收入额度分别约为 1 275 元与 820 元；西部城镇创业家庭与非创业家庭的这一收入额度分别为 2 460 元与 1 550 元。总体来看，在传统文化的影响下，创业家庭在"习俗"方面的支出与收入额度更多，但较之收入额度，支出的额度更大。此外，与东、中部地区相比，西部地区居民在创业文化所蕴含的效益意识、效率意识、风险意识、竞争意识、开放开明及求新、求变、求发展、敢于创新的开拓进取精神仍然不足。

---

① 赵曦. 中国西部农村反贫困模式研究 [M]. 北京：商务印书馆，2009：182.

二、创业教育发展水平较低

2015 年 5 月，国务院颁布了《关于深化高等学校创新创业教育改革的实施意见》，2017 年联合国大会通过决议将每年 4 月 21 日指定为世界创意和创新日，并呼吁各国支持大众创业、万众创新①。创业教育作为传授创业知识与技能的重要途径之一，是创业文化的重要组成部分。当前西部地区创业教育发展水平依然较低，主要体现在两个方面：一是大学创业教育发展较快，但尚未形成完整体系；二是针对居民的创业教育与培训体系仍然不完善，培训机构数量有限，水平较低。

首先，在大学创业教育方面，早在 20 世纪 60 年代，美国巴布森商学院就已经开设创业方面的课程，目前，创业教育已经成为美国大学教育的重要组成部分。在我国，直到 20 世纪 90 年代，清华大学才开设与创业相关的课程，而西部地区高校开设创业课程的时间更晚。目前，我国仍然没有形成正规化的学校教育和社会化的职业技能培训相结合的立体化、系统化、专业化的创业学科体系。一些高校对创新创业教育的认知不清晰、不统一，也不够重视，把它看成是团委和学生处的任务，专业教师基本游离其外，创业教师来源部门多，分别来自团委、学生处、就业中心、创业中心（学院）、经济学院、管理学院、商学院和教育学院等；创业教师兼职的多，缺乏专门队伍；创业教师培训渠道多，五花八门，但缺乏高质量培训；创业教师在创业教育方面的研究成果少；专门的创业课程少，多数学校尚未将创业课程纳入学分管理，多数创业课程不重视对学生创造力的培养。我国大学生群体在上大学前，基本都是没有受过创新创业课程训练的，进入大学后，他们才开始接收到大量与创新创业相关的信息，而当前创业教育存在过于功利的倾向，以为只要有了新创意就去创业，拔苗助长，缺乏对学生进行创业长期性和艰苦性的教育，轻视对学生创意、创新方法的训练。从中国知网的数据看，关注"创业""对策""高职院校"的文献较多，而侧重"教育"的研究较少，从"创业教育"研究的作者分布来看，来自东部沿海省份的作者占比较高，成果数量也多，"创业教育"的研究文献侧重于创业实践，而轻视创业教育中的"教育"。北京大学教育学院 2015 年的调查显示，从创业者对学校创业教育的评价看，认为"很有帮助"（12.0%）"比较有帮助"（36.0%）的比例不到一半，说明学校创业教育还有待加可见，目前西部地区尚未建立大学教育、实践和社会服务的创新创业生态

创业教育，应该是一种怎样的教育［N］．光明日报，2017-08-12.

体系，难以将创新与产品相结合，实现科研成果驱动创业实践；尚未建立实践促进理论教学和各专业学生交叉融合的学习模式。

其次，在居民创业教育与培训体系方面，当前西部地区居民创业教育和培训体系的不足主要体现在：一是针对居民创业教育和培训的政策、法规很少，当前西部地区各省（区、市）与创业教育培训相关的政策主要集中针对青年群体，尤其是大学生群体，如宁夏回族自治区针对大学生的"创办你的企业（SYB）+创业实训"创业培训计划、陕西省"全省高校创业培训"计划、贵州省的"万名大学生创业培训计划"。尽管部分省份颁布了全民创业相关政策，但政策内容多侧重于财税支持、金融支持、简化注册程序、创业服务等方面，有关普通居民创业教育与培训的内容很少，且不够详细。二是现有教育与培训机构多由政府部门创办，尤其是在创业教育与创业培训时，一般必须在政府部门指定的定点创业教育或培训机构进行学习，方可享受教育或培训优惠，如《甘肃省推动全民创业促进就业若干政策规定》就明确指出，"……在县级以上人社部门、财政部门确定的定点职业培训机构参加创业培训的，可按规定享受创业培训补贴，补贴资金从就业专项资金中列支"；内蒙古自治区只针对高校毕业生的创业培训进行补贴："对高校毕业生在毕业年度内参加创业培训的，根据其获得创业培训合格证书或就业、创业情况，按规定给予培训补贴"。总体来看，当前西部地区创业教育尚处于探索阶段，并未全面开展，即使已经开展的省份，大多仅限于将创业课程纳入高校课程规划，创业教育覆盖面较为狭窄，主要针对贫困人口、大学生等特殊人群；创业教育优惠政策不够灵活，已经在部分地区实施创业教育的省级政府多指定创业人员到特定的培训机构参与创业培训方能得到相应补贴，这使得创业教育优惠政策的效果大打折扣。

三、宏观创业环境亟待优化

宏观创业环境作为认识和把握创业文化的重要组成部分（肖陆军，2014），在培育创业文化过程中应当得到重视并进行优化。当前西部地区在宏观创业环境方面面临以下几个问题：

首先，小微企业技术支持体系尚不完善。一是高校、科研机构与小微企业三方缺乏畅通的技术研发与成果共享机制，以至于小微企业很难获得与研发实力雄厚的高校及科研机构合作并学习的机会，政府未能高效发挥三方合作引导及管理作用；而在美国，政府规定由政府资助的科研项目，其所产生的知识产权由高校、非营利组织及中小企业所有，这三方必须相应承担科技成果商业化的义务。而当前在我国，尤其西部地区，类似这样可以促进小微企业创新与成长的机制尚未普遍建立起来。二是公共技术平台建设不完善，尚未普遍形成政府、企业、高校、行业组织等多元主体投入、市场化机制运作的公共技术平台，当前技术平台覆盖率很低，使用门槛较高，以至于相当数量的小微企业面临无公共技术平台使用、不满足使用条件或不会使用的困境。三是小微企业缺乏技术创新资金，技术创新活动有高投入、高风险的特征，而小微企业本身就缺乏资金，正是由于资金的限制，工业小微企业、高新技术小微企业、软件小微企业面临技术研发创新资金短缺的难题。西部地区较为落后的风险资金投资及风险补偿体系及地方政府对小微企业技术创新支持的有限力度使得小微企业在技术创新方面面临巨大困难。

其次，企业或公司注册程序仍然较为烦琐，现实表明当前在西部地区注册企业或公司需要完成"核名→到注册公司所在街道办理房屋租赁证→到市场监督管理局窗口办理营业执照→到质监局窗口办理组织机构代码证→到税务部门窗口办理税务登记证→到银行开基本账户"六个程序。除这基本的六大程序外，还需到公安部门刻章，如公章、财务章、法人章、全体股东章、公司名称章等；若是特殊经营项目，还需要相关部门报审盖章，许可证办理，涉及市场监督管理、税务、公安、法院、电力、街道办事处、居民委员会等多个部门或单位，完成注册耗时较长。而在经济社会发展水平相对落后的西部地区及中小城镇，相关部门办事效率低下、故意刁难申请人的现象时有发生，完成企业或公司注册花费的时间更长，所需创业者的精力更多。此外，现实经验表明，经济社会发展水平相对落后的区域，企业发展所需投入的人情世故费用及时间更多，这类因素成为企业或公司正常发展面临的阻碍之一。

再次，小微企业融资环境仍然较为恶劣。小微企业获得政策性与商业性金融信贷机构资金资助的可能性较低。第一，政策性金融机构布局的地域有限性使得小微企业难以接触或因接触成本较高而主动放弃申请政策性资金支持；同时，小微企业对政策性资金申请程序及基本知识的缺乏成为其获得政策性贷款的严重阻碍；此外，获得政策性资金支持的基本条件较高及有限的资金使得相当数量有信贷资金需求的小微企业难以获得资金支持。第二，尽管中央及地方政府出台了一系列督促乃至强制商业性金融机构扶持小微企业发展的指令性政策，现实中，很多商业性信贷金融机构也对小微企业进行了关注，但由于商业的逐利性及小微企业不佳的担保条件使得商业性信贷金融机构将大中型企业作为优先信贷对象，信贷人员主动联系自有资金充足的大中型企业进行贷款的现象相当普遍，而小微企业主动上门申请信贷的请求却往往难以得到满足。小微企业直接融资渠道狭窄。一是小微企业难以发行债券进行融资，当前西部地区绝大部分的小微企业不满足债券的发行条件；二是小微企业很难进行股权融资。较高的股市准入条件使得小微企业很难通过证券市场进行融资。由于当前西部地区绝大部分小微企业为非股份有限公司，因此，无法进行除发行股票外的其他股权融资。

最后，小微企业的税收环境亟待改善。一是针对小微企业的税收优惠政策缺乏稳定性，且比较分散。如 2014 年 9 月财政部与国家税务总局出台的《关于进一步支持小微企业增值税和营业税政策的通知》明确指出，"自 2014 年 10 月 1 日起至 2015 年 12 月 31 日，对月销售额 2 万元（含本数）至 3 万元的增值税小规模纳税人，免征增值税；对月营业额 2 万元（含本数）至 3 万元的营业税纳税人，免征营业税"①。该项规定有效时限仅为 14 个月，尽管可能会延长时限，但由于该项政策第一时间出台的时效较短，仍然会影响小微企业所有者与管理者对未来生产经营政策制定，给其带来精神压力。此外，有关小微企业税收优惠的政策分散在不同时间出台的多个规定或通知中，容易导致基层税收部门难以及时整理、吸收并执行这些政策，尤其是在自然地理条件较为恶劣与信息基础设施较为落后西部地区，无疑增加了基层税收部门有效及时执行这些优惠政策的难度与成本；同时，也极易导致小微企业难以及时了解并掌握这些优惠政策。二是针对小微企业的征税方式有待优化。现实中，税务部门出于管理便利和节约成本的考虑，常常对小微企业采用核定征收，这极易增加临界起征点小微企业的税负；对前期投入大、成本高、营业额大而利润低的行业，如加工、制造业，按目前享受的所得税减免等优惠条件存在一定难度，在现实中，如果按照月利润额的多少来制定免税标准将会更加合理；部分行业"营改增"后，税负不降反而增加。

第五节　本章小结

总体来看，西部地区农村家庭创业存在的主要问题体现在政策法规体系尚不健全、人力资本积累较为薄弱、社会资本培育程度较低和创业文化发育程度较低四个方面。

---

① 数据来源：财政部网站. 关于进一步支持小微企业增值税和营业税政策的通知 ［EB/OL］. （2014－09－25）　［2021－09－15］. http：//szs. mof. gov. cn/zhengwuxinxi/zhengcefabu/201409/t20140929_ 1146036. html.

首先，在政策法规体系方面，一是现有与创业相关的政策法规内容覆盖面较为狭窄，如对创新型创业企业的知识产权保护依然较弱，至今没有一部针对创新型产业企业的知识产权保护法律法规；针对返乡农民工、复员军人、残疾人员及农村妇女等特殊人群的政策法规依然十分匮乏；有关创业教育方面的政策法规很不完善，创业教育发展速度缓慢，在创业前期乃至过程中扮演重要角色的创业教育执行力度较弱。二是创业类政策法规时效性差，当前我国及西部地区与创业相关的政策、法规的时效性较差，创业扶持及优惠政策有效时间较短，政策有效期限多集中在1~3年，使得以扶持小微企业发展为目的的创业政策的效果大打折扣，在很大程度上打击了创业者的积极性。三是创业类政策法规执行较差。如人力资源和社会保障部门、财政部门、市场监督管理局、发展和改革委员会、教育部门、税务部门、共青团、中国人民银行、工业和信息化部门等众多机构各司其职，分别制定了各自职能范围内的创业政策，尽管也存在几个部门共同颁布一份创业政策的情况，但分工的不明确及最终负责部门的缺失致使政策执行力度较弱，产生的有益效果有限。四是西部创业政策缺乏特色。当前西部各省（区、市）颁布的创业政策缺乏区域特色、千篇一律式的政策内容是阻碍西部家庭创业及小微企业顺利发展的重要因素，生搬硬套国家层面创业政策、模仿其他省份创业政策的现象并不少见。

其次，西部地区人力资本积累仍然不足。一是人口年龄结构不合理。数据显示，西部地区劳动年龄人口占比较低，非劳动年龄人口占比较高。二是文化教育基础薄弱。西部地区常住人口受教育程度偏低，主要集中于小学与初中文化程度，文盲人口占比较高，而高中及以上受教育程度人口所占比例偏低。三是CHFS2013年调查数据显示，西部农村创业家庭成员人均受教育年限要高于非创业家庭，但显著低于城镇地区与中、东部及全国农村创业家庭。西部农村非创业家庭成员人均受教育年限显著低于中、东部及全国农村非创业家庭这一指标。四是西部农村创业家庭与非创业家庭教育支出仍然偏。西部地区农村创业家庭教育支出额度显著高于非创业家庭，但明显低于西部城镇，中部、全国农村创业家庭与全国参与创业的家庭的平均水平。五是西部地区研发投入与产出状况不佳，与全国和东部平均水平相比，研发投入额度与科研成果产量均偏低。六是医疗卫生条件堪忧，依据国家统计局2010年西部地区人口的平均预期寿命，西部地区人口2010年预期寿命仅为76.71岁，而全国、东部及中部地区分别为78.61岁、80.24岁及78.97岁，分别比西部地区高出1.9岁、3.53岁与2.26岁；与中部、东部与全国农村创业家庭相比，西部农村创业家庭社会医疗保险支出额度较高。

第三，西部地区尤其是农村地区社会资本发育程度较低。一是社会资本理念较为封闭，西部农村地区自然经济文化、农耕文化与宗教文化的历史底蕴浓厚，使得农村居民尤其是少数民族群众逐渐形成了保守、缺乏竞争、重义轻利、群体原则、法治缺乏的文化理念，严重阻碍了市场经济的发展和先进科技的引进，不利于工商业的发展，使西部农村地区的资源优势难以转变为经济优势。二是亲缘、血缘氛围较为浓厚。一方面在一定程度上，浓厚的亲缘、血缘关系有助于家庭生产；但在另一方面，这种较为封闭、狭隘的信任体系不利于家族成员接受外部文化、理念，甚至会引发对非群体成员的不信任、褊狭乃至仇恨和暴力，最终导致社会信任程度下降。三是社会组织发育程度较低。西部地区封闭的社会资本理念，坚固的血缘、亲缘体系，落后的经济社会发展水平及重要战略地位和敏感的政治区域使得社会组织发展较为缓慢，致使组织型社会资本严重缺失。

第四，创业文化发育程度较低。一是创业文化底蕴较为薄弱。浓厚的宗教文化与农耕文化极易造成人们思想的僵化，使得当前市场竞争意识、进取的创业精神、优秀的创业理念极难在西部地区尤其是经济社会发展水平较低的贫困落后区域生根发芽，使得西部地区创业文化底蕴依然较为薄弱，直接表现在居民创业精神疲软，创业积极性较差。二是创业教育发展水平较低。大学创业教育进展缓慢，目前在西部地区将创业课程明确列为大专院校教授课程并已经付诸实践的只有新疆维吾尔自治区和宁夏回族自治区。针对居民的创业教育与培训体系仍然不完善，培训机构数量有限，水平较低。现有教育与培训机构多由政府部门创办，尤其是在创业教育与创业培训时，创业人员一般必须在政府部门指定的定点创业教育或培训机构进行学习，方可享受教育或培训优惠。三是宏观创业环境亟待优化。技术是小微企业创新与成长的关键构成要素，然而当前西部地区小微企业技术支持体系尚不完善，高校、科研机构与小微企业三方间缺乏畅通的技术研发与成果共享机制，公共技术平台建设不完善。企业或公司注册程序仍然较为繁琐。小微企业融资环境仍然较为恶劣。小微企业获得政策性与商业性金融信贷机构资金资助的可能性较低；小微企业直接融资渠道狭窄。小微企业的税收环境亟待改善。针对小微企业的税收优惠政策缺乏稳定性，且比较分散；针对小微企业的征税方式有待优化。

第五章　西部农村家庭创业的实证分析

人力资本与社会资本及创业者的个人特质和社会环境与家庭创业行为密切相关，为探究这些因素对家庭创业的影响，进而为构建西部农村家庭创业支持体系提供论证支持，本章对人力资本、社会资本及其他因素与家庭创业行为和正规信贷约束状况间的关系进行了实证分析。

第一节　研究假设与变量选取

一、研究假设

文章的实证分析借助于西南财经大学中国家庭金融调查与研究中心 2013 年在全国的调查数据，CHFS 在调查访问时，将最熟悉家庭财务状况并在家庭生产与生活中起重要作用的那位家庭成员作为受访者进行询问。类似其他研究家庭的文献将某个家庭成员的个体特征用来代表家庭特征，本研究将调查访问时熟悉家庭财务状况并在家庭生产与生活中起重要作用的受访者的部分个体特征代表家庭特征进行分析。

基于对当前人力资本对创业的影响研究并结合本书研究目的，提出：

假设 1：以受访者人力资本为代表的家庭人力资本对家庭创业具有显著影响。在基于 CHFS 调查数据的基础上和已有相关研究文献的前提下，本书拟以受访者受教育年限、金融知识与身体健康状况来衡量家庭人力资本，分析其对家庭创业的影响。

基于对当前社会资本对创业的影响研究并结合 CHFS 调查数据和本书研究目的，提出：

假设 2：以受访者社会资本为代表的家庭社会资本对家庭创业具有显著影响。本书拟以受访者受教育年限、沟通能力、家庭成员数量及宗教信仰状况来衡量其社会资本，并分析其对家庭创业的影响。

基于受访者个人特质及创业本身风险较大的特点，提出：

假设 3：受访者风险爱好、性格对家庭创业具有显著影响。

基于当前部分学者对金融环境和创业间的关系研究及获得资金的便利程度在创业上的影响，提出：

假设 4：良好的金融环境及获得资金的便利程度对家庭创业具有显著影响。书中以"本社区银行网点数量"来测度家庭金融环境及获得资金的便利程度。

二、数据说明

研究数据来源于西南财经大学中国家庭金融调查与研究中心（CHFS）2013 年在我国西部地区中的十个省（区、市）：四川省、重庆市、陕西省、甘肃省、青海省、宁夏回族自治区、内蒙古自治区、广西壮族自治区、云南省、贵州省的农村地区调查获取的 3 182 户家庭微观数据。该调查数据抽样范围涵盖了全国 29 个省（区、市）的全部县（市、区）；抽样方案采用了分层、三阶段与规模度量成比例（PPS）的抽样设计。初级抽样单元为 29 个省（区、市）的 2 585 个县（市、区）；第二阶段抽样直接从县（市、区）中抽取居委会/村委会，在每个抽中的县（市、区），按照非农人口比重分配村（居）委会的样本数，并随机抽取相应数量的村（居）委会，并保证每个县（市、区）共抽取 4 个村（居）委会，在每个被抽中的村（居）委会再抽取 20～50 户家庭。每个阶段抽样均按照 PPS 抽样方法进行，抽样权重为被抽样单位的人口数或户数。本书提取了 18～80 周岁受访者的家庭数据，一是可以保证受访者达到法律年龄，拥有合法权利；二是现实表明创业与受访者是否达到退休年龄关系不大，所以本书并未将受访者年龄限制在法定退休年龄。

三、变量选取

依据研究需要，本书生成了"家庭创业"因变量，当家庭选择了创业时，因变量取值为 1，否则为 0。依据调查问卷，家庭创业是指家庭以"创立"方式从事工商业生产经营项目，这里的工商业经营项目包括个体手工业经营和企业经营。CHFS 调查数据显示有 8.1% 的西部农村家庭进行了创业。

在解释变量人力资本方面，目前测量人力资本的方法主要有以下几种：一是从投入角度进行测量，主要包括历史成本法（Flamholtz、Brummet 和 Pyle 于 1968 年提出）、机会成本法与内部竞价法（Junes Hekimmiam 和 Curis Jones 于 1967 年提出）、重置成本法（Flamholtz 于 1974 年提出）、永续盘存法

（Machlup，1962；W. D. Nordhaus et al.，1972；J. W. Kendrick，1978）四种方法。二是从收益角度进行测量，主要包括经济价值法（Flamholtz、Brummet和Pyle于1968年提出）、自由现金流量折现法（Aswath Demodarari于1996年提出）、未来工资报酬折现方法（Raruch Lev和Aba Schwazts于1971年提出）、随机报酬法（Flamholtz于1985年提出）、调整的未来工资报酬折现法（George Heimarisc于1964年提出）、未来净产值折现法（文善恩于1996年提出）、未来超额利润折现法（George Heimarisc于1969年提出）七种方法。三是以非货币性价值进行测量，主要包括行为变数模型、绩效评估法与教育成果法三种方法。其中，教育成果法的优点在于易观测和统计，数据的可得性与准确性较高，对人力资本存量最具有代表性；其不足之处在于容易忽略健康资本等其他因素。采用教育成果法估算人力资本水平主要有平均受教育年限、受教育年限总和及相对数指标（如成人识字率、入学率等指标）三种方法。其中采用平均受教育年限来衡量人力资本水平的学者较多，国外学者主要有普萨卡拉波罗斯（George Psacharopoulos，1973、1981、1985、1994、2000、2004）、尼赫鲁等（V. Nehru et al.，1995）、巴罗等（R. J. Barro et al.，1993、1996、2000）、范登布斯切 等（J. Vandenbussche et al.，2006）、苏凯亚吉斯等（Elias Soukiazis et al.，2012）等人。国内学者主要有蔡昉（1999、2002）、胡鞍钢（2002）、王美艳（2005）、严善平（2006）、郭志仪（2006，2010）等人。

舒尔茨（1990）主张把教育当作一种对人的投资，把教育所带来的成果当作人力资本。考古特等（Kogut et al.，1993）认为学历作为所受教育程度的证明，其高低自然可以反映人力资本存量大小。赵延东和王奋宇（2002）在一项研究中用受教育年限、是否接受职业培训和改变工作单位的次数这三个变量来反映人力资本。一般认为，人力资本存在于个人掌握的知识和技能中，它表现为知识、技能、体力（如健康状况）等价值的总和，其一般的操作化指标有受教育水平、工作经验、职业技能等（刘祖云 等，2005）。总之，在人力资本估算领域，学界的意见尚未达成基本一致（钱雪亚，2012）。

本书在充分考虑部分学者运用"平均受教育年限"衡量人力资本水平（R. J. Barro et al.，1993、1996、2000；蔡昉，1999；胡鞍钢，2002；郭志仪，2006、2010；E. Soukiazis et al.，2012）的基础上，又引入了受访者身体健康情况与金融知识两个变量，以期对人力资本的衡量更全面。在金融知识方面，本书以问卷中受访者对银行存款利率的题目的回答正确与否为基础，生成一个哑变量：正确计算存款利率。因此，本书以"受教育年限、健康情况及金融知识"三个变量来衡量人力资本。在解释变量社会资本方面，基于已有关于社会资本的研究文献，本书发现社会资本的含义主要集中于两个方面，一是认为社会资本是一种关系，二是认为社会资本是蕴藏于社会关系的无形资本。尽管目前尚未有一套完善的衡量与评估社会资本的指标体系，但基于多数学者对社会资本的理解，本书认为可以通过个人的社会地位与社交能力来评估其社会资本存量。在社会资本变量设计上，本书选取了"受教育年限、成员数量、沟通能力"三个变量作为衡量社会资本的解释变量①，认为这三个变量可以反映受访者的社会地位、社会网络关系、家庭成员关系状况和与人沟通的能力。由于宗教在身份认同与社会资本积累方面的优势作用（Wald et al.，2005；Stark et al.，2000），乔伊（Choi，2010）在分析民族企业家精神的形成过程的基础上，发现基于宗教的社会资本可以显著促进民族类社区内小微企业的发展。阮荣平等（2014）认为宗教作为文化会直接影响个人或家庭的创业偏好，同时个人或家庭基于宗教组织所拥有的社会资本可以降低其创业时遭受的约束。因此，本书将受访者的宗教信仰状况也引入分析框架，基于问卷中受访者对宗教信仰问题的回答，生成了一个宗教信仰哑变量，并作为解释变量，用来衡量受访者及其家庭的社会资本存量。为了保证研究的全面性，本书又引入了受访者年龄、性别、风险偏好②等个人特征变量和家庭从事农业生产经营与否等变量，及可以衡量金融环境及资金获得便利程度的本社区/村庄银行网点数量变量③，如表5-1所示。

表5-1　变量描述统计

变量	定义	均值	标准差	最小值	最大值
家庭创业	家庭进行创业，取值为1，否则为0	0.081	0.273	0	1
受教育年限④	受访者教育年限	6.075	3.847	0	16
健康状况	主观题，受访者身体健康取值为1，否则为0	0.318	0.465	0	1

---

① 文中的家庭成员是指居住在一起，且经济上有联系的、共享收入、共担支出的家庭人员。

② "风险偏好"变量是依据受访者对问卷中"如果您有一笔钱，您愿意选择哪种投资项目？"题目及其选择的答案所生成。

③ 中国家庭金融调查与研究中心调查访问时，将最了解家庭财务状况并在家庭生产与生活中起重要作用的那位家庭成员作为受访者进行询问。类似其他研究家庭的文献，文章亦将一名家庭成员作为受访者，以其部分特征代表家庭特征进行分析。

④ 分为未上过学、小学、初中、高中、中专/职高、大专/高职、本科、硕士与博士，取值依次为0、6、9、12、14、15、16、19与22。

表5-1(续)

变量	定义	均值	标准差	最小值	最大值
金融知识	利率计算题目，计算正确取值为1，否则为0	0.083	0.276	0	1
成员数量	家庭成员数量	2.407	1.715	0	16
宗教信仰	受访者有宗教信仰取值为1，否则为0	0.134	0.341	0	1
沟通能力	家庭成员沟通能力较强取值为1，否则为0	0.574	0.494	0	1
年龄	受访者年龄，18~80周岁，并引入二次项	52.13	12.92	18	80
性别	受访者性别，男取值为1，否则为0	0.632	0.482	0	1
风险偏好	受访者偏好风险取值为1，否则为0	0.102	0.302	0	1
农业生产	家庭从事农业生产经营取值为1，否则为0	0.725	0.446	0	1
银行网点	社区银行网点数量	0.549	1.006	0	6
职业教育①	受过职业教育取值为1，否则为0	0.025	0.154	0	1

第二节　模型设定与参数估计

一、模型设定

为研究人力资本与社会资本等因素对家庭创业的影响，考虑到因变量为二元结构，本书在模型设定上，依据最大似然估计法，构建了以下二元 Probit 模型：

$$\text{Enterprise}_i^* = \alpha_1 \text{Human}_i + \alpha_2 \text{Society}_i + \alpha_3 \text{Individual}_i + \alpha_4 \text{Other}_i + \mu_i \quad (51)$$

---

① 文中"应用型教育"指中专/职高、大专/高职教育这类以技能应用教学及培训为主要内容的教育。

$$Enterprise_i = \begin{cases} 1, & \text{若 } Enterprise_i^* > 0 \\ 0, & \text{若 } Enterprise_i^* \leq 0 \end{cases}$$

$Enterprise_i^*$ 是 $Enterprise_i$ 的潜变量，其是连续的未被观测的变量，$Enterprise_i$代表家庭 i 的创业行为，当 $Enterprise_i^*$ 大于 0 时，$Enterprise_i$ 取值为 1，表示家庭进行了创业，否则取值为 0，表示家庭未进行创业；$Human_i$是衡量家庭 i 人力资本的解释变量组，包括受访者受教育年限、健康状况、金融知识三个变量，α_1是人力资本解释变量组对家庭创业概率影响的参数组；$Society_i$是衡量家庭 i 社会资本的解释变量组，包括除受访者的家庭成员数量、受访者与家庭成员的沟通能力及宗教信仰三个变量，α_2是社会资本解释变量组对家庭 i 创业概率影响的参数组；为使研究更科学、全面，本书将受访者的年龄、性别、风险偏好三个变量作为控制变量引入分析模型，并以 $Individual_i$表示，α_3是个体特征对家庭 i 创业概率影响的参数组；$Other_i$是可能影响家庭 i 创业的其他控制变量，主要包括家庭是否从事农业生产经营变量与本社区/村庄银行营业网点数量两个变量，α_4衡量其他控制变量影响家庭创业的参数组。μ_i是随机误差项，$\mu_i \sim N\,(0,\,1)$。

二、参数估计

表 5-2 是通过极大似然估计法得到的西部农村家庭人力资本、社会资本与家庭创业间的关系结果。第（1）列是以受访者受教育年限、健康状况和金融知识（以正确计算存款利率衡量）衡量的人力资本对西部农村家庭创业的影响，结果显示，受教育年限、健康状况和金融知识增加会显著增加西部农村家庭选择创业的可能性，且均在 1% 的水平上显著。具体地，受访者受教育年限的边际效应为 0.007；身体健康状况良好的受访者的边际效应为 0.042，这与本书的预期及现实情况基本相符，现实表明创业过程尤其企业开创初期面临熟悉政策、办理手续、筹集资金、组织管理等诸多问题，因此必须有健康的体魄才能使创业者有足够的精力与耐力解决创业过程中的一系列难题；健康的体魄是承载创业活动的基础，拥有健康体魄和充沛精力，也能更好地进行自我情绪调节，对创业企业发展具有一定规划，对企业获得成功更具信心（赵浩兴等，2013）。能够正确计算存款利率的受访者的边际效应为 0.054，因此，可以看出人力资本存量较高的家庭选择创业的可能性更大。第（2）列是以受访者受教育年限、家庭成员数量、受访者沟通能力及宗教信仰为代表的社会资本及文化因素对西部农村家庭创业的影响，结果显示，受访者家庭成员数量多会增加家庭选择创业的可能性，其边际效应为 0.009，且在 1% 的水平上显著，

拥有宗教信仰也会增加家庭选择创业的可能性，其边际效应为 0.033，结果还显示，较强的沟通能力的边际效应为 0.055。第（3）列是引入年龄、性别、风险偏好和农业生产经营活动及本社区/村银行网点数量后的结果，统计显示，受访者年龄对家庭创业具有显著影响，性别对创业的影响并不显著；风险偏好会显著影响家庭创业，研究表明，新创企业面临较大风险，创业者往往具备风险爱好型特质①。从事农业生产经营活动降低家庭进行创业的可能性，其边际效应为-0.076，也即从事农业生产经营会对家庭创业活动产生"挤出效应"；结果还显示，本社区/村银行网点数量多对家庭选择创业产生积极影响，其边际效应为 0.009，且在 5%的水平上显著。

为了研究职业教育对家庭创业活动的影响，本书依据受访者是否接受过职业教育，生成一个哑变量，并替代受教育年限，实证分析结果如第（4）列，职业教育的边际效应为 0.137，且在 1%的水平上显著，可见，受职业教育对家庭选择创业具有积极的显著影响。

表 5-2　人力资本、社会资本与农村家庭系数创业的关系结果

变量	（1）	（2）	（3）	（4）
受教育年限	0.007 *** (0.001)	0.008 *** (0.001)	0.006 *** (0.001)	
健康状况	0.042 *** (0.010)		0.034 *** (0.011)	0.036 *** (0.011)
金融知识	0.054 *** (0.020)		0.043 *** (0.019)	0.051 *** (0.020)
成员数量		0.009 *** (0.002)	0.009 *** (0.002)	0.009 *** (0.002)
宗教信仰		0.033 ** (0.017)	0.049 * ** (0.019)	0.037 * ** (0.017)
沟通能力		0.055 *** (0.009)	0.043 ** (0.009)	0.045 ** (0.009)
年龄			0.007 ** (0.003)	0.007 ** (0.003)

---

① Cantillon 于 1755 年首先将创业作为冒险者来讨论，他认为创业者就是为了利用资源获得尽可能多的经济回报，对资源分配作出有意识的选择。郭鹏. 创业者特质对创业倾向的影响：以吉林省青年创业者为例 [D]. 长春：吉林大学，2011：8.

表5-2(续)

变量	(1)	(2)	(3)	(4)
年龄平方			−0.001* (0.001)	−0.001* (0.001)
性别			−0.005 (0.010)	−0.005 (0.009)
风险偏好			0.042*** (0.017)	0.039** (0.017)
农业生产			−0.076*** (0.014)	−0.075*** (0.014)
银行网点			0.009** (0.003)	0.010** (0.003)
职业教育				0.137*** (0.054)
样本量	3 172	2 821	2 514	2 514
Pseudo R^2	0.042	0.057	0.116	0.112

注:***、**、*分别表示参数在1%、5%与10%的水平上显著,括号中数值为稳健标准差,系数为平均边际效应,下表与此相同。

三、不同地区农村家庭创业

为进一步研究人力资本、社会资本及其他因素对西部农村家庭创业的影响,本书采用相同变量与模型对全国农村、东部农村与中部农村家庭的创业行为进行了回归分析,结果如表5-3所示。表中第(1)、(3)、(5)列纳入模型的回归变量与表5-2第(3)列相同,是未控制"职业教育"变量的回归结果。结果显示,与人力资本、社会资本和其他变量对西部农村家庭创业的影响相比,全国农村创业家庭的"金融知识""银行网点"的回归系数显著性程度、回归系数值均要低于西部农村家庭,"受教育年限""宗教信仰""沟通能力""风险偏好"等关键变量的回归系数值也要低于西部农村家庭相应指标。在东部农村家庭创业的回归分析中,衡量受访者金融知识水平的"正确计算存款利率"变量、"沟通能力"变量、"本社区/村银行网点数量"变量、"风险偏好"变量的回归系数不显著;而在中部农村地区,上述几个变量均显著。这在一定程度上反映了金融知识、金融环境、风险爱好及受访者与人沟通的能力对西部农村家庭的创业行为影响较大,这对中央及西部地方政府制定与创业相关的政策具有一定启示作用。在西部农村家庭创业的回归分析中,受访者

"金融知识"变量、"宗教信仰"变量、"沟通能力"变量、"银行网点"变量、"风险偏好"变量的回归系数不显著,这是显著区别于西部农村家庭创业回归结果的地方。

以"职业教育"替代"受教育年限"变量后,继续对全国农村、东部农村与中部农村家庭的创业行为进行回归分析,结果发现"职业教育"对西部农村家庭选择创业的边际效应更大,而该变量在全国农村家庭创业的回归系数值显著低于西部农村家庭创业相应指标,在东部农村家庭创业分析结果中不再显著,在中部农村家庭创业分析中该变量系数值与显著性均明显低于西部农村家庭相应指标。

总体来看,采用相同变量和模型对全国农村、东部农村与中部农村家庭创业的回归分析发现,与全国、东部和中部农村家庭相比,"受教育年限""金融知识""金融环境""风险爱好""沟通能力""宗教信仰"等变量对西部农村家庭创业决策的影响更大。这也说明了人力资本与社会资本在西部农村家庭创业决策中的重要作用,启示中央政府应依据各地区实际发展情况,制定有差别的创业政策,启示西部地方政府在制定本地区创业政策时,应更加注重对农村家庭金融知识的培育,加快改善农村金融环境,优化农村义务教育与通用型教育政策。

表 5-3　不同地区人力资本、社会资本与农村家庭创业回归分析

变量	系数					
	全国农村		东部农村		中部农村	
	(1)	(2)	(3)	(4)	(5)	(6)
受教育年限	0.006 *** (0.001)		0.006 *** (0.002)		0.005 *** (0.001)	
健康状况	0.043 *** (0.007)	0.045 *** (0.007)	0.047 *** (0.013)	0.048 *** (0.013)	0.041 *** (0.011)	0.044 *** (0.012)
金融知识	0.018 * (0.010)	0.023 ** (0.010)	0.021 (0.020)	0.024 (0.021)	-0.004 (0.013)	-0.001 (0.013)
成员数量	0.009 *** (0.010)	0.008 *** (0.001)	0.008 ** (0.003)	0.008 ** (0.003)	0.010 *** (0.003)	0.010 *** (0.003)
宗教信仰	0.033 *** (0.011)	0.027 ** (0.011)	0.049 ** (0.022)	0.047 ** (0.022)	-0.001 (0.018)	-0.003 (0.018)
沟通能力	0.020 *** (0.006)	0.020 *** (0.006)	-0.003 (0.012)	0.001 (0.012)	0.015 (0.010)	0.014 (0.010)

表5-3(续)

变量	系数					
	全国农村		东部农村		中部农村	
	(1)	(2)	(3)	(4)	(5)	(6)
年龄	0.005 *** (0.001)	0.006 *** (0.001)	0.003 (0.003)	0.003 (0.003)	0.005 (0.003)	0.006 * (0.003)
年龄平方	−0.006 *** (0.001)	−0.006 *** (0.001)	−0.003 (0.001)	−0.005 (0.001)	−0.007 ** (0.001)	−0.008 ** (0.001)
性别	0.012 * (0.006)	0.021 *** (0.006)	0.004 (0.013)	0.012 (0.012)	0.034 *** (0.010)	0.042 *** (0.010)
风险偏好	0.037 *** (0.011)	0.038 *** (0.011)	0.036 (0.024)	0.041 * (0.025)	0.025 (0.018)	0.025 (0.018)
农业生产	−0.087 *** (0.008)	−0.089 *** (0.008)	−0.087 *** (0.015)	−0.088 *** (0.015)	−0.101 *** (0.017)	−0.103 *** (0.017)
银行网点	0.004 * (0.002)	0.005 * (0.002)	0.011 (0.007)	0.012 (0.007)	−0.003 (0.003)	−0.003 (0.003)
职业教育		0.073 *** (0.024)		0.027 (0.039)		0.072 ** (0.038)
样本量	7 275	7 275	2 157	2 157	2 604	2 604
Pseudo R^2	0.089	0.084	0.072	0.067	0.102	0.097

四、稳健性检验

金融知识或许是创业者在创业后因实际需要而学习获得的,因此,为消除金融知识可能引起的内生性问题,本书对该变量进行了 Durbin-Wu-Hausman 检验,检验结果拒绝模型存在内生性。为了检验上述衡量人力资本与社会网络的关键变量对西部农村家庭创业影响的稳健性,利用"平时经常关注金融类信息、同社区/村是否有亲戚、受访者所在县(区、旗)的宗教信仰率"① 分别替代"金融知识""成员数量""宗教信仰"三个变量再次进行回归,以检验人力资本与社会网络对创业的影响。回归结果见表5-4,结果显示,平时经常关注金融类信息、同社区/村有亲戚的家庭更倾向于创业;所在县(区、旗)宗教信仰率高对家庭创业具有正向影响,在5%的水平上显著。此外,受

---

① 这里的亲戚是指具有血缘关系的直系血亲与三代以内的旁系亲属。

教育年限长、健康状况好及沟通能力好等依然对家庭创业具有正向影响，且在 1%的水平上显著。综上分析，关于人力资本和社会网络会显著影响西部农村家庭创业的结果是比较稳健的。

表 5-4　人力资本、社会网络与农村家庭创业的稳健性检验

变量	系数	变量	系数
受教育年限	0.006 *** (0.001)	年龄	0.006 ** (0.003)
健康状况	0.033 *** (0.011)	年龄平方	−0.006 *** (0.001)
平时经常关注 金融类信息	0.021 * (0.014)	性别	−0.004 (0.010)
同社区/村 是否有亲戚	0.016 * (0.009)	风险偏好	0.043 *** (0.018)
所在县（区、旗）的 宗教信仰率	0.057 ** (0.022)	农业生产	−0.074 *** (0.014)
沟通能力	0.043 *** (0.009)	银行网点	0.008 ** (0.003)
样本量：2 514		Pseudo R^2：0.105	

第三节　社会资本、人力资本与西部农村家庭正规信贷约束

2020 年新冠肺炎疫情给我国经济带来较大负面影响，致使返乡留乡农民工规模扩大，也使得部分家庭生产生活面临困难。2020 年 3 月 26 日，农业农村部与人力资源社会保障部印发《扩大返乡留乡农民工就地就近就业规模实施方案》，明确要促进返乡留乡农民工就地就近就业创业。就业创业需要一定资金支持，然而，我国农村信贷市场存在信贷约束，农村居民面临的信贷约束在整体上要高于城镇居民。信贷约束在一定程度上降低了家庭金融市场的参与度，改善家庭信贷可获性，增加融资渠道可以使得想创业、就业的家庭获得资金支持，并参与到风险金融市场与经济恢复建设中来（肖华芳，2011；肖彬，2018；周黛，2019；温虎，2019）。2019 年中央一号文件明确提出要鼓励地方设立乡村就业创业引导基金，加快解决信贷等困难，打通金融服务"三农"

各个环节，切实降低"三农"信贷担保服务门槛，鼓励银行业金融机构加大对乡村振兴和脱贫攻坚中长期信贷支持力度。CHFS2013 年调查数据显示，27.6%的西部地区农村家庭受到了正规信贷约束，而中部农村与东部农村的平均水平分别为 26.2%与 21.6%，西部地区与全国平均水平分别为 24.2%与 20.3%。总体来看，西部农村地区遭受正规信贷约束的家庭占比更高，信贷约束会严重阻碍家庭正常生产与生活行为，进而抑制地区金融活力，影响经济正常发展。研究表明，人力资本、社会资本是影响家庭是否遭受信贷约束的主要因素，而家庭遭受信贷约束会严重阻碍家庭创业活动的顺利开展，即人力资本与社会资本亦会间接影响家庭创业。因此，为了考察人力资本、社会资本影响家庭创业的间接机制，我们有必要分析人力资本、社会资本等因素对家庭信贷约束的影响。

一、文献综述

首先，在信贷约束的内涵上，部分学者认为信贷约束是指借款人的信贷需求未得到满足或未得到完全满足的情况，即借款人没有获得预期的资金额度（马九杰 等，2004；朱少洪，2009）。本书主要讨论正规信贷约束。关于正规信贷约束，是指个人或家庭因生产经营、购置住房、汽车或日常消费等经济活动对正规金融机构有贷款需求但未被满足的情况。具体地，基于问卷问题设置，分为两种情形：一是需要贷款，但没有申请；二是申请过，但被拒绝。这里的正规金融机构主要指商业银行和具有商业银行职能的正规金融机构，包括国有独资商业银行、股份制商业银行、城市合作银行、外资银行、信用合作社等。

其次，在影响信贷约束的因素方面，研究发现，社会资本可以减轻金融交易中的信息不对称问题，改善信贷供给，有助于增加农户的信贷可得性。格鲁特阿尔特（Grootaert，2001）研究发现家庭储蓄与信贷可得性与其社会资本拥有量呈正向关系，社会资本可以减轻金融交易中的信息不对称问题，因此其可以改善信贷供给。莫海尔丁等（Mohieldin et al.，2000）研究发现，农业收入比重、拥有土地面积、家庭规模等是影响埃及农户受到正规信贷约束的主要因素；而是否拥有工资收入、家庭资产数量等因素是影响非正规信贷约束的主要因素。卡斯塔尼亚斯（Castanias，2001）认为在经济交易中，社会关系可以充当抵押品，这有利于减少正规金融机构的信息不对称问题，有助于增加农户的信贷可得性。伯杰等（Berger et al.，2001）研究发现当地市场特定规模银行的数目与小企业从该类银行获得授信额度的可能性呈正向关系。戴维森（Davidson，2002）认为信贷者的金融知识水平与信贷质量密切相关，提高信贷者的金融知识水平不仅可以提升其还贷能力，还能增加其信贷需求量，降低其信贷约束的可能性。巴特扎格尔（Batjargal，2003）针对俄罗斯的研究指出，拥有大量熟人的创业者借助其丰富的社会网络更易获得金融资源。奥库瑞特（Okurut，2004）研究发现较大的户主年龄、性别为男、较大的家庭规模、较高的受教育与收入水平可以加大家庭从金融机构获得贷款的可能性。瑟维姆等（Sevim et al.，2012）研究发现拥有不同层次的金融知识的消费者的信贷行为存在差异，拥有更高层次金融知识的消费者不会表现出过度借贷行为；试图增加消费者金融知识对预防过度借贷具有重要意义，同时有利于更多知情信用使用行为。科尔等（Cole et al.，2012）研究发现教育可以显著增加投资收益与退休储蓄，受过教育的人有更高的信用评分和更低的赊账可能性与破产可能性。

国内学者褚保金等（2008）实证分析发现户主的受教育年限、社会资本等是影响农户正规与非正规借贷需求的主要因素，而教育支出是影响农户非正规借贷需求的主要因素。白永秀和马小勇（2010）研究发现农户社会关系会显著影响其正规信贷约束，但不会影响其非正规贷款的获得；农户内在的风险规避倾向对正规信贷约束的影响并不显著，但会影响非正规贷款的获得。胡新杰与赵波（2012）研究发现农户的年龄、社会关系及所在区域经济发展情况等会对其受到信贷约束的可能性产生显著影响。刘微芳与刘铲（2012）对家族社会资本对企业融资约束的影响进行了实证分析，研究发现家族社会资本中的普遍信任和关系网络等非经济制度性因素在一定程度上可以缓解企业融资约束。张海洋与李静婷（2012）分析了村庄金融环境对农户的信贷约束状况的影响，发现农信社的村庄信贷员和小组联保贷款政策对降低农户的信贷约束有非常显著的作用。这在一定程度上反映了金融类知识对信贷约束的影响，毕竟金融类信息与知识可以通过信贷员与农户的接触实现传递。李丹与张兵（2013）分析了农户拥有的社会资本与信贷约束间的关系，研究发现男性户主以及社会地位和收入水平越高的农户受到的信贷约束越小。丁冬等（2013）研究发现拥有较多社会资本的新生代农民工更容易获得民间借贷，从而选择创业的可能性更大。在社会网络关系中，与银行有联系、创业获得政府的支持都对创业农户的信贷可得有显著正向影响（刘斐，2018）；家庭社会网络维系和"关系"有助于改善家庭信贷约束的困境，提高农户正规金融信贷，拥有大量熟人的创业者能够借助其丰富的社会网络获得金融资源（严太华，2015；刘志明，2016）。

Berger 等（2001）研究发现地区特定规模银行的数量与小企业从该类银行获得授信额度的可能性呈正向关系；金融服务环境越好，政策支持环境越好，越容易获得信贷，农信社的村庄信贷员和小组联保贷款政策对降低农户的信贷约束有非常显著的作用（张海洋，2012；刘斐，2018）。信贷者的金融知识水平与信贷质量密切相关，提高信贷者的金融知识水平不仅可以提升其还贷能力，还能增加其信贷需求量，降低其信贷约束的可能性，金融素养水平越高的家庭越容易在正规金融组织处获得贷款（Davidson，2002；骆梦佳，2018）。刘艳等（2013）实证分析了农村正规金融及非正规金融信贷约束的影响因素，研究发现受教育程度与农村正规金融信贷约束呈正相关关系，与正规金融网点的距离及农村正规金融信贷约束呈负相关关系。

此外，年龄、性别、受教育程度、家庭规模及所在区域经济发展情况等会对其受到信贷约束的可能性产生显著影响，正规金融机构倾向于为素质高、经验丰富、个人资产较多的农民提供贷款，男性户主以及社会地位和收入水平越高的农户受到的信贷约束越小，拥有良好银行关系资本的农户对正规贷款响应较为积极（Okurut，2004；肖华芳，2011；李丹，2013；李庆海，2018；张珩，2018）。农户内在的风险规避倾向对正规信贷约束的影响并不显著（白永秀，2010）。

当前基于西部地区农村家庭空间视角，从社会资本、人力资本等要素分析其对正规信贷约束的文献比较少，社会资本作为一种社会资源，可以通过影响借贷、缓解家庭的信贷约束和降低预防性储蓄，促进消费升级（韩雷，2019）。因此，有必要分析社会资本、人力资本等因素对西部地区农村家庭正规信贷约束的影响。

二、研究假设与模型设定

（一）研究假设

基于当前相关文献对于人力资本对家庭正规信贷约束的影响研究及本书的研究目的，提出：

假设 1：以受访者人力资本为代表的家庭人力资本对西部农村家庭正规信贷约束具有显著影响。在基于 CHFS 调查数据的基础上和已有相关研究文献的前提下，本书拟以受访者受教育年限、金融知识与身体健康状况来衡量其人力资本，分析其对西部农村家庭正规信贷约束的影响。

基于当前社会资本对创业的影响研究并结合本书的研究目的，提出：

假设 2：以受访者社会资本为代表的家庭社会资本对家庭正规信贷约束具

有显著影响。本书拟以受访者受教育年限、沟通能力、家庭成员数量及宗教信仰状况来衡量其社会资本，并分析其对家庭正规信贷约束的影响。

基于受访者个人特质及银行这类正规金融机构规避风险的特点，提出：

假设 3：受访者风险爱好、性格对家庭正规信贷约束具有显著影响。

（二）模型设定

依据研究需要，本书生成了"是否受到正规信贷约束"二元因变量，当家庭"遭受正规信贷约束"时，因变量取值为 1，否则为 0。解释变量方面，人力资本、社会资本等变量含义与本章第一节、第二节相同。在模型设定上，依据最大似然估计法，构建了以下二元 Probit 模型：

$$\text{Constrain}_i^* = \beta_1 \text{Human}_i + \beta_2 \text{Society}_i + \beta_3 \text{Individual}_i + \beta_4 \text{Other}_i + \varepsilon_i \quad (5\text{-}2)$$

$$\text{Constrain}_i = \begin{cases} 1, & \text{若 Constrain}_i^* > 0 \\ 0, & \text{若 Constrain}_i^* \leqslant 0 \end{cases}$$

Constrain_i^* 是 Constrain_i 的潜变量，Constrain_i 代表家庭 i 是否遭受正规信贷约束，当 Constrain_i^* 大于 0 时，Constrain_i 取值为 1，表示家庭受到正规信贷约束，否则取值为 0，表示家庭未受到正规信贷约束，其他变量的含义同表达式（1），因此不再赘述。

三、参数估计

表 5-5 是关于人力资本、社会资本对西部农村家庭正规信贷约束影响的估计结果。总体来看，家庭社会网络会显著影响其正规信贷资金的获取，具体而言，较强的沟通能力有助于家庭获得正规信贷资金，该类家庭受到信贷约束的可能性下降 5.4%，且在 1% 的水平上显著。现实表明，较强的沟通能力有助于拓展人际关系，而人际关系越广，获取的信息、机会及资源的可能性就越大。家庭成员数量提升与有宗教信仰会增加家庭遭受正规信贷约束的可能性，家庭成员数量每增加 1 人，遭受正规信贷约束的可能性上升 1.8%，且在 1% 的水平上显著；有宗教信仰的家庭遭受正规信贷约束的可能性增加 2.8%，这或许与宗教信仰与民族地区存在较高重叠有关，而民族地区经济水平相对较低，金融服务体系有待完善，贫困发生率较高，使得当地农村家庭面临正规信贷约束的可能性增大。而受教育年限越高，则越不易遭受正规信贷约束，已有研究也发现受教育程度越高，创业之初，获得风险资本支持的可能性就越大（Bates，1990；Robinson，1994；Carter，2002）。身体健康的受访者所在家庭遭受正规信贷约束的可能性会下降 9.6%，且在 1% 的水平上显著，身体健康意味着可以正常进行生产生活，可以带来潜在劳动收入，有助于家庭获得贷

款。能够正确计算存款利率，即拥有较高的金融知识水平有助于降低家庭遭受正规信贷约束的可能性，且在10%的水平上显著，说明相关知识的重要性。风险爱好型受访者所在家庭不易从正规信贷机构获得资金支持，且这种影响在5%的水平上显著。从事农业生产经营会增加家庭受到信贷约束的可能性，农村家庭从事农业生产意味着其他收入渠道较少，农工业生产周期长、风险也大，这会降低金融机构批准其贷款的可能性。本社区银行网点数量越多，家庭受到正规信贷约束的可能性就越低，这在一定程度上反映了金融环境会影响家庭信贷需求满足情况。受访者的年龄与家庭信贷约束呈非线性关系，性别对家庭正规信贷约束影响不明显。

表5-5　人力资本、社会资本与农村家庭正规信贷约束

变量	系数	变量	系数
受教育年限	-0.003 (0.003)	年龄	0.002 (0.005)
健康状况	-0.096*** (0.020)	年龄平方	-0.001 (0.001)
金融知识	-0.013* (0.007)	性别	-0.002 (0.021)
成员数量	0.018*** (0.006)	风险爱好	0.067** (0.032)
宗教信仰	0.028* (0.015)	农业生产	0.027** (0.013)
沟通能力	-0.054*** (0.019)	银行网点	-0.002 (0.009)

注：表中样本量为2 303，Pseudo R^2 为0.021。

四、稳健性检验

为了消除代表金融知识的变量"能正确计算存款利率"可能存在的内生性对模型估计的影响，本书对该变量进行了 Durbin-Wu-Hausman 检验，检验结果拒绝模型存在内生性。

为检验上述衡量人力资本与社会资本的关键变量对西部农村家庭正规信贷约束状况影响的稳健性，本书以受访者"平时经常关注金融信息的程度"替代"正确计算存款利率"变量，以"同社区/村庄有亲戚"替代"家庭成员数量"，以受访者"所在县（区、旗）宗教信仰率"变量替代受访者"宗教信

仰"变量,进行稳健性检验。如表 5-6 所示,"平时经常关注金融类信息"会大大降低家庭遭受正规信贷约束的可能性,其边际效应为-0.064,且在 5% 的水平上显著;"同社区/村庄有亲戚"的受访者所在家庭更易受到正规信贷约束;受访者所在"县(区、旗)宗教信仰率"高会增加家庭遭受信贷约束的可能性,其边际效应为 0.058。因此,宗教信仰越为普遍的区域,遭受正规信贷约束的可能性越大,而在我国,宗教信仰率较高或宗教信仰较为普遍的地方往往是民族地区,较高的正规信贷约束,使得民族地区缺少信贷资金支持,这或许可以解释为什么民族地区的经济发展较为缓慢、水平较低。其他变量对家庭正规信贷约束的影响如上文所述,因此,不再赘述。

表 5-6　人力资本、社会资本与家庭正规信贷约束的稳健性检验

变量	系数	变量	系数
教育年限	-0.002 (0.002)	年龄	0.001 (0.005)
健康状况	-0.097*** (0.019)	年龄平方	-0.001 (0.001)
平时经常关注 金融类信息	-0.064** (0.026)	性别	0.008 (0.021)
同社区/村庄有亲戚	0.027 (0.023)	风险爱好	0.082** (0.033)
县(区、旗)宗教信仰率	0.058* (0.035)	农业生产	0.028 (0.023)
沟通能力	-0.049** (0.020)	银行网点	-0.001 (0.009)

注:表中样本量为 2 311,Pseudo R^2 为 0.020。

第四节　心智资本、区位环境与西南民族欠发达地区低收入家庭创业

一、引言

巩固拓展脱贫成果,有效推进乡村振兴,关键在提升地区与家庭可持续生计和内生发展能力。2020 年与 2021 年中央一号文件明确提出要提高低收入人口内生发展能力,习近平总书记在全国脱贫攻坚总结表彰大会上的讲话指出对

脱贫地区产业要长期培育和支持，促进内生可持续发展①。提升地区与家庭内生发展能力，关键在丰富乡村经济业态，增强农村产业发展活力，唯有产业兴旺才能稳定就业，就业稳定才能保证收入可持续，而产业发展的根本在创业。然而，新冠肺炎疫情给我国经济发展带来一定负面影响，返乡留乡农民工规模扩大，使得部分欠发达地区经济发展面临一定挑战，或使低收入家庭生产生活再次面临困难。2020年3月，农业农村部与人力资源社会保障部印发《扩大返乡留乡农民工就地就近就业规模实施方案》，明确提出要促进返乡留乡农民工就地就近就业创业②。农村地区作为巩固脱贫成果和防止返贫的主战场与乡村振兴战略的落脚点，其产业发展情况直系我国未来经济社会能否迈向更高水平，而创业作为产业发展的源泉，对于农村低收入家庭解决就业与维持生计，提升落后地区、民族地区、革命老区、边疆地区等特殊区域内生发展能力具有重要的现实意义。

创业行为往往受到个体及家庭内外因素的影响。内在因素方面，创业意愿与勤劳的品质、好学能力、健康状况等心智资本存在一定关系。研究表明，优秀的心理素质、良好的精神状态、较好的文化素养等心智资本是产生高绩效的重要源泉。外在因素方面，创业行为与个体和家庭拥有的区位环境等存在一定联系，如生活在自然灾害常发地区的居民，由自然灾害导致的经济衰退会对其生活生产观念造成深刻的影响，从而影响他们未来的择业选择（李后建，2016）。

巩固脱贫攻坚成果的基本目标是防止返贫，而返贫风险则在一定程度上反映了家庭内生发展能力的赢弱。一般而言，面临返贫风险较高的家庭内生发展能力比较赢弱。据统计，我国已脱贫人口中有近200万人存在返贫风险，边缘人口中还有近300万存在致贫风险（蒋和胜 等，2020）。党的十九届五中全会与"十四五"规划建议及2021年中央一号文件明确提出，实现巩固拓展脱贫攻坚成果同乡村振兴有效衔接，把乡村建设摆在社会主义现代化建设的重要位置，而西南民族欠发达地区作为乡村建设与乡村振兴的薄弱区域，如何提升当地农村家庭的心智资本和改善区位环境，进一步发掘经济增长点与提升内生发展能力，对于未来乡村振兴战略的稳步推进具有重要的现实意义。

二、文献综述

本书认为心智资本主要包含心理资本与人力资本两个方面。心理资本是一

---

① 资料来自新华社官方网站。
② 资料来自农业农村部官方网站。

种相对稳定的心理，是个体在成长和发展过程中表现出来的一种积极心理状态，包括个性品质、自我监控、对自己的感知、对工作的态度、价值取向和总的生活观点等（Gold Smith，1997；Luthans，2005）。心理资本是一种通过影响个体主观满意度来影响个体动机，从而影响工作行为与产出绩效的人格特质，其可提升个体愿意投入工作的热情，进而激发出其最佳工作状态，创业者的心理资本能够解释很大一部分创业绩效的变异（Hmieleski，2008）。拥有高心理资本水平的个体，能够积极寻求解决工作问题的新思路、新方法，并且在面对挫折失败时，能够主动快速调整自我状态，以适应、改变现有困境（郭名 等，2019）。心理资本中的主动应对、敏锐卓越、社交智慧及乐观希望对于创业者机会搜寻、识别等具有显著的预测作用，创业者心理资本与创业机会能力显著正相关，创业者心理资本是影响创业活动效率的重要因素之一，洞察力、意志力、勤奋等因素共同影响创业者的创业动机（叶贤，2008；程聪，2015）。

人力资本是通过投资，体现在劳动者身上并由劳动者的知识、健康状况等所构成的资本（Schultz，1961）。部分学者认为人力资本会影响创业决策，Davidsson 和 Honig（2003）指出人力资本与创业意愿有直接联系，较高受教育程度的劳动者能够凭借着人力资本优势，率先实现非农就业。农村家庭受访者的学历教育对农户创业决策具有正向影响（程郁 等，2009；董晓林 等，2019），而 Simon 和 Mirjam（2006）、Robson 等（2012）则认为受教育程度与创业之间的关系尚无法确定。还有部分国内外学者考察了其他因素与创业之间的关系。如个人经历、风险承担意识、家庭人口数量、劳动力结构、收入水平等影响创业决策（Zhao et al.，2005；赵建国，2019；范波文，2020）。此外，丰富的社会资本也能激发农民的创业热情，有效缓解农村地区因创业资源不足而缺乏创业动力的问题（Hoang，2003；蒋剑勇 等，2013；赵朋飞，2015，2020；George et al.，2016；董静，2019）。

居民生产生活行为往往与其所处区位环境密切关联。交通状况作为区位环境的主要指标，交通便利与否在一定程度会影响外界信息的获取、生产资料的获得以及外出务工意愿等。樊胜根等（2003）认为农村道路的完善可以促进农村地区非农业水平的发展，对于增加非农就业机会有着重要的意义；邓蒙芝等（2011）认为农村道路的改善可以增加农民的非农就业机会；黄善林（2014）、柳建平等（2018）研究发现，村子距乡镇政府、县政府距离和对外交通状况会显著影响农户非农就业决策；Zhao（2015）认为区位环境极大程度上影响了农村劳动力的非农就业空间选择。区位环境与自然灾害发生频率密切相关，自然灾害冲击对农村家庭成员非农就业选择有显著正向影响，自然灾害冲击能够显著重构家庭资本存量、强化家庭间关系强度，促进农村家庭成员非农创业行为，个体在自然灾害的经历中会不断地积累风险管理经验，增强风险防范意识，这显然提升了个体的创业能力（李后建，2016；陈哲 等，2020）。综上可以看出，当前对区位环境与非农就业关系的研究文献比较丰富，而有关区位环境是如何作用于家庭创业的研究比较匮乏。

当前有关返贫因素的研究主要集中在内外部环境上。在内部环境方面，多数学者认为是脱贫人口自身原因所致。农村脱贫人口返贫的关键原因在于返贫人口思想观念落后以及其人口低素质低下，在于个人品质、支持、载体循环的不可持续性（李朝林 等，2006；丁军 等，2010）。在脱贫人口自身返贫原因上，教育和健康又是非常重要的因素，张翔和毛可（2018）针对民族地区返贫问题，将返贫人口的教育作为关键致因点。马绍东和万仁泽等（2018）、于代松和唐志浩（2021）认为自身的健康情况、文化程度、劳动力因素等都是返贫的原因。李长亮（2019）实证检验发现文化水平、劳动能力、健康状况等人力资本因素对返贫有显著影响，患有大病或长期慢性病的群体返贫率较健康人群高 1.49 倍。在外部环境方面，恶劣的自然环境则是引起返贫的重要因素（郑瑞强 等，2016；范和生，2018）。总体来看，当前结合脱贫农户心理特征研究返贫的实证分析类文献很少。

综上所述可以发现，目前鲜有学者从将家庭创业与返贫风险作为衡量内生发展能力的视角，立足民族欠发达地区，基于心智资本和区位环境等因素分析其与家庭创业和返贫风险之间的关系，这为本书研究提供了一定空间。当前巩固拓展脱贫成果、推进乡村振兴与新时代西部大开发的战略重地在农村地区，农村地区发展的薄弱之地在民族欠发达地区，民族欠发达地区作为农村空间与民族空间的复合载体，其居民生活生产状况与国家经济社会发展休戚相关。因此，值此新冠肺炎疫情非常时期与"十四五"规划起始之年，研究民族欠发达地区农村家庭创业及返贫风险有助于深入探究其经济社会发展内在机理，或可为巩固扶贫成果、促进"一带一路"建设、落实乡村振兴与新时代西部大开发战略实施提供一定借鉴。

三、心智资本、区位环境与西南民族欠发达地区低收入农村家庭创业分析

（一）数据与变量

本书数据来源于笔者 2019 年在四川省、云南省、广西壮族自治区、重庆市少数民族聚居的 12 个经济欠发达县（原国家扶贫开发工作重点县）分层抽样调研的 60 个村 1 286 户农村低收入家庭信息问卷①。本书中创业是指家庭以"创立"方式从事工商业生产经营项目，这里的工商业经营项目包括个体经营和企业经营。以"家庭是否进行了创业"作为二元离散因变量，若受调查家庭进行了创业，则赋值为 1，否则为 0。统计显示，进行创业的家庭占比约为 6.4%，92% 的创业项目以"个体工商户和无正规组织"形式存在；在经营效益方面，与创业初期相比，53% 的家庭经营效益增加，经营效益下降的家庭比例为 8%，39% 的家庭经营效益变化不大；83% 的家庭没有雇佣员工，劳动力以家庭成员为主。

在心智资本方面，考虑到农户自身因素作为内生动力培育和防止返贫的核心基础，本书不仅纳入常见的教育、健康、年龄等指标，还引入了"对新事物的态度"与"吃苦耐劳"两个因素来代表农户的心智资本。具体而言，以主观题目"与周边邻居相比，您家对新事物（如生产技术等）的接受速度如何？"生成哑变量"好学能力"，衡量受访者②及家庭成员对新事物的兴趣心理和接受、学习能力，接受速度快，赋值为 1，否则为 0；以主观题目"和周围人相比，您及家人的勤奋与吃苦耐劳的品质如何？"生成哑变量"吃苦耐劳"，衡量受访者及家庭成员的勤劳心理品质，比他人强，赋值为 1，否则为 0。结合既有文献及研究需要，引入受访者与其配偶受教育水平，未婚者只统计本人受教育水平，引入"受访者年龄""丧失劳动能力成员占家庭成员总量比例"。考虑到受教育水平可能会影响其接受新事物速度，从而导致多重共线的问题，针对二者做了相关系数分析，统计显示二者相关系数为 0.153，关系程度较低。以上述五个变量衡量心智资本。

现实表明，家庭经济行为与市场环境和所处区位环境密切相关，而市场信息、技术等要素传递往往又受制于区位环境条件，因此，有必要将区位环境引入模型。县城作为距农村地区最近的较大市场要素集聚区与经济中心区，家庭到县城的距离远近可能会影响其所能获取的市场需求、创业信息等资源的多寡，进而影响其经济行为。考虑到现实中可能出现受访家庭处于本县域偏远位置，而距邻县县城更近的情况，以"您家距最近县城的距离"一题生成"市场距离"变量。市场要素的流动往往也在一定程度受到交通条件的影响，故引入"受访家庭距最近重要交通干线（国道或市道）的距离"生成"交通状况"变量。民族欠发达地区多处于自然地理环境较为恶劣的区域，考虑到自

---

① 文中低收入家庭主要指调研时已经脱贫（或尚未脱贫）的建档立卡家庭。
② 调查时，以最熟悉家庭事务且在家庭生产生活中发挥主导作用的成员作为受访者。

然灾害有可能会对家庭的生产生活造成影响，尤其是因灾返贫的现实状况，故以"家庭附近常见自然灾害"一题生成"自然灾害"哑变量①。民族欠发达地区区位环境特殊，自然环境独特，部分地区由于历史文化、自然风光等因素发展成了旅游景区，而景区作为人与物的集散地，市场往往比较活跃，创业就业机会相对较多，为分析旅游景区对家庭创业和返贫的影响，以"家庭是否位于景区附近"生成"旅游资源"哑变量。以上述四个变量衡量区位环境。

农村地区往往因为浓厚的血缘、地缘、亲缘使得乡亲关系在农村家庭生产生活中极为重要。研究发现，"礼物授受可以巩固人际关系""礼物的价值（或金额）反映了送收双方的亲密程度，丧礼是个体在这个社会上最后的仪式，也是卷入社会交换网络的最后机会，死亡并没有中断中国人的互惠联系，而只是改造了这些纽带，并且经常是使他们更强劲"（阎云翔，2000）。因此，以"去年，您家因红白喜事、过节走亲访友等人情支出额度"一题生成"人情支出"变量；以"您的家人或关系紧密的同学、朋友、亲戚任职情况"生成"亲朋任职"变量，这里的任职情况包括担任村干部，乡镇、县级及以上政府（部门）领导，企业领导，学校领导，教师，医院领导，医生等可以获得较多社会资源的职位，以上述两个变量代表家庭社会资本特征变量。现实表明，家庭是否选择创业与家庭收入水平存在一定联系，问卷统计也显示，受访家庭选择创业的第一大原因与第二大原因分别是期望挣得更多与找不到更好的就业机会。因此，有必要将收入状况纳入模型进行分析，考虑到创业产生的收入与家庭总收入之间的数量关系可能引致的内生性问题，本书在引入家庭收入变量时，只统计了外出务工收入、政府补贴收入与务农收入三项之和来衡量家庭收入；考虑到家庭收入可能会影响人情支出的金钱数额，故针对二者做了相关系数分析，结果为 0.113，关系程度较低。

上述变量描述见表 5-7。

表 5-7　变量描述统计

变量	定义	均值	标准差	最小值	最大值
家庭创业	进行创业赋值为 1，否则为 0	0.064	0.244	0	1
好学能力	接受新事物的速度快赋值为 1，否则为 0	0.241	0.427	0	1

---

① 这里自然灾害主要包括滑坡、泥石流、洪水、旱灾、地震、春冻。

表5-7（续）

变量	定义	均值	标准差	最小值	最大值
吃苦耐劳	吃苦耐劳能力强赋值为1，否则为0	0.652	0.476	0	1
受教育水平	受访者及配偶受教育年限之和，并引入二次项	10.82	7.418	0	32
年龄	受访者年龄，并引入二次项	48.91	15.15	19	85
丧失劳动	丧失劳动能力成员占家庭成员总量比例	0.111	0.200	0	1
市场距离	家庭距最近县城距离（公里），采用其对数进行回归，并引入二次项	23.79	15.98	0.5	120
交通状况	家庭距最近交通干线距离（仅限于省道、市道），采用其对数进行回归，并引入二次项	5.582	6.999	0.1	90
自然灾害	家庭附近常有自然灾害赋值为1，否则为0	0.592	0.491	0	1
旅游资源	家庭附近有旅游景区赋值为1，否则为0	0.100	0.300	0	1
人情支出	去年，因红白喜事、亲朋好友互动等人情支出额度（万元），剔除了1户极大值样本，采用其对数进行回归，并引入二次项	0.478	0.625	0	5
亲朋任职	亲朋任职相关单位职务赋值为1，否则为0	0.235	0.424	0	1
收入水平	去年，家庭外出务工收入、政府补贴收入与务农收入之和（万元），剔除了1户极大值样本，采用其对数进行回归，并引入二次项	4.339	3.981	0.1	28.20

（二）模型与分析

因变量为二值离散数据，为避免线性概率模型带来的异方差问题，运用极大似然估计法，构建了二元 Probit 模型，为进一步消除异方差，采用 White 稳健标准差估计，基本模型如下：

$$\text{Enterprise}_i^* = \gamma_1 \text{Xinzhi}_i + \gamma_2 \text{Quwei}_i + \gamma_3 \text{Control}_i + \sigma_i \qquad (5-3)$$

$$\text{Enterprise}_i = \begin{cases} 1, & \text{若 Enterprise}_i^* > 0 \\ 0, & \text{若 Enterprise}_i^* \leqslant 0 \end{cases}$$

Enterprise$_i^*$ 是 Enterprise$_i$ 的潜变量，其是连续的未被观测的变量，Enterprise$_i$ 代表家庭 i 的创业行为，当 Enterprise$_i^*$ 大于 0 时，Enterprise$_i$ 取值为 1，表示家庭进行了创业，否则取值为 0，表示家庭未进行创业；Xinzhi$_i$ 代表心智资本特征变量，具体代表"好学能力、吃苦耐劳、受教育水平、年龄、丧失劳动"五个变量，γ_1 代表心智资本特征变量对家庭创业的影响参数组；Quwei$_i$ 代表区位环境特征变量，具体代表"市场距离、交通状况、自然灾害、旅游资源"四个变量，γ_2 代表区位环境对家庭创业的影响参数组；Control$_i$ 是控制变量，具体代表"人情支出、亲朋任职、收入水平"三个变量，γ_3 代表控制变量的参数组；σ_i 为随机误差项，服从标准正态分布，$\sigma_i \sim N$（0，1）。

表5-8是心智资本、区位环境等因素对农村家庭创业影响的分析结果。第（1）列是运用 Probit 模型估计的结果。分析显示，好学能力较强的家庭进行创业的可能性增加3.7%。更勤劳的家庭选择创业的可能性上升1.1%，统计也显示，更吃苦耐劳的家庭中，进行创业的比例为6.5%，而吃苦耐劳能力较弱的家庭中，进行创业的比例为5.4%。受教育水平的提升有助于家庭选择创业。年龄与创业之间的关系呈现非线性，一般而言，随着年龄增长，家庭创业的可能性上升，但在拐点之后，创业的可能性不会继续增加。劳动力对于家庭创业至关重要，无劳动能力的家庭成员占比每上升1个单位，导致家庭选择创业的可能性下降10.3%。市场距离对家庭创业的影响是非线性的，在达到拐点之前，家庭与最近县城距离上升有利于家庭选择创业，这可能与距离县城越远，就业机会越小有关，使得家庭被迫选择创业。统计显示，"找不到更好的就业机会"是家庭选择创业的主要原因之一。距离交通干线的远近也会影响家庭创业，且二者呈非线性关系，在达到拐点之前，距离重要国道或市道每增加1个单位，家庭选择创业的可能性会增加1.1%。统计显示，自然灾害不利于家庭选择创业。处于旅游景区附近的家庭创业的可能性更大，一般而言，旅游景区客流量较大，市场需求多，创业机会较多。作为维护人情关系的礼尚往来对于家庭维护乃至扩大社会网络关系至关重要，统计显示，人情支出每增加1个单位，家庭选择创业的概率上升5.1%，当然，这类支出规模并非越大越好，当超过一定额度反而可能损害家庭创业的物质基础，从而不利于家庭创业，因此，人情支出与家庭创业的关系呈现非线性。亲朋好友任职于相关部门有助于

家庭获得更多信息等市场要素，从而倾向创业。收入水平对家庭创业的影响是非线性的，达到拐点之前，收入增加 1 个单位，对家庭创业的可能性下降 1.4%，且在 1% 的水平上显著，表明收入增加反而会降低家庭创业的可能性。统计数据也显示，以收入均值 4.33 万元为界将家庭划分为两组收入水平，则低收入水平家庭中，选择创业的比例为 7.9%，而高收入家庭这一比例为 3.9%。

表 5-8　心智资本、区位环境与农村家庭创业

变量	系数				
	（1）	（2）	（3）	（4）	（5）
好学能力	0.037*** (0.010)	0.038*** (0.011)	0.028*** (0.010)	0.027* (0.014)	0.062*** (0.016)
吃苦耐劳	0.011* (0.006)	0.005* (0.003)	0.014* (0.008)	0.006** (0.003)	0.014* (0.008)
受教育水平	0.002** (0.001)	0.003** (0.001)	0.001* (0.000)	-0.002** (0.001)	0.002** (0.001)
受教育水平平方	0.001* (0.000)	0.001* (0.000)	0.001 (0.001)	0.001 (0.001)	-0.001 (0.001)
年龄	0.006*** (0.002)	0.006*** (0.002)	0.003* (0.001)	0.005* (0.003)	0.009*** (0.003)
年龄平方	-0.001** (0.000)	-0.001** (0.000)	-0.001* (0.000)	-0.001* (0.000)	-0.001*** (0.000)
丧失劳动	-0.103** (0.042)	-0.076* (0.042)	-0.144** (0.061)	-0.097** (0.048)	-0.112 (0.102)
市场距离	0.044*** (0.011)	0.043*** (0.010)	0.033*** (0.011)	0.036** (0.015)	0.041*** (0.013)
市场距离平方	-0.001 (0.001)	-0.001 (0.001)	-0.001 (0.001)	-0.001** (0.000)	-0.001 (0.001)
交通状况	0.011** (0.004)	0.011** (0.004)	0.008** (0.004)	0.011** (0.005)	0.026*** (0.009)
交通状况平方	-0.003*** (0.001)	-0.004*** (0.001)	-0.002*** (0.000)	-0.003*** (0.001)	-0.006** (0.003)
自然灾害	-0.003 (0.012)	-0.004 (0.013)	-0.008 (0.011)	0.002 (0.017)	-0.002 (0.018)

表5-8(续)

变量	系数				
	（1）	（2）	（3）	（4）	（5）
旅游资源	0.039* (0.020)	0.029* (0.016)	0.015* (0.008)	−0.014** (0.007)	0.070*** (0.021)
人情支出	0.051*** (0.017)	0.053*** (0.019)	0.059*** (0.017)	0.041** (0.019)	0.103*** (0.031)
人情支出平方	−0.009* (0.005)	−0.009* (0.005)	−0.016*** (0.005)	−0.004 (0.005)	−0.025*** (0.008)
亲朋任职	0.010 (0.010)	0.007 (0.011)	0.012 (0.009)	0.019 (0.014)	−0.007 (0.017)
收入水平	−0.014*** (0.002)	−0.013*** (0.002)	−0.006** (0.003)	−0.019*** (0.004)	−0.037 (0.029)
收入水平平方	0.001* (0.000)	0.001** (0.000)	0.001* (0.000)	0.003* (0.001)	0.002* (0.001)
样本量	1 241	1 252	959	722	519
Pseudo R^2	0.316	—	0.256	0.321	0.489

注：***、**、*分别表示参数在1%、5%与10%的水平上显著，括号中数值为稳健标准差，表中报告的是估计的边际效应。

（三）稳健性分析

"创业家庭占比为6.4%"，这一比例不高可能会引发"因变量发生频率非常小而导致的稀有事件"，进而导致统计出现偏差，因此，本书进一步采用"补对数-对数模型"进行估计，该模型中，$\gamma_1 Xinzhi_i + \gamma_2 Quwei_i + \gamma_3 Control_i + \sigma_i$ 服从非对称的"极值分布"，家庭创业 $Enterprise_i$ 发生的概率为 $Prob(Enterprise_i = 1 \mid x) = F(x, \alpha) = 1 - \exp\{-e^{\ln[-\ln(1-p)]}\}$ ，式中 x 代表解释变量与控制变量，利用该模型进行最大似然估计，得到表5-8第（2）列分析结果。总体来看，各变量回归系数的边际效应与第（1）列运用 Probit 模型估计的结果相近，而且也未改变主要变量系数的显著性，说明稀有事件偏差并不明显，Probit 模型估计的结果可靠。

为进一步检验心智资本与区位环境等因素对家庭创业影响的可靠性，本书通过调整样本规模做了稳健性检验，根据分位数统计，剔除收入最低、最高各10%的样本量，然后全变量下进行回归分析，结果如表5-8第（3）列。统计显示，主要变量对家庭创业的边际效应与第（1）列结果差异不大，说明分析结果比较稳健可靠。

（四）异质影响效应分析：不同收入水平下的创业行为

不同收入水平的家庭往往经济行为存在一定差异，为进一步分析收入水平对家庭创业行为的影响，以受访家庭收入均值4.33万元为分组标准，将其划分为低收入家庭与高收入家庭两组，进行分组回归统计，低收入家庭分析结果见表5-8第（4）列，高收入家庭分析结果见第（5）列。统计显示，好学能力、吃苦耐劳的品质在高收入家庭中对创业的作用更大，边际效应分别为0.062与0.014，而在低收入家庭中仅为0.027与0.006。受教育水平与创业的关系是非线性的，因家庭收入水平而存在差异，一般而言，在低收入组，在拐点出现之前，受教育水平的提升致使家庭选择创业的可能性下降；而在高收入组，受教育水平的提升致使家庭选择创业的可能性上升，出现这种现象的原因或许在于，受教育水平的提升有助于低收入家庭就业，所以选择了不创业。统计也显示，"因找不到更好工作机会"是低收入家庭选择创业的第一大原因，而"从事工商业能挣更多"则是高收入家庭选择创业的第一大原因。年龄因素对高收入家庭创业的影响要大于低收入家庭。而劳动力的缺失十分不利于低收入家庭选择创业。距市场中心、交通干线的距离对于高收入家庭的创业选择影响更显著更大。旅游资源对创业的影响在两类收入水平家庭中显著不同，具体而言，家庭附近有旅游景区的低收入家庭选择创业的可能性更低，高收入家庭选择创业的可能性更高。出现这种现象的原因或许在于，对于低收入家庭，尽快就业获得收入是紧要任务，调查数据统计也显示，低收入家庭"因找不到更好工作机会"而选择创业的家庭比例要比高收入家庭高出7个百分点，而旅游景区往往就业机会较多，故对于处于景区附近的低收入家庭而言，就业远比创业要实际得多。"从事工商业能挣更多"这一比例在高收入家庭比低收入家庭中高出15个百分点，进一步验证了均在景区附近的两类收入家庭，高收入家庭选择创业是想挣得更多，而低收入家庭选择创业是在找不到更好工作机会下的被迫选择，收入对低收入家庭创业的影响更为显著。与低收入家庭相比，因礼尚往来的人情支出对高收入家庭选择创业的帮助更大。总体来看，教育与劳动力对于低收入家庭的创业行为作用更大，区位环境、社会关系及对新事物的好学能力和勤劳等因素对高收入家庭创业决策更为重要。

第五节　本章小结

在人力资本、社会资本与西部农村家庭创业方面，根据以上实证分析，我们可以发现以受访者受教育年限、健康状况和金融知识（以正确计算存款利率衡量）衡量的人力资本会对西部农村家庭的创业行为产业积极的显著影响。具体地，受访者受教育年限的边际效应为 0.007，身体健康状况良好的边际效应为 0.042，能够正确计算存款利率的边际效应为 0.054，这显示出金融知识水平对家庭创业行为有着积极的正向影响。统计还显示，衡量社会资本存量的受访者受教育年限、家庭成员数量、受访者沟通能力三个变量及衡量社会资本与文化状况的宗教信仰变量与西部农村家庭选择创业的可能性正相关。具体地，受访者家庭成员数量的边际效应为 0.009，宗教信仰的边际效应为 0.033，较强的与人沟通能力的边际效应为 0.055。创业作为一项风险较大的经济行为，结果显示，熟知家庭财务并在家庭生产生活中扮演重要角色的受访者，若为风险爱好型，则对家庭进行创业的边际效应为 0.042。农业生产经营活动对"工商业生产经营"有挤出效应。统计显示，从事农业生产经营对家庭选择创业的边际效应为 -0.076。本社区/村银行网点数量会显著增加家庭选择创业的可能性，其边际效应为 0.009。总体来看，采用相同变量与模型对全国农村、东部农村与中部农村家庭创业的回归分析发现，与全国、东部与中部农村家庭相比，受教育年限、金融知识、金融环境、风险爱好、沟通能力、宗教信仰等变量对西部农村家庭创业决策的影响更大，这也说明了人力资本与社会资本在西部农村家庭创业决策中的重要作用。这启示中央政府应依据各地区实际发展情况制定有差别的创业政策，西部地方政府在制定本地区创业政策时应更加注重对农村家庭金融知识的培育，加快改善农村金融环境，优化农村义务教育与通用型教育政策。

在人力资本、社会资本与西部农村家庭正规信贷约束方面，根据上述实证分析，受访者受教育年限较长、健康状况较好及金融知识水平较高有助于降低家庭遭受正规信贷约束的可能性。具体地，受访者受教育年限的边际效应为 -0.003；受访者身体健康状况对家庭选择创业的边际效应为 -0.096；能够正确计算存款利率的边际效应为 -0.013；家庭成员数量越多，越不利于家庭从正规信贷机构获得贷款，家庭成员数量对家庭遭受正规信贷约束的边际效应为 0.018；较强的沟通能力有助于家庭从银行等正规信贷机构获得资金支持，其对家庭选择创业的边际效应为 -0.054；有宗教信仰的受访者所在家庭更易受到正规信贷约束；风险爱好不利于家庭从正规信贷机构获得资金，其对家庭遭受正规信贷约束的边际效应为 0.067；从事农业生产经营对家庭受到正规信贷约束的边际效应为 0.027；而本社区/村银行网点数量与西部农村家庭受到正规信贷约束呈反向关系，其对后者的边际效应为 -0.002。

西南民族欠发达地区作为推进新时代西部大开发和乡村振兴战略的重点地区，其家庭可持续生计能力和内生发展能力对于乡村振兴目标的如期实现至关重要。创业是家庭可持续生计能力与内生发展能力的重要体现和提升两类能力的源泉之一，因此有必要针对西南民族欠发达地区低收入家庭的创业行为进行分析。研究发现，心智资本与区位环境及社会资本影响西南民族欠发达地区农村家庭创业选择，接受新事物更快、更勤劳的家庭更倾向选择创业，劳动力的缺失不利于家庭创业，市场距离、交通状况、人情支出、收入水平等对创业的影响是非线性的，在达到拐点之前，距市场中心、交通干线的距离越远，人情支出额度越大，家庭选择创业的可能性越大；而收入水平越高，家庭选择创业的可能性越小。旅游景区附近的家庭更易选择创业。进一步分组回归发现，心智资本与区位环境等因素对创业的选择因收入水平不同而存在差异。具体而言，教育与劳动力对于低收入家庭的创业行为作用更大，区位环境、社会资本及对新事物的接受速度和勤劳等因素对高收入家庭是否选择创业更为重要。

第六章　西南民族地区农村脱贫家庭的就业生计策略选择

第一节　引言

西部农村地区脱贫家庭能否在五年过渡期内进一步提升其可持续生计与内生发展能力，关系到乡村振兴能否顺利推进。2020 年、2021 年中央一号文件明确指出，要"巩固脱贫成果，防止返贫，关注脱贫户群体的发展""守住防止规模性返贫底线……对有劳动能力的农村低收入人口，坚持开发式帮扶，帮助其提高内生发展能力"。习近平总书记在全国脱贫攻坚总结表彰大会上的讲话指出"对脱贫地区产业要长期培育和支持，促进内生可持续发展"。脱贫家庭作为地区实现内生发展的直接受益对象，其生计状况不仅是地区内生发展质量的重要体现，也是进一步促进地区内生发展的重要动力；而生计策略作为家庭生计状况的主要构成与重要保障，对于脱贫家庭与地区能否实现可持续生计和内生发展至关重要。西南民族欠发达地区作为巩固拓展脱贫攻坚成果同乡村振兴有效衔接的重点实施区域，往往其自然条件更恶劣，基础设施建设难度更大，经济社会发展基础更薄弱；因此，该类区域脱贫家庭生计策略是否能实现对于地区乡村振兴战略能否顺利实施、经济社会发展能否迈上更高台阶至关重要。一般而言，在外部风险因素和家庭内部因素的控制下，家庭结合自身的生计目标和可用的生计资本组合，会选择不同的生计策略（张鹏瑶 等，2019）。脱贫家庭是如何选择不同生计策略的？其选择生计策略的依据是什么？是否有意或无意遵循一定规律？理清这些问题对于政府针对脱贫地区与家庭就业帮扶、可持续生计能力与内生发展动力提升等政策的制定具有重要的意义。

第二节　相关文献梳理

对家庭生计策略的选择分析必然涉及"生计"的含义，当前学术界普遍接受与认可 Chambers（1992）对"生计"的定义：生计是个人或家庭谋生的手段，该种手段建立在资产、能力和活动基础上。而生计策略是指个人或家庭为了实现生存和发展，对自身拥有的生计资本进行组合和使用，生计策略的选择依赖于生计资本的状况，不同的生计资本组合、不同的资产状况使生计策略具有多样性。生计策略可被看成家庭抵御外部风险和维持生计能力的手段，是人们利用生计资本实现生计目标、达成脱贫致富的中介。结合生计资本禀赋和外部生计风险，农村家庭会对其拥有的各类资源进行多元化配置与整合，选择不同生计策略以最大化利益或最小化风险，生计策略的选择直接决定了家庭实现收入、安全和福利的可能性（李小云 等，2007；孙晗霖 等，2020）。

生计资本禀赋是家庭生计策略选择的基础，决定了生计策略的收益性和合理性（宁泽逵，2017）。因此，欲分析家庭生计策略选择情况，首先要明晰家庭生计资本禀赋状况。在国内外有关生计资本的研究中，最具代表性、应用最广泛的是英国国际发展署（DFID）的可持续性生计分析框架，该框架将生计资本分为人力资本、社会资本、自然资本、物质资本和金融资本五种类型（孙晗霖 等，2020）。

五类可持续性生计资本对于家庭生计策略选择及实现可持续生计十分重要。在人力资本方面，舒尔茨认为"当代高收入国家的财富主要依赖人的能力"，其在《改造传统农业》中指出，贫穷国家之所以贫穷，最重要的是因为没有把更多的资本"用来增加人力投资"，正是由于"人的能力没有与物质资本保持齐头并进"，从而才使人的存在本身变成了"经济增长的限制因素"（舒尔茨，1983、1990）。加尔布雷斯在《丰裕的社会》一书中指出，现代经济活动需要大量受过训练的人，对人的投资和对物质资本的投资同样重要，改善资本或者技术进步几乎完全取决于对教育和科学的投资。没有对人的投资，物质投资虽也能使产量增加，但这种增长是有限的（王明杰，2006）。大量的实证研究表明，人力资本是影响和制约县域经济增长的核心因素（杨立雄，2016）。家庭人力资本存量扩大有利于农户收入的增加、农业技术的进步、地区经济的发展和农民生活水平的提高（金晓彤，2015）。对个人而言，人力资本是提高收入的关键，教育和培训是构成人力资本投资的核心内容，借助教育、培训等手段，使劳动者尤其是文化程度较低者获得有关知识和掌握相关技能，是提高劳动者素质，防止其返贫最重要、最有效的途径之一（余少祥，2020）。一个人的收入与受教育程度具有非常强的关联性，受过高等教育的劳动者一生的平均收入要高于文盲或受教育程度较低的劳动者一生的平均的收入（徐淑红，2016）。我国民族地区人力资本投资普遍偏低，导致其人力资本水平不高，影响人们增加收入能力的提高（杜明义，2013）。

在社会资本层面，斯蒂格利茨（2003）将社会资本视为非正式制度，认为它在经济增长中有重要作用。从经济个体看，社会资本有利于更好地资源配置；从经济总量看，社会资本有利于经济增长和发展（谭崇台，2004）。社会资本是一种非市场力量，对于特别穷的群体来说更加重要，社会资本能显著提高农户收入，增进人与人之间的相互信任、合作和交流（张爽 等，2007；冯霞 等，2019；王肖婧，2019）。家庭直接通过社会资本所拥有以及使用的社会网络获取有用的信息、资源以及机会，从而直接或间接影响家庭生计策略与收入水平。

在自然资本方面，恶劣的气候环境会直接或间接引发贫困，自然灾害与贫困具有重合性和一致性（张大维，2011）。生态环境脆弱也是导致贫困的主要因素，生态问题解决不好，发展难以为继，据统计，95%的贫困人口和大多数贫困地区分布在生态环境脆弱、敏感和重点保护的地区（程冠军，2017）。地理位置对贫困的影响也很大，许多最贫穷的国家为高昂的交通成本所困。被陆地包围的多山地区面临着扼杀几乎所有现代经济活动的高昂交通成本，以及经济上与世隔绝的状态、交通落后、道路不畅，是制约贫困地区发展、贫困人口增收的主要瓶颈（萨克斯，2007）。

在物质资本与金融资本方面，研究发现，家庭生产性用地与生产性固定资产对农户收入及收入不平等有正向影响。张世伟等（2007）对吉林省农户抽样调查数据进行回归分解，研究发现耕地对农村内部收入不平等的增加有显著影响，且其解释能力超过50%。赵晓锋等（2012）研究发现，与增加生产性资产相比，扩大土地经营面积对农户家庭收入的作用更加显著。现金已被证实是一种有效的援助方式，能够以更快的速度和更低的成本帮助他们（安妮·罗瑞，2019）。

综上可见，既有文献从一类或几类资本的视角研究了资本在地区经济增长和家庭收入增加等方面的作用；然而，目前比较系统地分析人力、社会、自然、物质与金融资本之间的关系及其在家庭发展过程中如何影响生计策略选择的文献十分匮乏。生计策略是衔接生计资本禀赋和可持续生计及内生发展的媒介，家庭基于现有生计资本禀赋，选择不同的生计策略，产生的生计结果也将具有差异性（孙晗霖 等，2019）。因此，对于家庭发展而言，生计策略的选择非常重要。而且，上述资本对家庭生计策略的选择及可持续生计及内生发展的作用机制不应杂乱无章，而应该在一个架构中有序运行，发挥各自比较优势。

第三节　生计策略选择的理论逻辑

（一）基于比较优势的分析

新结构经济学认为，随着一个国家要素禀赋结构的改变，其比较优势也是变化的，从而就会出现符合变化了的比较优势的新产业。一个国家的资源禀赋决定了其比较优势，进而决定了其企业自生能力和经济发展质量（林毅夫，2018）。家庭作为国家经济社会发展的重要组成部分，其在生计策略选择上，是否也遵循了"基于禀赋结构的比较优势"原则，尤其是处于巩固脱贫攻坚与乡村振兴过渡时期的重点关注对象的脱贫家庭在选择生计策略时，是否也基于家庭禀赋结构，遵循了比较优势原则？

比较优势又称相对优势，最早用于对国际贸易现象的解释，是指各国在土地、劳动力、资本、技术乃至于制度等有形和无形的资源禀赋上存在着相对差异，从而使一个国家在某类产品的生产上具有生产率的相对优势。也可以认为，如果一个国家在本国生产一种产品的机会成本低于在其他国家生产该种产品的机会成本的话，则这个国家在生产该种产品上就拥有比较优势（陈立敏，2006）。瑞典经济学家赫克歇尔和俄林基于亚当·斯密的绝对优势理论和大卫·李嘉图的比较优势理论，进一步提出要素禀赋理论。要素禀赋结构是指一个经济中自然资源、劳动力和资本的相对份额。各个国家的要素禀赋存在差异，有的劳动力资源丰富，有的自然资源丰富，有的资本资源丰富；各个国家分工生产，使用本国最丰富的生产要素产品（徐元国，2003；钱枫林，2005；马刚，2006）。李嘉图与赫克歇尔和俄林的比较优势通常是外生比较优势，而杨小凯认为，通过专业化、分工、报酬递增、学习效应、交易效率的提高等可以创造并培植出内生比较优势（王元颖，2005），在李嘉图与俄林的理论中，已指出的外生比较优势来源有劳动力、资本、自然资源等，而人力资本是内生比较优势的来源（徐元国，2004）。

贝克尔认为家庭不仅是一个消费单位，更重要的是一个生产单位（郭砚莉，2007）。基于家庭视角而言，比较优势又将如何发挥作用？本书认为，对于家庭而言，比较优势存在两种可能，一种是绝对比较优势，即家庭每种或某种生计资本禀赋优于其他家庭，从而更易选择其愿意的生计策略；另外一种是相对比较优势，即家庭生计资本禀赋均不及其他家庭，但在本家庭多类生计资本禀赋中，家庭选择最丰富的生计资本用于生计策略。家庭基于自身生计资本结构来确定比较优势，进而选择生计策略，不同于企业的"原材料→生产加工→产品"生产模式，家庭的生产模式为"生计资本→生计策略→获得收入的机会"，家庭的"产品"即为"获得收入的机会"。家庭或许使用具有比较优势的生计资本选择生计策略，以生计策略创造的收入来弥补或改善不具备比较优势的生计资本，从而追求全面发展。

一般而言，家庭生产某类生计资本的成本与该类资本产生的预期收益之比和使用该类资本来选择生计策略的概率呈反向关系，即成本/收益越高，使用某类资本来选择生计策略的概率越小；反之亦然。而家庭拥有某类资本的数量与使用该类资本选择生计策略的概率呈正相关关系，但到达一定程度可能会出现"背弯"现象，主要原因可能在于使用该类资本时，会受到劳动力数量、精力、享受闲暇等因素的影响（见图6-1）。

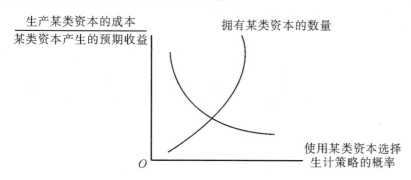

图6-1　生计资本与生计策略的关系

（二）生计资本框架的拓展

文化是人类在历史上所创造的生存式样的系统，文化已渗透到社会的所有领域（朱伟珏，2007），人类依靠文化而得到生存和生活（费孝通，2013）。经济发展是一个文化过程，文化价值观和态度可以阻碍其进步，也可以促进其进步，对一个社会的成功起决定作用的是文化，奥兰多·帕特森在《整合的磨难》一书中写道："当我们力求理解为什么存在着技能差距、能力差距和工资差距，以及为什么数以百万计的非洲裔美国人陷入病态心理的社会深渊时，一定可以从文化中找到答案。"（塞缪尔·亨廷顿，2010）研究发现，资本与人类的精神状态有关，资本扩张入侵人格、精神与身份领域，就催生了"文化资本"。文化资本就是资本积累"采取了我们称之为文化、教育、修养的形式"（布迪厄，1997）。文化资本泛指任何与文化及文化活动有关的有形或无形资产。文化资本在日常生活中和金钱及物质财富等经济资本具有相同的功能（朱伟珏，2007）。部分民族地区由于自然环境、历史发展等原因，形成了"轻今生、重来世""等靠要"等不利于资本积累的文化特征，左亭等（2019）认为，在减贫与发展实践中纳入文化视角，可以帮助贫困人口树立发展自信，重塑发展文化和探寻新的发展路径。

考虑到文化在人类社会中的重要作用，本书认为在分析家庭可持续生计与内生发展的资本培育时，有必要将文化资本与人力资本、社会资本、物质资本、金融资本、自然资本一起纳入分析框架。

一般而言，家庭生计资本禀赋能否顺利生成获得生计策略的机会，除与自身禀赋状况有关外，还与竞争者（其他家庭）、市场需求状况、交通等基础设施密切相关。部分家庭未能获得可持续生计与内生发展的主要原因并非生计资本禀赋薄弱，而是因为市场需求有限或交通等基础设施配套较差，使得生计资本难以转化为生计策略。

发挥生计资本比较优势的影响因素见图 6-2。

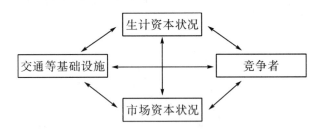

图 6-2　发挥生计资本比较优势的影响因素

第四节　基于比较优势的生计策略选择的经验数据

剖析脱贫家庭生计策略选择的前提是量化生计资本这一禀赋基础。本书基于引入了文化资本的生计资本框架，从人力资本、社会资本、物质资本、金融资本、自然资本与文化资本六个层面进行测度。测度数据来自课题组 2019 年8—12 月在四川省、云南省、广西壮族自治区、重庆市少数民族聚居的 12 个经济欠发达县（原国家扶贫开发工作重点县）分层抽样调研的 746 户农村脱贫家庭问卷。

（一）生计资本的测度

结合既有研究成果和实际调研情况，在人力资本层面，考虑到调研地为民族欠发达地区，农村家庭财富的获得多是依靠体力或简单技能，因此，劳动力的数量对于家庭发展十分重要，有必要引入劳动力数量（刘春芳 等，2017）；受教育程度、劳动力健康状况对农村家庭至关重要，尤其是最主要劳动力的健康状况[①]（伍艳，2016；孙晗霖 等，2020）。此外，慢性疾病情况也会影响人力资本水平，进而影响其可持续生计与内生发展能力，有必要将其纳入分析。在社会资本层面，以血缘和地缘为主线构建起的中国农村，农民缺少获得其他资本的优势，社会资本是他们可以获得的最丰富的、最便宜的资本，家庭成员处理人际关系的能力、亲朋好友的任职情况、亲朋好友的数量（袁梁，2017；孙晗霖 等，2020）均会影响其社会资本的获得，因此，有必要将其纳入分析来测度社会资本；在物质资本层面，常以固定资产——住房与土地来衡量，本书以住房面积（赵雪雁，2011；伍艳，2016）、土地面积来测度。在金融资本层面，既有文献大多以收入水平进行测度，考虑到民族欠发达地区退耕还林（草）、高原补贴等情况，有必要用政府的转移支付（袁梁，2017；孙晗霖 等，2020）和家庭年净收入（剔除政府转移支付）进行测度。在自然资本层面，结合调研地区自然条件情况，如自然灾害频发、山多地岖导致的交通不便、矿产资源比较丰富等，以自然灾害、市场距离和矿产资源情况来测度自然资本存量。在文化资本层面，"等靠要式的懒惰思想""因循守旧，对新事物、新技术的不愿接受甚至排斥"等传统想法是导致家庭难以实现可持续生计和内生发展的重大心理阻碍，十分有必要将其纳入分析框架，因此，以"吃苦耐劳的品质"和"对新事物、新技术的接受态度"两个指标来测度。确定了每类资本的二级测度指标后，考虑到每项指标对家庭的重要程度存在差异，因此，有必要进行权重赋值。

本书使用了优序图法、AHP 方法、商权 TOPSIS 方法、CRITIC 方法、独立性方法、信息量方法对各项二级指标进行权重赋予，在结合实际调研情况、既有文献研究和六类方法计算权重的结果的基础上，发现使用优序图法的权重计算结果更适于本书[②]。相比其他方法，优序图法更易理解、操作简便、结果可信度也较高（卢璐，2018）。运用优序图法计算权重时，首先需要构建优序图权重表。优序图权重表构建方式为：计算出各分析项（指标）的平均值，接

[①] 这里最主要劳动力是指在家庭中年收入最多的那个劳动力。

[②] 如果读者对其他方法的权重计算过程及结果感兴趣，可以向课题组索取。

着对平均值大小进行两两对比；平均值更大时计为1分，更小时计为0分，平均值完全相等时计为0.5分；平均值越大意味着重要性越高，权重也会越高。完成优序图权重计算表后，结合优序图权重计算表，针对每行数据求和，得到指标得分，针对指标得分进行归一化处理，最终得到权重值。根据指标得分计算各分析项（指标）重要性权重的计算公式为

$$W_i = \frac{A_i}{\sum\limits_{i=1}^{16} A_i} \qquad (6-1)$$

上式中，W_i是每项指标的权重，A_i是每项指标得分，i为用于分析的指标数量。表6-1是六类资本16项二级指标的定义、均值与优序图法计算的权重情况。为强化对比，本书也将调研时540户仍未脱贫家庭的生计资本情况进行了统计[1]。统计显示，在劳动力数量、受教育年限、亲朋任职、自然灾害、市场距离指数上，脱贫家庭的指标均值低于低收入家庭，脱贫家庭其他11项指标的均值均高于低收入家庭。因为16项指标的数值很难在短时间内改变，因此，指标均值基本表明，脱贫家庭得益于优于低收入家庭的生计资本，率先实现脱贫，同时也说明了生计资本禀赋对于家庭可持续生计和内生发展能力的重要性。

表6-1　指标定义及权重

生计资本	二级指标	指标定义	指标均值		权重：优序图法	
			脱贫家庭	低收入家庭	脱贫家庭	低收入家庭
人力资本	劳动力数量	家庭劳动力总数量	2.758	2.771	0.043 0	0.052 5
	受教育年限	受访者和配偶受教育年限之和	10.292	11.904	0.105 5	0.095 7
	健康状况	家庭最主要劳动力的健康状况，主观赋值题，1~5分，分值越高，表明越健康	3.650	3.480	0.074 2	0.077 2
	慢性疾病	家庭成员患有慢性疾病赋值为1，否则为0	0.445	0.305	0.019 5	0.027 8

————————————

① 课题组共调研1 286户家庭，调研时脱贫家庭746户，未脱贫家庭540户。书中将2019年调研时，未脱贫家庭统一称为"低收入家庭"。

表6-1（续）

生计资本	二级指标	指标定义	指标均值		权重：优序图法	
			脱贫家庭	低收入家庭	脱贫家庭	低收入家庭
社会资本	交际能力	家庭成员处理人际关系能力，主观赋值题，1~5分，分值越高，表明能力越强	3.835	3.429	0.089 8	0.071 0
	亲朋任职	关系紧密的亲朋好友为村干部、医生、教师、公务员（含领导干部）或企事业单位领导赋值为1，否则为0	0.197	0.301	0.003 9	0.015 4
	亲朋数量	关系紧密的亲朋好友数量	15.124	12.225	0.113 3	0.101 9
物质资本	土地面积	家庭耕种的土地总面积（亩①，包含耕地、林地、草地）	14.621	13.239	0.121 1	0.108 0
	住房面积	家庭房屋（含院落）总面积（平方米），取对数	4.773	4.710	0.097 7	0.089 5
金融资本	转移支付	来自政府的年度转移支付，如贫困补助、退耕还林还草补贴、高原补贴等（万元）	1.293	0.914	0.035 2	0.009 3
	年净收入	不包含转移支付的家庭年收入减去总支出（万元）	1.342	0.827	0.050 8	0.003 1
自然资本	自然灾害	最近一年，家庭附近发生自然灾害赋值1，否则为0	0.545	0.672	0.027 3	0.040 1
	市场距离	家庭距最近一个县城的距离（千米），取对数	2.815	3.026	0.058 6	0.046 3
	矿产资源	村子及附近有矿产资源，赋值为1，否则为0	0.211	0.181	0.011 7	0.034 0
文化资本	吃苦耐劳	家庭成员吃苦耐劳的品质，主观赋值题，1~5分，分值越高，表明品质越强	3.762	3.622	0.082 0	0.064 8
	接受态度	家庭成员对待新事物、新技术的态度及接受速度，主观赋值题，1~5分，分值越高，表明对新事物的认可及接受能力越强	3.076	3.067	0.066 4	0.021 6

得到六类资本二级指标权重 W_{ih}（$i=1$，$\cdots$，6，$h=1$，$\cdots$，4）后，假设样本家庭每项指标数值为 X_{ik}（$i=1$，$\cdots$，6，$k=1$，$\cdots$，746），则加权后的指标数值为 $Z_k = W_{ih} \times X_{ik}$，则六类资本的总和值为 $\sum_{h=1}^{4} Z_k$，计算结果如表6-2所示。可以看出，脱贫家庭的总资本为18.886，比低收入家庭高出约3.6个单位。具体来看，除人力资本外，脱贫家庭的其他五类资本水平均高于低收入家庭。尤

---

① 1亩≈666.67平方米，下同。

其是在短期内难以积累的社会资本、自然资本与文化资本方面，脱贫家庭的这三类资本水平均高于低收入家庭，表明生计资本禀赋对于家庭摆脱贫困具有积极作用。

表6-2 六类生计资本基本情况

资本类别	均值	
	脱贫家庭	低收入家庭
人力资本	1.465	1.546
社会资本	2.060	1.492
物质资本	14.910	12.886
金融资本	0.115	0.088
自然资本	−0.177	−0.215
文化资本	0.513	0.481
总资本量	18.886	15.284

（二）生计资本与生计策略

收入渠道不仅与脱贫家庭生计策略选择密切相关，还关系家庭未来是否返贫。以家庭"是否有稳定的收入渠道"为分组变量，统计发现，无论是脱贫家庭，还是低收入家庭，有稳定收入渠道的家庭总生计资本指数均要高于无稳定收入渠道家庭（见图6-3）。可见，生计资本对收入渠道的稳定性具有重要作用。

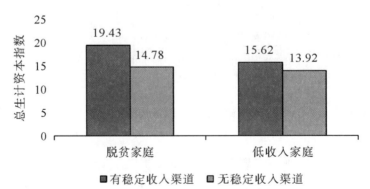

图6-3 总生计资本指数与收入渠道

为进一步分析生计资本对脱贫家庭收入渠道的影响，构建以下二元 Logit 模型，基本方程如下：

$$\text{Wenqu}_i = 1(\alpha_1 \text{Ren}_i + \alpha_2 \text{Shehui}_i + \alpha_3 \text{Wuzhi}_i +$$
$$\alpha_4 \text{Jin}_i + \alpha_5 \text{Ziran}_i + \alpha_6 \text{Wenhua}_i + \mu_i > 0)$$

上式中，Wenqu_i 为二元因变量"收入渠道"，当括号内表达式成立时，Wenqu_i $=1$，表示家庭 i 有稳定的收入渠道，否则为 0。Ren_i 表示脱贫家庭人力资本存量指数，Shehui_i 表示社会资本存量指数，Wuzhi_i 表示物质资本存量指数，Jin_i 表示金融资本存量指数，Ziran_i 表示自然资本存量指数，Wenhua_i 表示文化资本存量指数；$\alpha_1 \sim \alpha_6$ 是分别表示六类资本对收入渠道的影响系数，μ_i 为误差项，服从逻辑分布。

回归分析显示，人力资本指数、自然资本指数与文化资本指数越高，家庭拥有稳定收入渠道的可能性越大，尽管这一影响并不显著。社会资本指数、物质资本指数、金融资本指数对收入渠道的边际效应均在 1% 的统计水平上显著，具体来看，三类资本指数每提高一个单位，家庭拥有稳定收入渠道的边际效应分别提高 5.8 个百分点、0.5 个百分点与 13.8 个百分点（见表 6-3）。

表 6-3　生计资本对收入渠道稳定性对影响

变量	系数	变量	系数
人力资本	0.010 (0.680)	金融资本	0.138 *** (3.760)
社会资本	0.058 *** (3.950)	自然资本	0.303 (1.330)
物质资本	0.005 *** (2.750)	文化资本	0.145 (1.010)

注：表中样本量为 746 户脱贫家庭，系数表示平均边际效应，括号内为 Z 值，拟 R^2 为 0.097，*** 表示在 1% 的统计水平显著。

从收入渠道的类型，也即生计策略的选择来看，脱贫家庭生计策略主要集中在农业生产经营就业与非农业渠道就业两个方面，整体来看，以农业生产经营为第一生计策略的家庭占比为 24%，以非农业渠道为第一生计策略的家庭占比为 71%，以政府转移支付为第一生计策略的家庭占比为 5%[①]。

从总生计资本指数来看，以总生计资本均值将家庭总资本分为高水平与低水平两组。统计显示，高水平总生计资本家庭中，75.0% 的家庭选择以非农就业作为第一生计策略，22.1% 的家庭将农业生产经营作为第一生计策略；而在低水平总生计资本家庭中，66.0% 的家庭选择非农就业作为第一生计策略，

———————

① 这里第一生计策略是指给家庭创造最高收入的就业渠道。

24.3%的家庭将农业生产经营作为第一生计策略。以非农就业比例来比较,高水平组家庭比低水平组家庭高出 9.0 个百分点;以农业生产经营比例来看,低水平组家庭比高水平组家庭高出 2.2 个百分点①。现实表明,非农就业收入水平往往高于农业生产经营。因此,在遵循比较优势原则的条件下,高水平总生计资本存量家庭更倾向于选择非农就业作为第一生计策略,而低水平总生计资本存量家庭更倾向于选择农业就业作为第一生计策略。当然,以总生计资本来验证家庭是否按照比较优势原则来选择生计策略尚不足够。因此,我们有必要按照六类资本分类进行说明。按照比较优势内涵,总生计资本可以分为一类资本、两类资本和多类资本(三类及以上)情形②。

1. 一类资本情形下的比较优势

首先,只考虑一类资本情形时,按照各类资本指数均值分为高资本指数组与低资本指数组。统计发现,只考虑人力资本时,尽管高水平人力资本指数组的家庭与低水平人力资本组家庭的占比最高的第一生计策略均为非农就业,但是前者比后者高出 22.8 个百分点;而在农业就业方面,后者比前者高出 13.6个百分点,即在只考虑拥有人力资本一类生计资本时,低水平人力资本家庭遵循了比较优势原则,因此,选择对人力资本要求并不算高的农业生产经营的家庭占比更高。只考虑家庭拥有社会资本时,低水平资本组中有 74.9%的家庭选择非农就业策略,高水平资本组中有 67.3%的家庭选择非农就业,比前者低7.6 个百分点,而在农业生产经营策略上,高资本组家庭则发挥比较优势原则,有 27%的家庭选择了农业生产经营,比低资本组家庭高出 8.6 个百分点。只考虑拥有物质资本时,尽管高中资本组家庭在非农就业和农业就业的比例均高于低水平资本组,但在农业就业方面差距很小。只考虑金融资本时,高水平资本组家庭在非农就业上的比例比低水平资本组高出 19 个百分点;而在农业就业方面,低资本组则比前者高出 11.4 个百分点。只考虑自然资本时,高水平资本组家庭在非农就业上的比例比低水平资本组高出 15.4 个百分点。而在农业就业方面,低水平资本组则比前者高出 12.4 个百分点。只考虑文化资本时,高水平资本组家庭在非农就业上的比例比低水平资本组低 9.8 个百分点;而在农业就业方面,比低水平资本组高出 3.2 个百分点。整体来看,除只考虑物质资本时,高水平资本组家庭的生计策略比例均高于低水平资本组家庭外,

---

① 非农就业比例与农业就业比例之和不是 100%的原因在于,样本中还有少部分家庭的最大收入来源渠道是政府的转移支付,这里不再列出。而且,低水平总生计资本组得到政府转移支付的家庭占比高于高水平总生计资本组。

② 鉴于篇幅关系,文中不再展示多类资本情形。

其他五类资本情形下，在非农就业与农业就业生计策略选择上，两组家庭出现了此消彼长的特征，说明脱贫家庭基于生计资本禀赋，按照比较优势的原则来选择生计策略（见表6-4）。

表6-4　只考虑一类资本时的生计策略选择　　　　　单位:%

资本类型	高水平资本组生计策略		低水平资本组生计策略		比较优势	
	非农就业	农业就业	非农就业	农业就业	高、低水平资本组非农就业比例差值	高、低水平资本组农业就业比例差值
总资本	75.0	22.1	66.0	24.3	9.0	-2.2
人力资本	82.3	16.2	59.5	29.8	22.8	-13.6
社会资本	67.3	27.0	74.9	18.4	-7.6	8.6
物质资本	74.8	23.7	67.3	22.4	7.5	1.3
金融资本	79.8	18.1	60.8	29.5	19.0	-11.4
自然资本	78.5	17.0	63.1	29.4	15.4	-12.4
文化资本	63.5	25.6	73.3	22.4	-9.8	3.2

2. 两类资本情形下的比较优势

将六类资本按照两类资本指数分为高、低水平两组，在不考虑高高、低低组合的情况下，可分为28组①。其中，两组为一对比组，如，第1组与第2组为"低水平人力资本和高水平社会资本、高水平人力资本和低水平社会资本"比较组，统计显示，高水平人力资本、低水平社会资本的家庭中，选择非农就业作为第一生计策略的比例要远高于低水平人力资本、高水平社会资本组；尽管后者选择非农就业的家庭占比最高，但选择农业就业作为第一生计策略的家庭占比要远高于前者，说明两组资本禀赋不同的家庭，遵循比较优势原则进行了生计策略选择。高水平人力资本、低水平社会资本的家庭更倾向于非农就业，高水平社会资本、低水平人力资本的家庭在农业就业方面的比例则出现显著上升。第3组与第4组是考虑人力资本与物质资本时的组合统计，结果显示，尽管非农就业依然是两组家庭的第一生计策略，但第4组高水平人力资

---

① 这里不考虑两类资本均为高水平或低水平时的情况，主要是因为利用比较优势进行就业策略的选择十分明显。

本、低水平物质资本的家庭选择非农就业的比例要远高于第3组低水平人力资本、高水平物质资本，而第3组选择农业就业的家庭比例要显著高于第4组。人力资本与其他五类资本组合的其他组别，基本沿袭了这一特征，即高水平人力资本家庭更愿意选择非农就业，低水平人力资本家庭更愿意选择农业就业。

第11~18组为社会资本与其他四类资本的组合模式，统计显示，无论其他四类资本存量如何，高水平社会资本组家庭选择农业就业的比例要高于低水平社会资本组家庭，这一特征与第1组、第2组人力资本和社会资本组合时的生计策略选择结果保持一致。第19~22组为金融资本与自然资本、文化资本的组合模式，统计显示，高水平金融资本组家庭选择非农就业的比例要高于低水平金融资本组家庭。第23组~24组为物质资本与自然资本的组合状态，与低水平物质资本、高水平自然资本组相比，高水平物质资本、低水平自然资本组家庭选择农业就业的比例更高，选择非农就业的比例更低，这与第3组，物质资本与人力资本组合时的结论一致。尽管与第11组物质资本和社会资本组合时的生计策略选择不同，但也正好说明了，家庭正是基于不同的资本禀赋组合而运用比较优势来选择生计策略。第25~26组为物质资本与文化资本的组合状态，与低水平物质资本、高水平文化资本组相比，高水平物质资本和低水平文化资本组的家庭选择非农就业的比例更高，而前者选择农业就业的比例更高。第27~28组为自然资本与文化资本的组合状态，与低水平自然资本、高水平文化资本组相比，高水平自然资本、低水平文化资本组的家庭选择非农就业的比例更高，而前者选择农业就业的比例更高（见表6-5）。

表6-5 考虑两类资本时的生计策略选择　　　　单位:%

生计策略	1组 低水平人力资本，高水平社会资本	2组 高水平人力资本，低水平社会资本	1~2组比例差值	3组 低水平人力资本，高水平物质资本	4组 高水平人力资本，低水平物质资本	3~4组比例差值	5组 低水平人力资本，高水平金融资本	6组 高水平人力资本，低水平金融资本	5~6组比例差值
非农就业	54.3	83.0	-28.7	67.5	84.6	-17.1	71.9	76.2	-4.3
农业就业	36.2	15.0	21.2	29.3	12.6	16.7	24.1	20.3	3.8

生计策略	7组 低水平人力资本，高水平自然资本	8组 高水平人力资本，低水平自然资本	7~8组比例差值	9组 低水平人力资本，高水平文化资本	10组 高水平人力资本，低水平文化资本	9~10组比例差值	11组 低水平社会资本，高水平物质资本	12组 高水平社会资本，低水平物质资本	11~12组比例差值
非农就业	65.7	75.3	-9.6	53.8	82.8	-29.0	79.9	63.2	16.7
农业就业	24.6	22.0	2.6	29.2	15.5	13.7	17.9	25.4	-7.5

表6-5(续)

生计策略	13组 低水平社会资本,高水平金融资本	14组 高水平社会资本,低水平金融资本	13~14组比例差值	15组 低水平社会资本,高水平自然资本	16组 高水平社会资本,低水平自然资本	15~16组比例差值	17组 低水平社会资本,高水平文化资本	18组 高水平社会资本,低水平文化资本	17~18组比例差值
非农就业	84.7	57.6	27.1	81.1	62.1	19.0	66.7	69.1	-2.4
农业就业	14.3	33.7	-19.4	14.0	30.5	-16.5	20.6	26.3	-5.7
生计策略	19组 低水平金融资本,高水平自然资本	20组 高水平金融资本,低水平自然资本	19~20组比例差值	21组 低水平金融资本,高水平文化资本	22组 高水平金融资本,低水平文化资本	21~22组比例差值	23组 低水平物质资本,高水平自然资本	24组 高水平物质资本,低水平自然资本	23~24组比例差值
非农就业	63.8	69.6	-5.8	56.6	82.0	-25.4	74.2	65.8	8.4
农业就业	25.8	25.4	0.4	28.3	16.6	11.7	17.7	31.1	-13.4
生计策略	25组 低水平物质资本,高水平文化资本	26组 高水平物质资本,低水平文化资本	25~26组比例差值	27组 低水平自然资本,高水平文化资本	28组 高水平自然资本,低水平文化资本	27~28组比例差值			
非农就业	54.8	75.2	-20.4	57.7	82.1	-24.4			
农业就业	26.0	23.4	2.6	28.9	14.8	14.1			

总体来看,在考虑家庭拥有两类资本禀赋组合的前提下,统计发现,家庭在权衡两类资本禀赋水平的基础上,总是会基于一类更有比较优势的资本禀赋进行生计策略选择,亦即可以看到进行比较的两组家庭选择生计策略的比例差值基本呈现一正一负的特征[①]。

(三) 进一步验证: 生计资本对生计策略的影响

为进一步验证生计资本对生计策略选择的影响,本书构建以下二元 Logit 模型,基本方程如下:

$$\text{Feinong}_i = 1(\beta_1 \text{Ren}_i + \beta_2 \text{Shehui}_i + \beta_3 \text{Wuzhi}_i + \beta_4 \text{Jin}_i + \beta_5 \text{Ziran}_i + \beta_6 \text{Wenhua}_i + \theta_i > 0) \tag{6-3}$$

上式中,Feinong_i 为二元因变量 "生计策略",括号内表达式成立时,$\text{Feinong}_i = 1$,表示第一生计策略为非农业就业;$\text{Feinong}_i = 0$,表示第一生计策略为农业就业。$\beta_1 \sim \beta_6$ 为六类资本对生计策略的边际效应,θ_i 为误差项,服从逻辑分布。

回归分析发现,人力资本、金融资本、自然资本对非农就业策略选择的边际效应分别为0.118、0.139 和 0.639,即人力资本、金融资本与自然资本水平

---

① 比例差值是前组比例值减去后组比例值的计算结果。

越高的家庭越倾向于在非农领域就业；而社会资本对非农就业策略的边际效应为-0.041，即社会资本水平越高的家庭越倾向于将农业生产经营作为第一生计策略；物质资本与文化资本对生计策略的边际效应为负，统计不显著（见表6-6）。

表6-6 生计资本对生计策略的影响

变量	系数	变量	系数
人力资本	0.118*** (5.460)	金融资本	0.139* (1.730)
社会资本	-0.041* (-1.690)	自然资本	0.639* (1.731)
物质资本	-0.001 (-0.870)	文化资本	-0.180 (-0.760)

注：表中样本量为739，系数为边际效应，括号内为 Z 值，拟 R^2 为0.061，**、*分别表示在1%、10%的统计水平显著。

（四）进一步分析：生计资本与未来返贫状况

脱贫家庭"未来是否返贫"是巩固拓展脱贫攻坚成果同乡村振兴有效衔接在过渡期内政府及学术界十分关心的问题。而生计资本作为家庭可持续生计与内生发展的基础，与其未来返贫的可能性应该存在一定联系，基于问卷中一道主观赋值题"您认为未来三年内，您家返贫的可能性？（请在1~10分范围内评分，返贫可能性越大，分值越高）"，分值在6~10分，则判定为脱贫家庭返贫的可能性较高，1~5分判定为脱贫家庭返贫的可能性较低，按照两个分数段将脱贫家庭分为高返贫家庭与低返贫家庭。统计发现，高返贫家庭的生计资本指标总值为13.877，而低返贫家庭为19.526。在六类资本方面，除人力资本与文化资本指数外，低返贫家庭在社会资本、物质资本、金融资本和自然资本指数上均显著高于高返贫家庭（见表6-7）。

表6-7 生计资本与未来返贫

返贫类型	生计资本指标总值	人力资本指标数值	社会资本指标数值	物质资本指标数值	金融资本指标数值	自然资本指标数值	文化资本指标数值
高返贫家庭	13.877	1.487	1.738	10.511	0.024	-0.207	0.521
低返贫家庭	19.526	1.462	2.095	15.403	0.125	-0.174	0.512

为进一步分析生计资本对未来返贫的影响，构建以下二元 Logit 模型，基本方程如下：

$$Fanpin_i = 1(\gamma_1 Ren_i + \gamma_2 Shehui_i + \gamma_3 Wuzhi_i + \gamma_4 Jin_i +$$
$$\gamma_5 Ziran_i + \gamma_6 Wenhua_i + \delta_i > 0) \tag{6-4}$$

上式中，$Fanpin_i$ 为二元因变量"返贫情况"，分值在 6~10 分，则认为脱贫家庭返贫的可能性较高，$Fanpin_i = 1$；分值在 1~5 分，则认为脱贫家庭返贫的可能性较低，$Fanpin_i = 0$。$\gamma_1 \sim \gamma_6$ 为六类资本对返贫的边际效应，δ_i 为误差项，服从逻辑分布。

回归分析发现，六类资本对未来返贫的边际效应均为负值，即资本水平越高，家庭未来返贫的可能性越低，且除文化资本在 5% 的统计水平显著外，其他五类资本均在 1% 的统计水平显著。可见，生计资本对家庭可持续生计和内生发展及抑制返贫的积极作用十分明显（见表 6-8）。

表 6-8　生计资本与未来返贫

变量	系数	变量	系数
人力资本	−0.032 *** (−2.590)	金融资本	−0.141 *** (−3.820)
社会资本	−0.039 *** (−2.940)	自然资本	−0.095 *** (−4.450)
物质资本	−0.010 *** (−3.900)	文化资本	−0.301 ** (−2.090)

注：表中样本量为 746，系数为边际效应，括号内为 Z 值，拟 R^2 为 0.175，*** 、** 分别表示在 1%、5% 的统计水平显著。

第五节　生计策略选择的内在机理:生计资本作用模式探讨

由前文分析可以发现，脱贫家庭基于生计资本禀赋，遵循比较优势原则来选择生计策略，生计资本是生计策略选择的前提，更是家庭可持续生计与内生发展的基础。然而，不同的生计资本在经济社会发展过程中发挥的作用不同，家庭与地区资源的有限性也决定了难以大规模全面推进对各类资本的培育，而且，某类资本的培育及使用过程必然影响其他资本或被其他资本影响。因此，有必要分析六类资本的功能及相互关系，理清其内在作用模式，在资源有限的条件下，重主轻次、有的放矢、逐步推进，直至每类资本的培育与使用达到预定目标。

（一）生计资本作用模式：三个层次的划分

六类资本在家庭实现可持续生计与内生发展能力培育过程中相互作用、相辅相成，发挥着重要作用，综合考量六类资本的作用大小、影响范围、培育难度，可以将其划分为三个层次：深层次的基础资本、潜层次的支撑资本与表层次的复合资本（见图6-4）。其中，人力资本与文化资本具有培育或生产耗费时间较长，一旦拥有不易改变的特性，因此，二者是深层次的基础资本，是其他四类资本开发与培育的基础，是家庭内生发展的源动力。社会资本作为人类社会本质属性的体现，既是人力资本与文化资本发展的衍生品，也是可以直接被加以使用创造物质资本与金融资本的工具；自然资本作为人力资本与文化资本直接影响的客观存在，可以被加以利用创造物质资本与金融资本。因此，社会资本与自然资本是潜层次的支撑资本，是家庭内生发展的助动力。物质资本与金融资本作为可以体现家庭生活质量的量化资本，是家庭生产生活追求的直接目标，受到前述四类资本的直接影响，同时也会反作用其他四类资本，且其存量较易判断和影响家庭发展进程与质量。因此，其是表层次的复合资本，是家庭内生发展的直接动力。

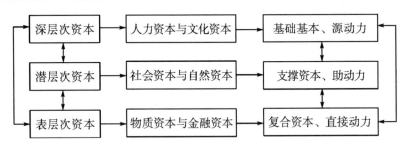

图6-4　六类生计资本的架构模式

（二）深层次的基础资本：人力资本与文化资本的功能

在六类资本中，作为凝聚了知识、经验、技术、健康等要素的人力资本最为重要，是其他五类资本发挥作用的根本基础。经济学家卢卡斯认为物质资本、社会资本、人力资本中，人力资本最为关键。人力资本对其他形式的资本具有支配和推动作用，人力资本的拥有是实现可持续生计的必要不充分条件，物质资本、金融资本等价值量的实现和创造必须通过人力资本的运作（孙晗霖 等，2020）。高梦滔、姚洋（2006）研究发现，人力资本相比于物质资本更加具有提高农户收入不平等程度的作用。美国国际发展总署的蒂莫西·马奥尼（2007）指出各种资本相辅相成，具有互补性，其他资本会影响人力资本的发展，人力资本具有活化、开发、培育其他资本的能动性，其具有的"替代效应"能弥补其他资本的不足。人的知识水平、能力等人力资本如果与实物资本不相称，"仅仅增加某些物质资源时，吸收资本的速度必然是低的"（舒尔茨，2006），只有拥有足够的人力资本，才能更好地利用自然资源，构建经济社会组织，推进国家发展。根据马克思的阐述，货币和物质资本在生产中只是一种介质，真正能产生和创造价值的是"凝结在生产中的无差别的人类劳动"（李迁，2009）。马歇尔（1964）认为"所有资本中最有价值的是对人本身的投资"。因此，人力资本居六类资本之首，对其他五类资本具有重要的能动作用，是深层次的、最重要的资本。

文化作为另一种深层次的资本，具有典型的民族性、继承性、发展性特征，对个体及群体、家庭及社区、民族与国家有着深刻的影响。文化手段迫力使得个人必须遵守法律与秩序，必须学习和服从社会的传统（马林诺夫斯基，1987）。在社会场当中，资本的积累，特别是文化资本的积累，往往决定了竞争的成败（徐望，2019）。长期定居、变化缓慢、相对封闭的农业社会往往会促成传统的性格导向，抗拒变化，产生以冷漠、保守、拒绝、抵制、反对为特征的抵御心理，致使其价值理念、思维方式、生活习惯与现代经济社会发展相脱节，甚至代代相传，这在落后地区更加明显。过去的扶贫实践也表明，尽管干部驻村、结对帮扶等精准政策成效显著，但部分地区少数弱势群体"等靠要"思想严重，得过且过的人生理念并不少见。上述文化因素对落后地区弱势群体的生产生活行为影响深远，一旦形成，很难改变，因此，属于对家庭及个体作用较大的深层次资本。

（三）潜层次的支撑资本：社会资本与自然资本的功能

弗兰西斯·福山从文化层面看待社会资本，其将社会资本的着重点放在价值观和准则或非正式规范上面，而价值观、非正式规范在深层次上都受到文化的影响，因此，经价值、准则或非正式规范的传递，文化就成了社会资本的深层决定性条件（杨月如，2006）。Coleman（1988）指出，微观和中观层面的社会资本可通过人力资本媒介起作用，即强调社会资本作为一种具有生产能力的公共资源能够对人力资本的代际传递产生影响。社会资本提高了投资于物质资本和人力资本的收益（Putnam，1993）。同时，人力资本也对社会资本的生产、扩大与丰富具有重要影响。高水平人力资本者更容易获取到新的社会资源、联系到更高地位的网络成员并扩大自己的网络范围，提高社会交往的深度与广度，深化所拥有的社会关系网络。家庭的人力资本可以通过社会经济组织等途径间接增加农业收入、减少非农收入，并在异质性社会网络的交互作用下促进非农化的发展，即二者呈现出互补关系（童宏保，2003；周晔馨，2013）。

人力资本和社会资本的互动关系是千丝万缕的，两种资本之间既可以互相转换，又可以辩证统一地从个体的地位获得中。人力资本是起决定性作用的内因与基础，而社会资本也是不可忽视的重要影响方面（侯祖戎，2010）。因此，社会资本作为潜层次资本，对人力资本与文化资本的培育和发展具有一定的辅助作用，可以进一步扩大人力资本与文化资本的影响。

自然资本是一个国家或地区的重要财富。习近平总书记强调，绿水青山既是自然财富，又是经济财富，要牢固树立绿水青山就是金山银山的理念。人类来源于自然，而又依赖于自然，良好的自然资本禀赋是推动经济增长的重要动力，是其他资本发展的基础和前提，尤其是直接对表层次的物质资本和金融资本产生作用，自然资本禀赋的多寡导致国家与地区之间的分工，分工影响产业发展，进而影响个体和家庭的物质资本与金融资本；而自然资本的开发利用又受到人力资本、文化资本及金融资本的直接影响，高质量高水平的人力资本有助于创新，提高生产率，从而更好地利用自然资本；文化资本直接影响人的生产行为与生活行为，"靠山吃山、靠水吃水"充分体现了文化资本对自然资本的作用，而"天人合一、道法自然"既是中国文化精髓的体现，又是文化资本与自然资本关系最好的说明。自然资本也会影响人力资本，Walker（2013）认为自然资本、低教育和低增长之间有着密切的联系，如果资源行业的劳动力比高技能劳动者的工资增加更多，则会降低当地居民投资教育的积极性；薄弱的自然资本地区的人力资本必然受到自然灾害等不利因素的负面作用影响。

（四）表层次的复合资本：物质资本与金融资本的功能

物质资本与金融资本作为家庭生活水平的直接体现和参与生产劳动的媒介及报酬形式，在一定程度上是其他四类资本作用成果的显现甚至是最终目标，是确定家庭和个人经济状况的决定性因素。这两类资本比较容易观察与测度，因此，是六类资本中的表层次资本。物质资本和金融资本与其他四类资本相互影响、相互作用，人力资本与文化资本决定了家庭和个人获取物质资本和金融资本的基本能力。大量研究表明，高水平的人力资本、良好的思维观念可以带来较高的收入，进而带来物质资本与金融资本的增加；后者也反过来作用于前者，物质资本与金融资本的数量与质量也影响着人力资本、文化资本与社会资本水平，影响着居民对自然资本的依赖程度。很难想象一贫如洗的家庭能够顺利培养出受过高等教育的子女，现实中往往是贫困家庭的子女因家庭收入低、读书无用论的观念等因素早早辍学打工，中断了正规教育这一重要人力资本的来源渠道；物质资本与自然资本密切相关，前者来源于后者，往往又成为改造后者的工具；社会资本在物质与金融资本的积累过程中同样发挥着重要作用，而后者反过来又会对前者产生影响。

（五）六类资本间的作用强度

需要指出的是六类资本之间的相互作用及在生计框架中的功能并非一成不变，而是会随着时间长短、空间范围、家庭状况、个体特点、区域实际等因素的变化发生变化，甚至相互转化。结合现实情况及六类资本两两之间的相关系数分析，若将相关系数值分为三个区间，最高区间定义为"强作用"、中间区间定义为"一般作用"、最低区间定义为"弱作用"，则六类资本两两之间的作用强度如表6-9所示。总体来看，人力资本与其他五类资本的关系强度为"强作用"和"一般作用"，没有"弱作用"的情况，基本可以表明人力资本在六类资本及家庭可持续生计及内生发展中的核心地位；金融资本与其他五类资本的作用强度有两个"强作用"、一个"一般作用"、两个"弱作用"，表明金融资本在六类资本及家庭可持续生计及内生发展中的重要地位；自然资本与物质资本和其他五类资本的作用强度为一个"强作用"、两个"一般作用"、两个"弱作用"；文化资本与其他五类资本的作用强度为一个"强作用"、一个"一般作用"、三个"弱作用"；社会资本与其他五类资本的作用强度为两个"一般作用"、三个"弱作用"。

表6-9　六类资本间的作用强度

资本关系		人力资本	文化资本	社会资本	自然资本	物质资本	金融资本
深层次基础资本	人力资本		强作用	一般作用	强作用	一般作用	强作用
	文化资本	强作用		弱作用	一般作用	弱作用	弱作用
潜层次支撑资本	社会资本	一般作用	弱作用		弱作用	一般作用	弱作用
	自然资本	强作用	一般作用	弱作用		弱作用	一般作用
表层次复合资本	物质资本	一般作用	弱作用	一般作用	弱作用		强作用
	金融资本	强作用	弱作用	弱作用	一般作用	强作用	

第六节　本章小结

本章使用优序图法测算了脱贫家庭的生计资本指数。指数均值表明，脱贫家庭得益于优于低收入家庭的生计资本，率先实现脱贫，同时也说明了生计资本禀赋对于家庭可持续生计和内生发展的重要性。分析发现，家庭基于生计资本禀赋选择生计策略时，基本遵循了比较优势原则。统计发现，无论是脱贫家庭，还是低收入家庭，有稳定收入渠道的家庭总生计资本指数均要高于无稳定收入渠道家庭；人力资本指数、自然资本指数与文化资本指数越高，家庭拥有稳定收入渠道的可能性越大；社会资本指数、物质资本指数、金融资本指数对收入渠道的边际效应均在1%的统计水平上显著，具体来看，三类资本指数每提高1个单位，家庭拥有稳定收入渠道的边际效应分别提高5.8个百分点、0.5个百分点与13.8个百分点。从收入渠道的类型，也即生计策略的选择来看，脱贫家庭生计策略主要集中在农业生产经营就业与非农业渠道就业两个方面。从总生计资本指数来看，以总生计资本均值将家庭总资本分为高水平与低水平两组，统计显示，高水平总资本家庭中，75.0%的家庭选择以非农就业作为第一生计策略，22.1%的家庭将农业生产经营作为第一生计策略；而在低水平总资本家庭中，66.0%的家庭选择非农就业作为第一生计策略，24.3%的家庭将农业生产经营作为第一生计策略。以非农就业比例来比较，高水平组家庭比低水平组家庭高出9.0个百分点，以农业生产经营比例来看，低水平组家庭比高水平组家庭高出2.2个百分点。现实表明，非农就业收入水平往往高于农业生产经营。因此，在遵循比较优势原则的条件下，高水平生计资本存量家庭更倾向于选择非农就业作为第一生计策略，而低水平资本存量家庭更倾向于选择农业就业作为第一生计策略。

回归分析发现，人力资本、金融资本、自然资本对非农就业策略选择的边际效应分别为0.118、0.139和0.639，即人力资本、金融资本与自然资本水平越高的家庭越倾向于在非农领域就业；而社会资本对非农就业策略的边际效应为-0.041，即社会资本水平越高的家庭越倾向于将农业生产经营作为第一生计策略；物质资本与文化资本对生计策略的边际效应为负，统计不显著。在未来返贫风险上，回归分析发现，六类资本对未来返贫的边际效应均为负值，即资本水平越高，家庭未来返贫的可能性越低，且除文化资本在5%的统计水平显著外，其他五类资本均在1%的统计水平显著。可见，生计资本对家庭可持续生计和内生发展及抑制返贫的积极作用十分明显。为更好地为政府及家庭在资本培育和使用方面提供一定理论支撑，本章还进一步分析了生计策略选择的内在机理，将不同类型的生计资本划分为三类层次，并探讨了其在架构中的各自功能及其之间的作用强度。

第七章 西部农村家庭创业的
财税支持体系

在对西部地区农村家庭创业的基本态势、基本缺陷分析的基础上，并基于前文关于人力资本、社会资本及其他因素对家庭创业的影响实证分析结果，本书认为构建西部农村家庭创业支持体系亟须完善西部农村家庭创业的财税支持体系。因此，本章从完善创业财税政策法规体系、构建财政支持融资担保体系、完善税费优惠政策体系、建立政府采购扶持机制与优化其他财税支持政策五个方面进行了论述。

第一节 完善创业财税政策法规体系

一、制定小微企业财税类政策法规

我国至今没有一部有关小微企业发展类的法律法规，而有关更加具体的小微企业财税类法律法规更是一片空白，只有 2002 年颁布的《中华人民共和国中小企业促进法》与小微企业有所关联，但时隔多年该部法律不仅不太适于目前小型企业的发展需要，更是无法应对互联网时代、大数据时代微型企业蓬勃发展的法律需求。而美国早在 20 世纪 50 年代就已经正式实施《小企业法》，迄今已相继出台了 20 多部与中小企业发展相关的法律；1963 年，日本制定了《日本中小企业促进法》，随后又相继出台了 50 多部与中小企业发展相关的专门法律。而当前我国首先应完善现有的法律法规，尤其是在财政补贴、政府采购、贷款援助、财政投融资、税收优惠、项目载体形式等方面强化改革，结合新时代经济社会发展现状，及时完善相关内容。其次，加快出台专门的小微企业发展相关法律法规，从小微企业界定、财税优惠、金融支持、融资支持、研发创新、产权保护、重组与破产等方面清晰规定与小微企业相关的，符合小微企业特色的法律法规。再次，建议制定符合小微企业的"小微企业税收优惠促进法"，针对企业所得税、增值税、城建税、教育费附加等常规税种与资源税、消费税、土地增值税等特殊税种制定详细的征收与减免标准。再其次，建议制定"小微企业财政支持促进法"，从创业初期、企业发展过程、企业破产与解散等几个关键时期对财政补贴、政府采购与贷款援助与财政投融资等方面重点对初创小微企业与发展中小微企业进行重点扶持。在财政补贴上，注重发挥政策性亏损补贴、就业补贴、技术创新与研发补贴、出口补贴在小微企业创业时期与发展时期的积极作用。在政府采购方面，在当前我国经济走势趋缓，出口放缓，内需亟待扩大的情况下，增加政府对国内产品的采购比重，尤其侧重对国民经济规模贡献较大和吸纳逾 2 亿就业人口的小微企业产品与服务的采购。在贷款援助与财政投融资方面，提高针对小微企业的政府优惠贷款额度，加强贷款贴息力度，在公正、公平的原则下，积极为小微企业提供信用担保。最后，应尽快制定扶持特殊人群创业的财税类法律法规，如，针对农村妇女、少数民族、复员军人、残疾人员创业的财税法律法规，突出针对上述几类人群的扶持法律法规的特点，加强扶持力度。尽快制定针对特殊地区小微企业创业与发展的法律法规体系，如中央政府与西部地方政府必须加快制定民族地区、边疆地区、革命老区、脱贫地区、乡村振兴重点帮扶地区及上述几类地区交叉与重合区域的小微企业创业与发展法律法规，通过强制性手段，加快扶持这些区域发展。

二、构建小微企业研创类法律体系

当前我国与研发和创新相关的法律体系有待进一步完善，首先，在现行法律中，仅有一部《中华人民共和国专利法》，虽历经数次重大修改，仍需要继续完善。一是完善针对"间接侵权"情形的条款补入；二是简化专利申请制度，以更方便专利申请人与专利权人；三是确立专利复审委员会的准司法机构的地位，提升专利权的权威性。其次，缺乏一部企业研发与创新类的法律，尤其是关于扶持小微企业研发与创新的法律。而美国为了促进中小企业的发展，早在 1982 年就通过了《小企业创新发展法》，1993 年又实施了"导向计划"，以加强对中小企业创新的引导。安沃·沙赫（Adwo Shahi）通过对加拿大企业研发投入的分析，发现研发税收抵免对研发投资具有明显的正效应，国库每放弃 1 美元的收入，就可以使得企业增加价值 1.8 美元的研发投资。因此，我国及西部地区亟待出台一部扶持与刺激小微企业研发和创新的法律法规，如出台"小微企业研发与创新财政支持促进法"，法律具有的固定性与强制性比"政策"更有力，可以降低相关部门领导个人喜好及政治周期带来的冲击。在法律设计上，特别要突出让小微企业有动力"愿意"和"敢于"进行研发与创新活动。一是要加强对小微企业研发与创新活动的财政补贴，在中央现有"科技型中小企业技术创新基金"的基础上，增加"小微企业技术研发与创新风险基金""科技型小微企业技术研发与创新风险基金"，并严格明确专项基金的使用和管理办法，积极引导创业投资基金、天使基金、种子基金投资小微企业研发与创新活动；西部地区省级政府亦应加快建立"小微企业技术研发与创新基金"，组建负责小微企业技术研发与创新的专门机构。二是在法律内容上，要体现政府为研发与创新失败的小微企业"托底"的决心，使得小微企业"敢于"研发与创新。三是进一步完善小微企业技术和组织研发创新激励制度机制，在研发创新之前要有相应激励，在取得一定成果后要有一定奖励，激励与奖励可以以物质或精神等形式体现，也可以是税收减免等形式。四是切实保障科技创新创业用地、用水、用电，鼓励生产研发、创意产业和生产性服务业项目建设。规范土地公开出让，严格土地转让管理，加强土地供后管理，调整完善地价体系。五是建议将"国家鼓励被授予专利权的单位实行产权激励"改为"要求被授予专利权的单位实行产权激励"，进一步强化激励力度，降低相关费用标准。

三、建立财税支持创业教育类法规

创业教育在培育潜在创业者与企业家、提升企业管理绩效、发现市场先机等方面具有举足轻重的作用，因此，必须予以重视和发展，建议尽快制定颁布"创新创业教育财税支持促进法"，重点从财政补贴、税费减免、税率优惠等方面扶持创业教育与培训，在现有教育法基础上进一步完善与创新创业相关的内容，大力构建完善的创业教育法律法规体系，将创业教育常态化。一是针对从事创业教育与培训的民间机构，可考虑依据培训人次、人群特点、培训质量、培训时间等指标确定财政补贴额度、税率优惠力度和税费减免额度，如定额依次扣减增值税、城市维护建设税、教育费附加、地方教育附加和企业所得税优惠等，且优惠年限尽量在3年以上。西部地区地方政府应高度重视高校创新创业教育活动的开展，坚持强基础、搭平台、重引导的原则，努力打造良好的创新创业教育环境，优化创新创业的制度和服务环境，营造鼓励创新创业的校园文化环境，着力构建全覆盖、分层次、有体系的高校创新创业教育体系；可以根据各地实际情况，逐渐发展政府引导、市场检验的民间创业教育与培训机构；少数民族地区应在发挥民族地区资源与产业特色的原则下，着重发展有助于开发利用区域特色资源的民族产业创业教育与培训体系。二是针对各级地方政府主办的创业教育与培训机构，鼓励地方政府实施免费教育与培训模式，可考虑以其他税收减免或财政直接拨款的方式来适度补偿地方政府因举办免费创业教育与培训发生的额外支出。三是鼓励大中院校及科研机构将创业教育与培训常态化，鼓励大中院校及科研机构与小微企业建立合作联盟，开展创业教育与培训，前者为小微企业提供理论支持，后者为前者提供实验场地与实习岗位；鼓励大中院校与科研机构实施创业教育与培训下乡、下社区；通过提升课时费用与教学补贴的途径鼓励和促使大中院校教师与学者开办创业教育与培训课程，尝试以创业教育与培训课程作为教学与科研考核指标的教学发展模式。四是鼓励有培训实力的国有企业和民营企业积极参与或举办常态化公益性培训，尤其向经济欠发达地区的低收入群体、失业人员、高校毕业生等特殊群体免费开放培训资源，对于实施培训的企业，可考虑在财税等方面给予优惠。

第二节　构建财政支持融资担保体系

一、完善小微企业融资担保体系

目前，全世界已有超过半数的国家和地区建立了中小企业融资担保体系。早在 20 世纪 30 年代，日本就成立了地方性的东京都中小企业信用保证协会，并在 20 世纪 50 年代成立全国性的日本中小企业信用保险公库和全国中小企业信用保证协会联合会，形成了中央与地方共担风险、担保与再担保（保险）相结合的全国性中小企业信用担保体系（黄真真，2006）。美国于 20 世纪 50 年代初开始建立以联邦政府中小企业管理局与美国进出口银行为主导的中小企业融资担保体系。随后，德国与加拿大分别于 1954 年和 1961 年开始建立中小企业融资担保体系。尽管，当前我国的中小企业融资担保体系的建设已经取得显著进步，对中小企业的发展也起到一定的促进作用，但发展水平依然较低，尤其是西部地区，不仅中小企业融资担保体系建设很不完善，有关小微企业的融资担保体系更是发展滞后。因此，必须加快完善小微企业融资担保体系。

第一，在国家层面，建议成立中央小微企业融资担保管理局，由中央财政统一拨款，负责小微企业融资担保事宜，指导地方政府小微企业融资担保工作；设立信用担保基金，由除小微企业融资担保管理局外的其他政府机构负责管理，如国家层面的国有投资公司、中央银行、国家市场监督管理总局等，严格规定基金用途、担保金额、担保条件；加快推进国家中小企业发展基金建设，尽快落地实施，适度降低基金准入门槛，广泛吸引社会资本加入基金计划，基金分配要向小微企业倾斜，简化基金使用申请程序，最大限度发挥基金扶持小微企业发展的作用。第二，在西部地区省级层面成立小微企业融资担保管理局，主要承担各省内部经济欠发达地区小微企业融资担保工作，主要由省级财政拨款支撑担保管理局日常运转，并逐步建立以财政资金、民间资本广泛参与的长期资本补充制度。第三，在经济较为发达地区，加快构建民营资本参与担保市场建设机制，鼓励民营资本进入担保市场，建设商业性担保机构，完善担保机构的准备金制度，建议尽快出台小微企业担保业务可享受税前计提风险准备金的政策；小微企业融资担保管理局主要负责担保市场经营政策的制定与监督管理的执行工作，为小微企业与商业担保机构服务，并扮演最后融资担保人的角色。第四，探索建立社区小微企业融资担保体系，以补充小微企业融资担保管理局与商业性担保机构的工作，重点为社区内潜在创业者和初创小微企业提供担保服务。第五，在小微企业融资担保管理局内部设立担保研究中心，负责对担保对象资信调查与评估工作，并逐步转移给第三方研究机构。

二、建设融资担保风险削弱机制

第一，西部地区各级政府积极建立或完善小微企业政策性融资担保基金机构，重点支持处于成长期的科技型、创新型、创业型、吸纳就业型、节能环保型和战略性新兴产业、现代服务业领域、"三农"领域和"四新"经济领域的中小微企业。加快构建由政府主导的商业性担保机构与银行等金融信贷机构、征信机构间的长效合作机制。在商业性担保机构与银行等信贷机构关系上，通过税收优惠、分红额度、财政补贴等方式鼓励并调动国有商业银行与民营银行参与小微企业融资担保的积极性，使其积极参与商业性担保机构对小微企业的担保业务，加快银行业改革步伐，建立分工明确的担保机构与银行等信贷机构良性互动机制。在商业性担保机构与征信机构间的关系上，加快推进民间专业征信机构建设，全面开展对小微企业融资担保机构的评级活动，探索建立小微企业评级制度。由政府主导尽快建立公益性的商业性担保机构信用信息与担保能力信息数据库，小微企业创新与成长能力指标信息数据库；同时，鼓励民间资本进入征信机构市场。在征信机构与银行等金融信贷机构间的关系上，鼓励双方建立长效信用评级信息交流机制，共享融资担保机构与小微企业信用评级信息。第二，西部地区省份要充分发挥奖补资金的激励作用，因地制宜通过直接补助、绩效奖励等方式，促进融资担保机构扩大小微企业融资担保业务特别是单户贷款 1 000 万元及以下的担保、首贷担保和中长期贷款担保业务规模，切实降低小微企业融资担保费率；完善现有担保风险准备金机制，建议政府以财政补贴、税收优惠、安排专项资金等手段适度补偿担保机构的风险损失，小微企业融资担保管理局应当肩负起最后担保风险人的角色。第三，在当前无形资产担保贷款、自然人担保、典当融资、综合授信、信用担保贷款、买房贷款等融资形式的基础上，进一步创新小微企业融资形式；进一步规范现有担保机构运营制度机制，严防担保企业违规从事高息融资、过桥垫资①及高风险项目投资等业务，加大对违规行为的惩处力度。建议中央财政通过中小企业发展专项资金，采用奖补结合的方式，扩大小微企业融资担保业务规模、降低小微企业融资担保费率。第四，地方政府应引导融资担保机构积极拓展创新型小微企业担保业务，促进融资担保机构积极主动为小微企业融资增信，进一步扩大小微企业融资担保业务规模，降低融资担保费率；大力发展政府支持或持股的担保机构，以政府信用为基础，引导此类机构扩大小微企业担保业务规模；进一步加大对小微企业和创业家庭融资担保的财政支持力度，综合运用业务补助、资本投入、代偿补偿、创新奖励等方式，合理引导担保、金融和外贸综合服务企业等机构为小微企业与（潜在）创业家庭提供融资服务。第五，鼓励金融机构和担保机构依托信用信息，科学评估创业者还款能力，提高风险防控，降低反担保要求，健全代偿机制，推行信贷尽职免责制度；加快培育一批高素质担保专业人才，从高等院校、职业院校课程设置，政府举办公益性担保知识与技能机构，鼓励民间培训机构发展担保技能培训业务，构建担保业务的人员继续深造机制等方面提升担保业界人员业务素质。

第三节　完善税费优惠政策体系

一、加大税收优惠力度

在国家与西部各级地方政府层面，继续加大对小微企业的税收优惠力度。第一，在 2014 年 9 月的国务院常务会议上规定"自 2014 年 10 月 1 日至 2015 年底，将月销售额 2 万~3 万元的小微企业纳入暂免征增值税与营业税范围"的基础上，西部地区各省级区域可根据自身经济发展水平与产业发展情况，实

---

① 过桥垫资是一种短期资金的融通，期限为六个月，是一种与长期资金相对接的资金。提供过桥垫资的目的是通过桥垫资的融通，达到与长期资金对接的条件，然后以长期资金替代过桥垫资。

行不低于 3 万元月销售额免征税收的纳税标准，对于西部地区及经济发展落后区域，扩大中央税收返还规模并加大返还力度。第二，延长西部地区尤其农村地区小微企业减半征收企业所得税的优惠期限，建议西部地区在小微企业的年应纳税所得额上限 50 万元的基础上，进一步上调上限额度，对符合条件的小微企业，各地区可结合小微企业发展状况与经济社会发展情况，根据其所得减按不低于 50% 计入应纳税所得额，按不高于 20% 的税率缴纳企业所得税；在当前 1~3 年优惠征收的期限上，延长至 3~5 年；考虑在"减半征收"的基础上依据西部地区内部各地区实际经济发展水平和产业类型情况继续实行更加优惠的征收政策，尤其加大对科技型小微企业、劳动密集型小微企业、出口额度较大的小微企业的企业所得税、出口退税等的征收优惠力度；适当提高小微企业的固定资产折旧率，间接对小微企业进行税收减免。第三，在金融机构与小微企业借款合同上，继续实施并尝试实行 5 年期乃至更长期限的免征印花税政策。第四，加快推进营改增试点，扩大西部地区试点范围；加快解决西部服务型小微企业营业税重复征税的问题。第五，针对从事个体经营的"登记失业半年以上的人员、毕业年度内高校毕业生以及零就业家庭、享受城市居民最低生活保障家庭劳动年龄内的登记失业人员"，建议在"在 3 年内按每户每年 8 000 元为限额依次扣减其当年实际应缴纳的城市维护建设税、教育费附加和个人所得税"的税收优惠基础上，延长期限至 5 年，将"8 000 元"设为最低限额，鼓励西部经济发展水平较高地区扩大限额值和限额标准范围（不低于 20%），对经济发展水平较为落后区域实施"高于 8 000 元乃至更高限额"的标准，建议将针对建档立卡贫困人口、持"就业创业证"或"就业失业登记证"的"每户每年 12 000 元为限额的优惠措施"扩大至普通创业人群，建议上一级政府或中央政府通过其他财税手段给予该地区税收优惠或财政补贴。"对符合条件的企业招用下岗失业人员以及享受最低生活保障且失业 1 年以上的城镇其他登记失业人员的，3 年内按实际招用人数予以定额（每人每年 6 000 元，可上下浮动 30%）依次扣减营业税、城市维护建设税、教育费附加和企业所得税优惠"，建议在西部地区延长征税优惠期限为 5 年内和提高依次扣减营业税、城市维护建设税、教育费附加和企业所得税的税收优惠定额。针对西部地区尤其是西部经济发展水平较低区域，"对符合条件的小微企业给予减按 20% 的税率；在对年应纳税所得额低于 10 万元（含 10 万元）的小微企业减按 20% 税率缴纳企业所得税的基础上，其所得减按 50% 计入应纳税所得额"的基础上，提升优惠税率百分比。制定低于 3% 的增值税小规模纳税人的征收率。第六，鼓励西部地区各省（区、市）对初创小微企业尤其是微利项目的小额贷款，除中央财政贴息部分，进行贴息；中央可针对西部地区经济发展水平较低省份的初创小微企业，尤其是科技型小微企业与劳动密集型小微企业的小额贷款进行全额贴息。第七，针对高等院校、职业技术学校、专业培训机构开设制度化、常态化创业教育培训，并对在校大学生、毕业年度的大学生、返乡农民工、复员军人、失业人员、残疾人员等特殊人群开展常态化创业教育培训的，建议中央与地方政府进一步扩大税收优惠。"对首次创办小微企业或从事个体经营并正常经营1年以上的高校毕业生、就业困难人员，鼓励地方开展一次性创业补贴试点工作"，建议"经营1年及以上"调整为"半年及以上"，可由"一次性创业补贴"调整为"不低于一次"，最大限度让利于民。

二、优化行政收费管理

一是继续精简现有企业类行政事业性收费种类，建议尽快落实免征小微企业征地管理费、保存人事关系及档案费、企业注册登记费、土地登记费、住房交易手续费等54项中央级行政事业性收费的政策，建议实现全部或部分费用永久性免征；全面落实免征小微企业教育费附加、地方教育附加、水利建设基金、文化事业建设费、残疾人就业保障金5项政府性基金的政策，建议实行永久性免征；在现有中央设立的行政事业性收费种类中，针对小微企业尤其是西部地区小微企业，建议实施力度更大、范围更广的行政事业性收费减免计划；鼓励经济发展水平较高的西部省份最大限度减少对小微企业的省级层面的行政事业性收费。二是针对高校毕业生、零就业家庭、失业人员、返乡农民工、农村妇女、残疾人员、复员军人等特殊人群创办个体经营的，免收个体工商户注册登记费（包括开业登记、变更登记、补换营业执照及营业执照副本）、管理类和证照类等有关行政事业性费用，建议将"自其取得营业执照起3年内"延长至少5年，"毕业2年内高校毕业生"延长至"毕业3年内"；上述人群创办小微企业的，减半收取或免收企业开业注册登记费，相关部门应提供免费的企业登记公告服务、查询当地个体工商户和企业的注册登记基本信息等服务；落实好"取消涉及灵活就业的行政事业性收费，对经批准占道经营的免征城市道路占用费"的政策。三是建立和完善行政事业性收费监管体系，在中央及省级、地市级、县级层面建立行政事业性收费监管部门，专门监管政府其他机构针对小微企业乱摊派、乱收费的情形，给予小微企业投诉权利，同时，引导与培育民间监管组织，加快制定禁止行政事业性收费的法规或条例，严格控制与企业紧密联系部门的违法违规收费行为；考虑实施部分行政事业性收费转为税收的方案；落实好小微企业行政事业性收费的目录管理、收费审批、收费公示、收费评估、年度审验和收支两条线等管理制度；落实好"向小微企业公示收费项目、收费标准、收费依据、收费范围、收费对象、优惠减免规定、监督举报电话以及收费许可证"；严禁、严惩乡（镇）、县级、设区的市人民政府以及有关部门超越权限擅自批准设立行政事业性收费项目或者制定、调整行政事业性收费标准的行为；完善、落实行政事业性收费实行收费巡访制度。四是构建行政事业性收费评估与论证机制，专门负责对增加或取消或减少某类行政事业性收费的评估与论证，审慎评估、科学论证增加新型行政事业性收费的计划或方案带来的成本与收益，防止政府部门仓促制定并出台收费政策或方案，使政府部门做到收费有理、收费有据、收费合理。新设立或调整小微企业行政性事业收费的，建议通过座谈会、论证会、书面征求意见等形式，听取小微企业、相关管理和监督部门的意见，必要时，应当公开征求意见，组织听证。五是加大就业见习力度，落实"允许就业见习补贴用于见习单位为见习人员办理人身意外伤害保险以及对见习人员的指导管理费用"，允许西部省份欠发达地区结合自身经济社会发展实际情况，适度扩大见习对象范围。建议将"规定享受就业见习补贴的人员范围为离校1年内未就业高校毕业生"调整为"2年内未就业中职和高校毕业生"，扩大用人单位就业见习补贴额度和支出范围。建议在低保对象、贫困残疾人、建档立卡贫困家庭和特困人员的基础上，进一步扩大求职创业补贴范围。

第四节　建立政府采购扶持机制

一、政府采购扶持小微企业

为支持西部地区小微企业发展，实施西部各级地方政府与中央政府采购向西部地区小微企业倾斜的战略措施。一是制定严格、规范、合理的政府采购预算方案，严防采购单位私自更改采购产品与服务种类、采购渠道、采购价格、采购数量的情况；政府内具有编制部门预算职责的机构，应当将年度政府采购项目预算总额的较大比例用于向小微企业采购；在政府采购评审中，在不同规模企业的产品价格相近，产品质量差别不大的情况下，优先购买小微企业产品与服务，可以对小微企业产品价格给予一定比例的价格扣除，以彰显小微企业产品价格优势；以价格扣除的方式激励大中企业主动联合小微企业、小微企业之间相互联合的方式参与政府采购；采购部门实行小微企业采购"班长监督负责制"，加强对小微企业产品的采购力度。二是在采购招标环节，在向小微企业采购倾斜的原则下，构建透明高效的招标与采购机制，坚决杜绝企业与采购负责人或机构私下违规、违纪、违法交易现象，坚决打击企业寻租行为，加大对上述现象的惩处力度；鼓励各级地方政府在财力许可的情况下，建立招标网站，及时公布招标信息，本着公开、公正原则选择投标企业；对同一或同类产品的采购，审慎对待一家或几家企业连续中标或长期中标的情况，严防企业与采购部门的内幕交易；严格落实"政府采购项目专门面向中小企业预留采购份额，200万元以下的货物、服务采购和400万元以下的工程采购项目，原则上全部预留给中小企业"相关政策，建议提高"其他采购项目预留预算总额的30%以上，其中，预留给小微企业的比例不低于60%"中60%的比例；尽快解决残疾人福利性单位享受政府采购支持中小企业有关措施的问题。三是探索建立小微企业投标绿色通道，设立小微企业投标绿色窗口，特别要为国家重点发展与扶持行业的小微企业、高科技型小微企业与劳动密集型小微企业参与投标提供便利，优先评估小微企业投标方案，特别要重视农村地区、偏远地区、民族地区的小微企业及少数民族居民开办的小微企业投标行为，鼓励上述地区小微企业积极参与政府采购招标，在时间、地点、支付等方面给予便利。严格执行政府采购价格扣除政策，对参与政府采购活动的中小企业依法提供"中小企业声明函"的，对小微企业产品的价格给予6%～10%（工程项目为3%～5%）的扣除，用扣除后的价格参与评审，以提高中小微企业中标概率。建议西部地区各级政府在采购中引导中小微企业引入信用担保手段，为中小微企业在投标（响应）保证、履约保证等方面提供专业化服务，鼓励中小微企业依法合规通过政府采购合同融资等，鼓励采购单位适当缩短对中小微企业的支付期限，提高预付款比例。适度放宽西部地区"小微供应商提供的货物既有中型企业制造货物，也有小微企业制造货物的，不享受价格扣除相关政策"的政策限度。

二、健全政府采购监督体系

首先，加快建立和完善政府内部采购管理制度，在采购产品与服务种类、采购流程、采购数量、采购金额、采购期限、采购合同内容及其补充合同等方面要严格规定并实施；设立专人负责公布采购信息事宜，采购信息内容要及时、全面、准确地通过多种渠道向社会公开；对参与投标的小微企业，应在第一时间给予通知并告之采购信息；政府相关部门应进一步完善网络信息服务平台，灵活运用网络平台拓宽采购渠道，及时听取和反映各单位的不同意见与建议。针对当前采购实施机构与监督机构同为一体，如同局不同科、同科不同办的情况，建议在各级政府内部建立独立的级别较高的政府采购监督机构，实行监督机构受同级政府与上级政府监督机构的双重领导制，做好事前、事中与事后监督。上级政府采购监督部门要加强对下一级政府采购违法失信行为记录的曝光；强化审计部门权威，建立各地政府审计部门参与监督同级政府采购的监督机制，强化对采购合同的审计，建立采购部门及相关人员对采购合同的审计负责制；各省级财政部门负责本省政府采购严重违法失信行为信息记录的发布管理工作，及时向社会公布政府采购严重违法失信行为记录；进一步完善采购文件模板，提升采购文件编制质量；正视政府采购预算的完整性与严肃性，科学编制预算；加快增强与提升西部地区采购编制预算人员的责任意识与专业素养，充分掌握采购项目的相关信息。其次，要加强外部监督，为外部组织监督开通渠道，给予外部组织向同级政府、同级政府监督机构与上级政府监督机构反映问题与投诉不公的权利，及时公布招标结果、评标过程，并给出中标企业产品或服务中标理由，为参与政府采购投标的企业开设采购投诉便捷通道，设专人负责投诉事宜。强化对政府采购的事中和事后监管，建议重点对较大额度预算金额的公开招标项目、质疑项目、采购合同变更项目以及长期服务延续合同项目进行随机调档抽查。抓紧完善采购监管法律体系，明确采购各方主体的监督责任，形成闭合监督管理链条，细化全过程监督管理链条细节，对预算编制到预算执行再到签订、履行合同，直至质疑投诉处理各个过程的监管进行明确规定；适度简化事前审批事项，提升公开招标数额标准和采购限额标准，确定合理集中采购目录规定范围；进一步健全事中监管制度机制，强化对采购人、采购代理机构、评审专家与供应商等采购过程的主体监管，构建相互监督机制；对采购代理机构实施全面监督，杜绝代理机构与供应商之间容易发生暗箱操作现象，防止二者合谋，通过设定不公平条件对其他供应商实行歧视待遇；加大对供应商履约能力、提供产品和服务的质量等方面的监管；建立健全政府采购监管需要透明化的信息公开及反馈机制，提高采购监管中的信息公开度，延长信息公开时限；完善采购信息公开内容，对于存在的问题何时解决、如何解决以及解决效果如何等进行详细公开说明。

三、提升评审专家专业素质

高素质的评审专家队伍既能保证政府采购优质的产品或服务，又能在公平、公正的原则下有效保证投标小微企业的合法权益，因此，西部地区各级政府应当加快建立一支高素质的招标评审专家队伍。财政部应科学、合理、及时制定和调整全国统一的评审专家专业分类标准和评审专家库建设标准，建设管理好国家评审专家库。各地政府采购主管部门，联合采购人、采购代理机构，就专家管理和使用机制进行系统研究，强化专家评审管理，杜绝专家评审的倾向性和舞弊行为，提高政府采购评审质量和效率。西部地区各省人民政府财政部门本着对采购单位负责、对纳税人负责的理念，切实建设好本地区评审专家库并实行动态管理，与国家评审专家库互联互通、资源共享，及时纳入符合条件的评审专家，辞退不合格评审专家。一是加大对评审专家的监督，提升专家库入库门槛，将专家职业道德作为入库第一考虑因素，注重选拔一批品德高尚、有较强业务素质的高校学者、企业专家、科研人员等人才进入政府评标委员会或评标机构。选拔专业人才时，注意不同行业、不同企业规模、不同研究方向的各类人才搭配。严格落实"每次评审活动结束后在政采信用系统中记录专家履行情况"的有关规定，切实将考核落实在每次评审活动中，避免流于形式；严格落实"采购人或者采购代理机构抽取评审专家的开始时间原则上不得早于评审活动开始前 2 个工作日"的有关规定，评审专家名单在评审结果公告前应当保密，避免提前泄露评审专家信息。二是注重现有评审人员的再教育与培训，特别注意廉政与道德教育，定期对评审人员开展职业培训与廉政教育，特别是西部经济发展水平较低地区的政府，应特别注意强化评审人员的专业技术培训；加强对评审专家在有关政府采购法律、法规、业务知识、评标方法等方面的培训教育；落实专家回避制度，评审专家应在评标前声明是否与投标供应商存在利害关系，禁止和参与投标的企业有较为密切联系的评审专家参与投标企业的评标工作；对专家评标行为做好记录，并在专家库中体现出来，以便随时查询；建议尽快建立专家责任倒追机制和违纪惩戒机制，针对"评审专家未按照采购文件规定的评审程序、评审方法和评审标准进行独立评审或者泄露评审文件、评审情况的"违法评审行为，实行一票否决制。被从评标专家库中除名的，不再进入评标专家库。建立一个采购代理机构向专家管理机构反映情况的畅通渠道。三是进一步完善针对采购评审专家的入库、抽取、评审、处罚、退出等环节，侧重从职业道德规范与专业技术水平等方面考核。按照现行政府采购项目类别的实际情况，对专家的专业进一步进行精细化划分；改革简单化的审核确定专家的办法，实行全方位的审核办法，严把专家入库关；定期筛选或者根据专家库使用单位的反馈意见，实行动态维护管理专家库。对社会影响广、采购金额大或有潜在争议的项目，可以考虑采用评审审核委员会制度，即在评审结束后由有关专家、执行机构、监管机构等有关部门组成评审审核委员会，对评审过程、评审结果等内容进行审核。加强评审现场监督，完善独立评审与合议相互补充的评审制度；建议尽快制定有关评审专家考核制度和考核标准，考核结果记入评审专家个人档案，作为专家续聘和奖罚的依据；考虑建立专家评审激励机制，适当提高现有的评标费，激发专业水平较高专家的评教参与性，提高评审质量。

第五节　优化其他财税支持政策

一、强化初创企业财政补贴

家庭初创企业往往资产规模较小，流动资金较少，前期资金投入较多，产品或服务带来经济效益的时限较长，且规模较小，尤其是西部地区农村家庭，家庭新创企业发展初期往往面临资金约束问题，因此，亟须政府给予一定财政补贴，以扶持初创企业发展。第一，在创业家庭与企业发展资金补贴方面，建议构建中央、省级、地市级与县级政府四个层面的创业家庭与小微企业发展资金补贴机制，提高小微企业发展资金补贴在整个企业发展资金补贴总额上的比重，对于西部地区经济社会发展水平整体较低的省份，特别是这类省份中的农村地区、边疆地区、民族地区与革命老区，应特别突出中央政府对企业发展资金的补贴力度；对于西部地区经济社会发展较好的省份，应特别突出省级政府对企业发展资金的补贴力度；具体到每个市级、县级的小微企业，市级与县级政府可根据自身财政收入水平，对创业家庭、小微企业制订相应的企业发展资金补贴计划，鼓励家庭进行创业，增加对创业家庭的补贴额度。上述针对创业家庭与小微企业的发展资金补贴政策的总体原则是"上一级政府托底"，即下一级政府无财力扶持创业家庭与小微企业时，上一级政府应承担起相应责任。第二，加强对小微企业研发的补贴力度。研究发现财政补贴能够在一定程度上弥补企业研发活动外部性带来的成本与收益风险，激励企业积极进行研发活动，扩大创新产品的产出（杨晔 等，2015）。因此，建议政府在个人尤其是农村居民专利奖励与补贴、小微企业研发，如中间试验、新产品试制、技术改造、科研攻关上增加补贴力度，鼓励小微企业尤其是高科技小微企业提高研发人员待遇水平，可考虑适度减免小微企业研发人员的个人所得税。第三，加大土地优惠补贴力度，建议各级政府在土地租金或价格上，给予因生产经营而租赁或购买土地的创业家庭和工商类小微企业低于市场的价格，减免征地、拆迁费用等。第四，西部地区各级政府应加快扩大对小微企业购买设备种类的补贴范围，对于从事高科技型、劳动密集型或整体发展水平较低行业的小微企业购买或租赁生产设备的，给予更大力度的补贴；考虑开放国有科研机构与小微企业发展密切相关，而小微企业又难以购买的科研设备，以租赁甚至短期免费使用的方式准许小微企业使用该类设备。第五，加大对如残疾人员、留守妇女、登记失业人员、返乡农村居民、复员转业退役军人、留学回国人员等特殊人群创业项目的补贴力度。如重庆市渝中区 2012 年颁布的《渝中区残疾人自主创业扶助暂行办法》中，政府针对残疾人的补贴政策是：个体经营以户为单位，家庭成员中只有一名残疾人的，一次性扶助 3 000 元，家庭成员中有两名及以上残疾人的，一次性扶助 5 000 元；微型企业以户为单位，凡是家庭成员中任一残疾人创办微型企业，一次性扶助 10 000 元；由个体经营转为微型企业的，一次性扶助 5 000 元。第六，构建针对创业家庭与小微企业补贴项目的审计与监管机制，保证补贴资金用到实处，防止用作他用，以保证项目的发展质量。当前地方政府对本地企业的补贴往往是以资金划拨到企业账户作为补贴的实现，而忽略了企业是否将补贴资金用于补贴项目，是否达到既定补贴目标等关键问题。因此，有必要建立针对创业家庭与小微企业的补贴项目资金审计与监管机制，防止受补贴企业挪用、乱用、低效使用补贴资金。第七，健全针对小微企业的担保补贴、出口补贴、商标注册补贴、专利补贴、国外展览补贴、品牌扶持补贴、教育培训补贴等，加大补贴力度。

二、扩大初创企业财政贴息

在新冠肺炎疫情对实体经济造成较大负面影响的情况下，首先，建议西部地区各地方政府加大对就业困难人员、登记失业人员、复员转业退役军人、高校（普通高校、职业院校）毕业生、刑释解教人员等参与创业的特殊人群或拥有此类特殊人群的创业家庭的小额担保贷款的贴息力度。在现有财政贴息资金支持的小额担保贷款额度方面，建议中央政府在西部地区经济社会发展水平较低的农村地区、民族地区、边疆地区、革命老区等特殊区域，对"高校毕业生最高贷款额度 10 万元，妇女最高贷款额度 8 万元，其他符合条件的人员最高贷款额度 5 万元，劳动密集型小企业最高贷款额度 200 万元。对合伙经营和组织起来就业的，妇女最高人均贷款额度为 10 万元"贴息的担保贷款额度进行 30%～50%的提升；西部地区各级地方政府可依据自身情况，实行不低于中央政府及自身上一级政府贴息的担保贷款额度的担保贷款额度。建议延长西部地区财政贴息资金支持的小额担保贷款期限，在当前最长期限 2 年的基础上，中央财政贴息再增加 1 年，鼓励西部地区各级政府在中央财政贴息 3 年的基础上依据自身财政实力延长期限；对于展期和逾期的小额担保贷款，地方政府可依据贷款人的实际情形给予一定贴息。在个人微利项目小额担保贷款贴息上，建议中央政府对西部财政实力较弱的省级政府，承担贴息资金的75%以上；对于按时足额还清贷款的创业个人或家庭，准许申请二次小额担保贷款扶持，并在贷款期限内依然给予贴息。对于劳动密集型小微企业小额担保贷款，建议在西部地区，实行低于同期限贷款基准利率50%的标准给予贴息，中央财政至少承担贴息额度的50%，具体比例可依据西部各省实际经济发展水平与财政收入确定。对有申请财政贴息意向的企业，建议担保中心开展上门服务，现场指导企业准备申请材料，确保企业贷款能及时得到财政贴息。

其次，在小额担保贷款的审核上，经办担保机构要及时、认真开展小额担保贷款的放贷考察、审核、建立个人信用档案、跟踪监管、追收到期贷款等经办业务；对贴息贷款申请人或家庭的还款能力、家庭贷款记录、创业项目的风险、项目的市场可行性、项目的财务可行性等指标进行评估，对不符合条件的个人或家庭不予放贷；分开管理、分账核算地方财政部门自行安排贴息的小额贷款和中央贴息支持的小额担保贷款；严厉惩处地方政府或政府相关机构截留、挪用贴息资金的行为。西部地区应加大对符合条件的返乡入乡创业人员创业担保贷款的贴息支持力度。加快建立诚信台账和信息库，探索建立信用乡村、信用园区、创业孵化示范基地、创业孵化实训基地推荐免担保机制。尽快落实创业担保贷款奖补政策，合理安排贴息资金。鼓励创业担保贷款担保基金运营管理机构等单位多渠道筹集资金，更好地服务创业。落实"互联网+返乡入乡创业企业+信贷"新路径，将"政府+银行+保险+风投"融资模式推广到返乡入乡创业。

三、制定其他财税扶持政策

首先，西部地区各省（区、市）、市（州）、县（市、区）政府可依据自身经济发展情况，财政拨款设立金额不等的"政府创业创新奖"，用于奖励优秀创业家庭、创业模范、在一定时期发展较好的小微企业、创业人员吸纳就业补助、小微企业产品或服务创新、就业困难人员初始创业一次性创业补助以及创业服务体系建设补助等；对小额担保贷款工作开展较好的社区、经办银行、担保机构等给予适当工作奖励；对登记失业人员、复员转业退役军人、高校（普通高校、职业院校）毕业生、返乡居民、农村留守妇女、刑释解教人员等特殊人群提供良好的创业教育与培训的公益性或商业性培训机构给予奖励。

其次，探索建立小微企业用人与社会保险缴纳挂钩制，对小微企业新招用毕业年度高校毕业生、返乡农民工、复员转业退役军人、登记失业半年及以上人员等特殊人群，且签订1年以上劳动合同并按时足额缴纳社会保险费的，可按上述人群实际缴纳的基本养老保险费和基本医疗保险费给予 1~3 年的社会保险补贴；考虑降低参保小微企业基本医疗保险、失业保险、工伤保险、生育保险的费率。积极引导返乡入乡创业小微企业等按规定参加工伤保险。开展新业态从业人员职业伤害保障试点；对返乡入乡创业失败的劳动者，按规定提供就业服务、就业援助和社会救助。对返乡入乡创业的农民专业合作社、专业技术协会、手工艺传承人等机构或个人提供培训的，可按规定给予培训补贴。实施专业技术人才知识更新工程，对返乡入乡创业专业技术人才给予倾斜支持。

最后，鼓励有条件的西部地区各级政府加强返乡入乡创业园、创业孵化基地、农村创新创业孵化实训基地等各类返乡入乡创业载体建设，为返乡入乡创业人员提供低成本、全要素、便利化的创业服务。尽快建立健全返乡入乡创业企业用工需求信息采集制度，提供信息发布、用工指导等服务。引导返乡入乡创业企业对技能岗位招用人员积极展开培训。加大对创业培训基地建设与创业项目扶持的力度，为有意向创业的农村家庭提供创业技能培训、政策咨询、信息服务、项目开发、开业指导、风险评估、融资服务等免费服务，鼓励家庭创建小微企业进驻园区、开发区及贸易市场等产业集聚区，对新进产业集聚区的小微企业给予租金与税费优惠。结合实际发展情况，探索构建"生产+加工+科技+营销+品牌+体验"的多位一体、上下游产业衔接的创业格局，打造"预孵化+孵化器+加速器+稳定器"的全产业链孵化体系。尽快落实创业项目房租物业场地费减免、水电暖费定额补贴等优惠政策，降低创业者经营成本。鼓励有条件的地方，在符合条件的乡村开辟延伸寄递物流线路及网点，降低返乡入乡创业企业生产经营成本。政府积极引导、引入天使投资、创业投资、风险投资基金等，缓解创业者融资难题。

第六节　本章小结

本章提出从完善创业财税政策法规体系、构建财政支持融资担保体系、完善税费优惠政策体系、建立政府采购扶持机制与优化其他财税支持政策五个方面构建西部农村家庭创业的财税支持体系。具体而言，在创业财税政策法规体系方面，从小微企业财税类政策法规制定、小微企业研创类法律体系构建、财税支持创业教育类法规建立三个层面着手；在财政支持融资担保体系方面，从完善小微企业融资担保体系与建设融资担保风险削弱机制两个层面实施；在税费优惠政策体系方面，从加大税收优惠力度和优化行政收费管理两个层面构建；在政府采购扶持机制设计上，侧重从政府采购扶持小微企业、健全政府采购监督体系和提升评审专家专业素质三个层面进行；在其他财税支持政策方面，需强化初创企业财政补贴、扩大初创企业财政贴息和制定其他财税扶持政策。

第八章 西部农村家庭创业的金融支持体系

在对西部地区农村家庭创业的基本态势、存在的主要问题分析的基础上，并基于前文关于人力资本、社会资本及其他因素对家庭创业的影响实证分析结果，本书认为构建西部农村家庭创业支持体系，必须打造强有力的金融支持体系，尤其是在新冠肺炎疫情对西部地区实体经济发展带来一定负面影响的严峻态势下，加快建立健全创业项目金融支持体系十分重要。本章提出从拓宽创业项目融资渠道、完善信贷风险控制体系、构建金融知识普及机制、建设金融信息服务系统四个方面建设西部农村家庭创业的金融支持体系。

第一节 拓宽创业项目融资渠道

一、完善金融支持政法体系

当前我国与小微企业相关的金融类政策与法律亟待完善。首先，尽快颁布出台一部针对小微企业发展的法律，基于创业个人、创业家庭、小微企业三类主体，重点围绕贷款申请、贷款额度、贷款利率、贷款期限、偿还条件、担保措施、征信制度、风险控制等方面制定扶持个人、家庭创业与小微企业发展的法律条文，加强对创业与小微企业发展的扶持力度。尽快完成对《中华人民共和国公司法》的修订，破除对个体和企业创新创业的束缚，完善人力资本制度和企业清算分配制度、库存股和股权回购等条款。需要指出的是，在国家层面立法进程较为缓慢的情况下，西部地区各省可依据自身情况，因地制宜，率先探索制定有助于小微企业融资的法律法规。

其次，建议国家尽快制定并出台融资担保机构扶持小微企业发展的相关条例、小微企业融资风险控制的相关条例。一是从建立创业个人、创业家庭、小微企业信用评价体系，如信用征信制度建设，信用评估标准，个人、家庭及企业信息查询和法律服务平台等方面，强化对创业个人、创业家庭及小微企业的发展支持；二是明确金融信贷机构与担保机构在扶持小微企业发展上的合作与分工，从担保机构的内部管理制度，如担保合同审批、内部稽核、对被担保的小微企业的业务监督、风险保证金和坏账准备金制度等方面规范担保机构对小微企业的扶持行为。

再次，尽快建立小微企业民间融资的政策与法律法规体系，建议制定一部专门的民间金融机构法律，对民间金融机构的设立条件、组织架构、经营管理、监督检查等做出详细的规定。将民间资金尤其是互联网金融运作全面纳入法律监管与保护范围，加强对民间融资资金规模、利率、流向等情况的动态监测，规范引导民间资金的流向和投融资重点，鼓励其为小微企业、创业家庭和创业个人服务，对其利率的制定出台详细的条文规定，以防因利率问题而引发民间纠纷乃至威胁社会稳定。为那些主要为小微企业提供融资服务的民间金融机构提供国家政策支持，扶持其发展壮大。尽快出台与放贷人或机构相关的"放贷人条例"，从放贷人的法律登记、业务范围、资金来源、追债行为、风险控制、监管主体、解散清算等方面予以明文规定，严格规范非正规金融活动。加强创业投资立法，完善促进天使投资的政策法规。

最后，从担保机构的资金风险补偿转移方面，如资金风险的承担比例分摊、企业反担保的确定、政府对担保机构的紧急救济、金融机构对主要从事小微企业发展的担保机构的资金支持等推进融资担保机构自身建设；规范担保机构的收费定价行为，对担保机构为小微企业提供担保服务并给予收费优惠的，政府通过金融机构给予一定支持；针对法律出台速度较为缓慢的特点，建议尽快出台创业个人与家庭金融扶助的相关办法，以金融手段对创业个人与家庭的信贷需求、贷款额度、贷款利率、担保条件、信用评估、创业教育与培训等给予扶持。

二、优化正规金融机构支持

林汉川（2003）对鄂、粤两省的中小民营企业调查报告表明资金不足是企业可持续发展的最大障碍。阿亚格瑞等人（Ayyagari et al., 2008）采用调查问卷数据表明，面临融资约束的小企业信贷缺口平均为20%，并且信贷缺口的数值和行业、企业规模相关。中国社科院工业经济研究所发布的《中国工业经济运行夏季报告（2015）》显示，2015年上半年，我国企业融资难和融资成本高的问题仍然存在，其中，中小企业资金面紧张的问题更为突出①。据中国企业改革与发展研究会 2020 年针对新冠肺炎疫情对企业生产经营影响的调查显示，个体工商户、民营企业受疫情影响最为严重，个体工商户受资金链紧张、租金压力的影响很大，个体工商户 2020 年上半年销售收入及经营利润同比下降幅度约为 1/3，个体工商户受惠面和平均受惠项数均在各种类型的企业中最低②。前文的实证分析也发现，与全国、东部与中部农村家庭相比，金融知识、金融环境等变量对西部农村家庭创业决策的影响较大。因此，必须加快完善西部地区正规金融机构对小微企业与创业家庭的发展的支持体系。

在政策性金融机构方面，一是在西部地区，扩大小微企业贷款额度在中国农业发展银行、国家开发银行与中国进出口银行三大政策性银行贷款中的比重；中国农业发展银行应尽快推出一批与小微企业相关的新产品或服务，将当前的农业小企业贷款扩展至农业、工商业小微企业贷款，尤其强化对西部农村地区的农业与工商业小微企业和家庭创业项目的信贷扶持；国家开发银行要继续加大对中小企业、个体经营户的信贷扶持，继续推进小微企业融资网建设，特别要注重西部地区尤其农村地区的小微企业融资网络建设，增加该地区小微企业信贷额度在整个信贷资金中的比重；中国进出口银行应立足本行进出口与国外政府与企业交流的优势，为小微企业产品的进出口提供优惠政策，要加大对西部地区小微企业的进出口优惠，探索建立小微企业产品进出口的担保机制，为其提供绿色进出口通道，为该地区小微企业走出国门尽可能地提供便利。二是从其他国家现有的中小企业政策性金融体系的经验来看，建立专门的小微企业政策性银行是扶持小微企业发展的必要手段之一。因此，我国应尽快组建直属国务院领导的、政府全资拥有的小微企业发展投资银行，在该银行内部设立西部小微企业发展投资管理局和西部小微企业发展投资银行分行，利用政策性银行金融创新的优势和较商业银行更为自由的经营权利，为西部小微企业、创业家庭及创业个人的资金需求、技术创新与引进、创业教育与培训等提供便利。

在商业银行方面，一是鼓励国有股份制商业银行、民营商业银行加快小微企业专营机构建设，向县域和乡镇等小微企业集中区域和创业活跃区域延伸网

---

① 数据来源：佚名. 总理的关心：对中小微企业"扶上马送一程"［EB/OL］.（2015-09-02）［2021-09-20］. http://politics.people.com.cn/n/2015/0305/c70731-26641890. html.

② 中国企业改革与发展研究会. 关于新冠肺炎疫情对企业经营发展影响的（跟踪）调查分析报告［EB/OL］.（2020-05-29）［2021-09-20］. https://www.163.com/money/article/FDQK9TBU00258105. html.

点和服务，强化在西部农村地区的服务网点建设，提高网点分布密度。提升小微企业、创业家庭与创业个人信贷资金额度在整个信贷资金中的比重，为上述三类主体开通绿色信贷通道，提高与创业相关的信贷申请材料的审核效率，对于符合放贷条件的企业、家庭或个人，加快放贷速度，提高金融服务的批量化、规模化、标准化水平。鼓励银行等正规金融机构针对不同类型、不同发展阶段小微企业的特点，不断开发特色产品，为小微企业提供量身定做的金融产品和服务；为小微企业、创业家庭与创业个人全面提供开户、结算、理财、咨询等基础性和综合性金融服务。积极开展知识产权质押、应收账款质押、动产质押、股权质押、订（仓、保）单质押、商铺经营权质押、商业信用保险保单质押等抵质押贷款业务；推动开办商业保理、金融租赁和定向信托等融资服务。鼓励保险机构创新资金运用安排，通过投资企业股权、基金、债权、资产支持计划等多种形式，为小微企业、创业家庭提供资金支持；充分利用互联网等新技术、新工具，不断创新网络金融服务模式。中央与各级地方政府应支持符合条件的银行发行小微企业专项金融债，用所募集资金发放的小微企业、创业家庭及创业个人贷款不纳入存贷比考核；扩大正规金融机构的自主核销权，支持其对小微企业、创业家庭及创业个人的不良贷款的核销工作。加快推进信贷资产证券化常规化发展，引导金融机构将盘活的资金主要用于小微企业和创业家庭及创业个人贷款。鼓励银行积极搭建小微企业综合信息共享平台，整合注册登记、生产经营、人才及技术、纳税缴费、劳动用工、用水用电、节能环保等信息资源。建议银行业金融机构适度提高小微企业、创业家庭与创业个人的不良贷款容忍度，相应调整绩效考核机制。继续鼓励担保机构加大对小微企业、创业家庭和创业个人的服务力度，推进完善有关扶持政策。除银团贷款外，禁止金融机构对小微企业、家庭创业项目或企业、个人创业贷款收取承诺费、资金管理费；严格限制金融机构向小微企业、创业家庭与创业个人收取财务顾问费、咨询费等费用，清理纠正金融服务不合理收费；本着"成熟一家，批准一家"的原则，西部地区各级政府要积极推动具备条件的民间资本设立中小银行、小额贷款公司等金融机构，尽快建立广覆盖、差异化、高效率的小微企业金融服务机构体系。加快在小微企业集中区域和家庭创业活跃区域设立村镇银行，加快邮政储蓄银行在西部农村地区的网点建设；深化农村信用社改革，稳定其县域法人地位，扩大农村信用社在农村地区小微企业、创业家庭与创业个人获得信贷方面的作用。

三、推进非正规金融体系建设

班吉瑞等人（Banejree et al., 2009）研究发现，通过金融机构获得贷款对农民有极大的帮助。虽然正规金融对农民确实很重要，然而由于农民本身偿贷能力有限和信息不对称问题，在发展中国家向农民提供正规金融服务仍然面临着较高的成本。吴晓灵2010年的调查表明，规模以上的小企业至少80%无银行信贷，规模以下的小型和微型企业95%以上无银行信贷。张兵和张宁（2012）通过实证分析发现非正规金融扩大了农村金融市场的服务对象范围，降低了金融服务的门槛；非正规借贷显著降低了农户受到信贷约束的概率，进而提高了农户的信贷可获性。可见，在正规金融服务成本较高和小微企业与银行信贷间联系较少的现实中及当前正规金融体系仍然不尽完善的情况下，我国有必要加快推进非正规金融体系建设以补充正规金融在小微企业、创业家庭及创业个人信贷方面的不足，满足三类群体的信贷资金需求。

第一，尽快将借贷互助会、农村合作基金、私人钱庄、典当行、企业连接贷款、未经注册的小微信贷公司、投融资咨询公司等非正规金融机构或组织纳入地方各级政府监管范围，鉴于县级政府、乡镇政府及村委会更加贴近民间金融的特点，因此负责前期非正规金融机构或组织信息搜集、登记的工作主要由村委会、乡镇政府与县级政府承担，这三类主体同时应承担对非正规金融机构或组织的中长期动态监测，尽快建立非正规金融机构或组织信息库；上一级政府应给予下一级政府及村委会监测经费。

第二，在非正规金融机构或组织信息库的基础上，中央政府应尽快出台一系列规范非正规金融机构行为的政策条文或法律法规；在中央政府政策的基础上，各级地方政府应结合当地非金融机构发展特点及小微企业发展状况，加快颁布一系列适于本地非正规金融机构与小微企业发展的借贷政策，重点从非正规金融机构或组织成立条件、内部管理、借贷利率、偿债条件、风险控制、解散清算、合规行为等方面给予明确规定；对于有意愿转向正规金融机构的非正规金融机构或组织，政府应开辟绿色通道，给予转轨便利，并提供金融优惠政策支持。

第三，针对非正规金融机构或组织扎根基层社区，熟知民间借贷信息，熟悉小微企业、创业家庭及创业个人信贷资金需求，市场灵敏度较高和金融服务效率高的特点，各级地方政府应予以发扬，但应适度干预非正规金融机构放贷利率过高的行为，制定利率浮动范围；各级政府及金融监管机构要加大打击非法集资等金融活动力度，使得民众自觉抵制，不参与非法集资。

第四，针对私人钱庄这类地点固定、资金较为充裕的非正规金融组织，建议地方政府以改制为主，鼓励农村信用社、村镇银行及城市商业银行等本土正规金融机构积极参与对私人钱庄的改制，吸纳其成为自身一部分或直接改为村镇银行、农村资金互助社或小额贷款公司等。鼓励未注册的小额贷款公司与正规金融机构加强合作，正规金融机构可向小额贷款公司提供资金融通、财务管理、经营管理等技术支持，前者可依据自身网点分布贴近农村与农民和经营灵活的优势，协助正规金融机构尤其是投融资咨询公司、银行等获得农村信贷信息。

第五，为非正规金融的发展创造良好的生态环境。一是各级地方政府要深化行政管理体制改革，尤其要加快与产业发展和居民生活密切相关的部门机构的改革，建立廉洁、高效的运转机构，推进管理创新；严厉打击非法集资、金融传销、洗钱等金融非法活动，净化社区金融环境，营造良好金融秩序。二是普及金融知识宣传，由政府金融部门牵头负责举办公益性信贷知识培训；强化对忠、义、礼、智、信等优秀传统文化的继承与宣传，呼吁居民诚信做人、守法做事。三是发扬西部地区浓厚的宗教文化中"互惠、守信、互助"等价值观念，倡导居民平等相处、互惠互助。

四、积极拓宽直接融资渠道

积极拓宽直接融资渠道、加快发展多层次资本市场，是解决小微企业、创业家庭与创业个人庞大的信贷需求的重要措施之一。

一是进一步优化西部地区资本市场，创新中小企业板、创业板市场的制度安排，完善发行、定价、并购重组等方面的政策和措施，支持符合条件的创业企业上市或发行票据融资，为创业企业通过债券市场筹集资金创造条件；适当放宽创业板市场对创新型、成长型小微企业的财务准入标准，尽快启动上市小微企业再融资，增加适合小微企业的融资产品种类；增加创业板市场中西部地区尤其是农村地区中小微企业的比重，推进非创业板中小微企业与创业板小微企业，大、中上市公司的合作；加快在西部地区将区域性股权市场纳入多层次资本市场体系，促进小微企业改制、挂牌、定向转让股份和融资；支持小微企业股本融资、股份转让、资产重组等活动；加快规范发展服务于西部地区中小微企业的区域性股权市场，推动建立工商登记部门与区域性股权市场的股权登记对接机制，支持股权质押融资；支持符合条件的发行主体发行小微企业增信集合债等企业债券创新品种。

二是增加中小微企业私募债试点中西部地区中小微企业数量，积极扩大西部地区小微企业增信集合债券发行规模，在创业板、"新三板"、公司债、私募债券等市场建立专门服务小微企业的小额、快速、灵活的融资机制。西部各级地方政府应大力支持私募基金、创业投资基金、产业投资基金等各类投资于非上市公司的股权投资基金在当地设立和发展，鼓励风险投资和金融机构对小微企业、创业家庭及创业个人的技术创新活动给予支持。

三是创新正规金融机构对创业企业的支持方式。推动正规金融机构尤其是商业银行在依法合规、风险隔离的前提下，与创业投资机构建立市场化长期性合作。进一步降低商业保险资金进入创业投资的门槛。推动发展投贷联动、投保联动、投债联动等新模式，不断加大对创业创新企业的融资支持。鼓励正规金融机构尤其是商业银行提高针对创业创新企业的金融服务专业化水平，不断创新组织架构、管理方式和普惠金融产品。地方政府要积极引导、推动银行与其他金融机构加强合作，对创业创新活动给予有针对性的股权和债权融资支持。鼓励、引导银行业金融机构向创业企业提供结算、融资、理财、咨询等一站式系统化的金融服务。

四是进一步丰富创业融资新模式。在有效实现监管的情形下，支持互联网金融适度发展，引导和鼓励众筹融资平台规范发展，开展公开、小额股权众筹融资试点，加强风险控制和规范管理。丰富完善创业担保贷款政策。引导、支持保险资金参与创业创新，发展相互保险等新业务。完善知识产权估值、质押和流转体系，依法合规推动知识产权质押融资、专利许可费收益权证券化、专利保险等服务常态化、规模化发展，支持知识产权金融发展。有关政府部门在贯彻实施企业支持政策特别是直接有关缓解企业资金链紧张问题的政策时，应充分注意不同规模企业间的平衡性问题，有意识地兼顾中小民营企业、个体工商户的融资需求，加大对创业企业的融资支持力度，避免支持政策过度向重点企业倾斜。

第二节　完善信贷风险控制体系

一、健全信贷机构风险控制体系

资金信贷机构作为我国金融市场上重要的资金供给方，其稳健的生产经营是满足小微企业、创业家庭与创业个人资金需求的重要保障，因此，必须建立健全信贷机构风险控制体系，以保证其正常生产经营活动。首先，西部各级地方政府应加快推进金融市场稳定机制设计，各地区与各部门在出台金融政策时，要充分考虑金融市场的敏感性，做好新闻宣传和舆论引导；完善金融市场交易机制，丰富和创新风险管理工具；健全金融市场突发事件快速反应和处理机制；健全稳定金融市场预期、预警机制，逐步建立覆盖各类金融市场、机构、产品、工具和交易结算行为的风险监测监控平台；加强涵盖资本市场、货币市场等领域的跨行业、跨市场的风险监管。其次，对于大中型商业信贷机构，主要从公司治理结构、内部控制制度、信贷业务流程与信贷风险控制、信息系统建设等几个方面进行完善。在公司治理结构上，建议在董事会下设风险控制管理委员会，专门负责制定风险控制相关的政策与监督政策执行情况；设立独立的监事会与内部审计部门，对全机构的业务活动尤其是有关小微企业信贷的事项进行监督与检查。在内部控制制度上，强化对高级管理层的监督，明确其权力范围，提升高级管理人员任期的工作报告频率；创新激励考核机制，建立信贷人员与小微企业、创业家庭定期交流机制，及时掌握其信贷诉求，激励信贷人员承担小微企业、创业家庭及创业个人信贷事宜。

在信贷业务流程上，一是制定明确详细的贷前审查程序，做好贷前审查工作，加强对信贷申请方的信息搜集。以小微企业为例，对于提出信贷申请的小微企业，信贷人员要在小微企业提交的材料的基础上，进行企业实地调查，与面谈企业所有者、财务人员、部门负责人、主要客户等关键人物面谈，通过多渠道来了解、掌握企业的真实生产经营与财务实力。建立针对小微企业和家庭创业项目的风险补偿定价机制，依据贷款申请方所处地区、行业、经营绩效、资产规模、偿债能力等因素实施差别化利率政策。二是在贷款审查方面，仔细审查信贷申请方的财务与非财务信息，严查信贷申请方提供的经第三方机构审计的财务报告，可考虑借助银行流水、纳税情况、主要客户访谈等渠道科学、合理评估申请方财务实力；优先审查小微企业、创业家庭及创业个人的申请材料，对符合放贷条件的小微企业、创业家庭及个人，要开辟绿色放贷通道，规定信贷人员限期完成放贷工作。三是在放贷以后的贷款管理上，信贷机构要及时获取与贷款方偿债能力相关的信息，认真评估其偿债能力；构建信贷机构违约信息共享机制，对贷款违约企业或个人，将其违约信息在行业内进行公布，并上报给行业主管机构。第四，对于小型商业信贷机构及非正规金融机构或组织，我国必须严控流动性风险，建议实行较高的准备金率，严防资金流动性危机；加强对工作人员的职业培训，尤其是非正规金融机构或组织的工作人员往往专业技术能力与职业水平较低，很容易因工作能力有限而导致信贷风险，因此，必须强化对其的专业教育与培训。

二、加快建立小微企业征信体系

已有研究表明征信系统对降低银企交易成本、增加中小企业融资机会有着积极的影响（龚柏新，2008）。因此，为了使小微企业顺利获得信贷资金，有必要加快建立健全小微企业征信体系。

　　首先，加快在西部地区推进小微企业与创业家庭及个人信用登记制度建设。依托中国人民银行征信中心现有的个人信用信息，结合各级地方金融信贷与咨询机构、公安机关、地税部门、国税部门、计生部门、环保部门、质检部门、民政部门、企事业单位、中介机构、行业协会、民间非营利组织等相关机构，由地方政府主导，尽快建立小微企业所有者、主要管理者、家庭创业项目负责人等关键人员的个人信用信息数据库，进而扩大至小微企业与创业家庭的信用信息登记，为小微企业和创业家庭建立信用档案。小微企业信用档案重点围绕企业基本信息、经营管理信息、财务信息、以往信贷信息等内容进行备案；创业家庭信用档案主要围绕信贷信息，家庭收入与支持水平，成员数量、年龄、学历、工作性质等内容进行登记。对于建立了信用档案的小微企业、创业家庭及创业个人，可考虑将其优先列入金融信贷机构重点发掘客户名单，信用良好的企业或家庭可在贷款申请、贷款额度、利率、期限等方面获得优惠待遇。

　　其次，建议在西部地区加快建立由政府主导的对小微企业、创业家庭与创业个人的信用评级制度，建议成立信用评级管理局，依据建立的信用档案，根据企业经营管理状况、员工数量、纳税信息、财务信息、过往信贷情况等数据对小微企业进行信用评级；依据创业家庭收入与支持水平，成员数量、年龄、学历，成员工作性质、信贷情况等信息对创业家庭信用进行评级；依据创业个人受教育水平、年龄、工作经验、信贷情况、社会关系等对个人信用进行评级。加快提高评级机构从业人员职业素质，强化资格考试，建立评级人员继续教育与培训机制。加快建立由政府主导的小微企业、创业家庭与创业个人信用信息共享平台，为商业信贷机构提供免费或有偿服务，鼓励信贷机构之间尤其是商业银行间合作建立小微企业信用信息登记与共享平台。

　　最后，健全征信监管制度，建立小微企业信用奖惩机制。理清西部各级政府与征信监管相关部门与中国人民银行在信贷征信监管方面的分工，明确人民银行在信贷征信监管上的主体地位，防止多头重复监管及监管真空情形。尽快建立针对小微企业的失信惩治机制和守信激励机制，严格区别对待失信与守信小微企业，严惩恶意违约、拖欠债务、克扣工资、偷逃税款、假冒伪劣等失信行为，而给予遵纪守法、守信的小微企业以金融、场地、税费等优惠政策，为信用等级高的小微企业开辟绿色通道，提供更高的银行信用额度、更优惠的贷款利率和更为便捷的结算服务。

三、完善小微企业融资担保体系

为了使小微企业顺利获得信贷机构的资金支持和降低信贷机构信贷风险，在建立小微企业征信体系的基础上，迫切需要建立健全小微企业融资担保体系。

首先，在当前商业性担保机构不愿为小微企业提供担保支持的情况下，建议西部地区各级地方政府参股和控股部分担保公司，以省（区、市）为单位建立政府主导的再担保公司，重点为经济发展水平较低的县域初创期小微企业、成长期小微企业、弱势群体创办的小微企业提供担保服务，创设以省级、市级政府出资为主，各类金融机构或组织适度参与的小微企业信贷风险补偿基金，充分挖掘保险工具的增信作用，大力发展贷款保证保险和信用保险业务，改善信用保险服务，定制符合小微企业需求的保险产品，扩大服务覆盖面。加快制定一系列针对西部地区尤其是经济发展较为落后区域担保机构的优惠政策，加大中央财政资金的引导支持力度，鼓励担保机构提高小微企业担保业务规模，降低对小微企业的担保收费。通过贴息支持、风险分担等机制安排，引导金融机构主动参与到小微企业的发展中来。

其次，相关行业协会应利用自身与企业联系紧密的优势，牵头引导小微企业组建互助担保组织，为成员企业提供融资担保，严格制定担保组织互助条例，鼓励西部地区经济发展水平较低区域、小微企业发展较为迅速区域、创业活跃区域等特殊地区的行业协会加快践行此模式。各级地方政府应积极鼓励地区规模较大、信誉较好的企业主动牵头一批小微企业组建互助担保组织，并在担保组织日常运转过程中发挥较大作用，政府可在财税、金融、场地、雇工等方面给予优惠。对于企业整体发展规模较小、实力较弱及行业协会发展较为落后的区域，地方政府可考虑成立专门机构来牵头、引导小微企业组建互助担保组织，协助小微企业制定组织章程，承担部分或全部日常运转费用。

最后，加快在西部地区建立担保机构与银行长效合作机制，建议由政府出面，引导以小微企业为主要担保对象的商业性担保机构与银行建立长效合作机制，政府尽快出台针对担保机构与银行合作的相关政策、法规，对二者的合作模式、风险分担、利率水平等进行明确规定，禁止银行向担保机构违规收取保证金及其他费用；鼓励双方利用各自有关小微企业的基本信息、财务信息、信用信息等数据进行合作，共建小微企业信息共享平台。

第三节　构建金融知识普及机制

一、建立政府主导的普及机制

本书实证分析表明较高的金融知识水平有助于西部农村家庭创业，同时还可以降低家庭遭受正规信贷约束的可能性。鉴于金融知识对家庭创业及正规信贷约束的重要影响，因此，有必要加强西部尤其是农村地区的金融知识普及，提升居民金融知识水平。提升西部地区农村居民的金融知识水平是一项长期、艰巨的任务，事关国家大局，因此，政府必须发挥主导作用，建立政府主导的金融知识普及机制。一是加强与金融知识普及相关的政策与法律的制定。国民金融知识素养事关国家经济与社会发展大略，因此，必须以强制手段实施金融知识普及计划，尤其是在经济社会欠发达的民族地区、边疆地区、脱贫地区和乡村振兴重点帮扶县等特殊区域，更要尽快、尽早实施金融知识普及计划，达到提升国民金融知识水平的目的。建议尽快颁布制定"国民金融知识素养培育法"或"国民金融知识素养培育条例"，从必须了解及掌握的金融知识种类、负责金融知识普及的监管机构、宣传机构、普及对象、普及范围、年限、评估方法等几个方面明确规定金融知识普及事宜。二是建立政府工作人员，尤其是西部地区各级地方政府工作人员，特别是金融机构工作人员、村委会工作人员的金融知识学习机制，鼓励该类人群利用闲暇时间主动通过报纸杂志、书籍、网络等渠道学习金融知识；政府金融部门可强制性规定工作人员在一定期限内完成某类金融知识的学习，可考虑为工作人员订阅金融类报纸杂志，加强对工作人员金融知识的培训，在不影响正常工作的前提下，鼓励工作人员参与金融课程的继续学习；在选调生、大学生村官等招录环节，注重对金融知识的考查，有选择地下派懂金融、懂经济的大学毕业生到村担任相应职务，促进金融知识传播。三是建议在各级党政部门成立金融知识学习小组，有计划地安排金融方面的专题学习，尤其加强对时事金融知识、热点金融知识的学习，可采用聘请金融专家举办专题讲座、学习小组内部互助学习讨论会、集体视频学习、举办金融知识竞赛等模式激发党政工作人员的学习热情；建议组织人事部门在干部教育培训计划中，设置金融知识培训课程，提升党政干部金融知识素养。四是西部地区各级政府可依托中国人民银行、银保监会、证监会等政府金融机构和民间金融机构加强对农村居民金融知识的教育宣传与培训工作，政府金融机构可依据自身特点及管辖范围制定不同类别的金融知识普及方案，如证监会可着重在上市流程、股票知识、开户流程、股票交易、股市影响因素等金融知识上进行教育、培训与宣传。

二、发挥教育机构的普及作用

近年来，高校对创新创业教育不断加强，取得了进展，对促进学生全面发展、推动毕业生创业就业发挥了重要作用。鉴于教育机构在知识传播方面的时间、规模、系统、学习等优势，我们有必要尽快将金融知识教育纳入教育机构日常教学安排中去。

一是建议教育主管部门重点发挥校园教育的优势，将金融知识教育纳入小学、初中、高中及大学教育体系，科研院所要及时修订专业人才评价标准，细化创新创业素质能力要求，突出金融知识、经济知识学习要求。不同层次、类型、区域的学校要结合办学定位、服务面向和创新创业教育目标要求，制定专业教学质量标准及人才培养方案；扩大金融知识在日常授课内容中的比重，尤其加强在初、高中阶段教育设置财经、金融类知识必学课程，用案例教学、实地调研、知识竞赛等方法强化学生对金融知识的学习。在教师选拔过程中，将金融类知识及素养纳入选拔与考核体系，在中小学教师队伍构成上，优化不同知识背景与专业技能的教师搭配，有意识地选拔一批具有金融类知识背景的师范类毕业生与教师到中小学任教。强化对西部地区尤其农村等经济发展较为落后区域的教师的金融知识再教育与培训，继续深化东、中、西部教师交流机制，注重在西部地区选拔一批中小学教师到财经类大专院校进修。鼓励中小学教师主动学习金融知识，并开设金融知识课程，对开设金融知识课程的教师给予一定费用补贴或其他优惠。在大专院校尽快打通一级学科或专业类下相近学科专业的基础课程，开设跨学科专业的交叉课程，将涉及金融知识的课程纳入必选课程，探索建立跨院系、跨学科、跨专业交叉培养创新创业人才的新机制，促进人才培养由学科专业单一型向多学科融合型转变。适度增加金融类课程在总课程数量中的比重，加快金融类优质课程信息化建设，推出一批资源共享的慕课、视频公开课等在线开放课程；建设依次递进、有机衔接、科学合理的创新创业教育金融类专门课程群；适度扩大金融、财经类专业学生招生规模和提升教师数量，鼓励学生组建金融、财经类社团，加大对金融知识的宣传与培训力度，学校可为社团成员提供免费的金融知识培训与教育；大专院校可通过校园广播、知识竞赛、财务大赛、模拟炒股竞赛、免费讲座等形式强化对金融类知识的传播。

二是鼓励民间教育机构开设金融、财经知识培训课程，对于针对返乡农民工、大学毕业生、残疾人员、复员退役军人、留守妇女等欲创业者进行金融知识培训的民间教育机构，各级政府可考虑制定给予财政补贴、税收优惠、金融支持、场地支持等便利政策。完善社区学院体制机制，整合业余大学、职工大学、社区大学、成人夜校等成人教育机构，教育方向侧重社区教育、补偿性教育、职业生涯教育、合同培训与社区服务等，教学内容侧重金融类、财经类、法律类等一般应用型知识。重点对农村居民进行手机银行、网上银行知识运用能力的培训，提升其对理财产品的基本认知和风险识别能力，对贷款的基本操作流程、种类、期限、利息计算、逾期处罚措施以及支农惠农贷款政策等知识进行讲解；提升农村居民金融法律知识，提高其借助法律途径来保障自身合法权益的能力。

三、健全金融机构普及机制

尽管当前已有部分金融机构，主要是大中型商业银行已经在部分地区举办了"金融知识下乡""金融知识进千家万户"等金融知识宣传活动，但总体来看，参与这项活动的金融机构数量很少，而且活动的主要目的是出于对本企业的宣传，功利性色彩浓厚，且较为短暂，具有不可持续性，并未很好体现企业社会责任的理念。因此，建议在国家层面健全以财政部、中国人民银行、银保监会、证监会及各级地方政府金融管理部门组建的，以中国人民银行为主导的金融知识普及监管机构，建议在中国人民银行内部设立基层金融事务计划部门和金融消费者保护部门，实施国民金融能力提升战略计划，设立金融知识普及教育专项资金以专门负责金融知识普及教育。各金融机构积极参与，学校、媒体等协调配合的金融知识普及教育组织体系。强化各部门合作与沟通，明确分工，各司其职，合力做好农村居民金融知识普及教育工作。敦促商业性金融机构，如商业银行、证券公司、投资公司、金融类咨询公司、商业性担保机构、农村信用社、各类金融协会等加快推进金融知识下乡、进万家活动，建立并普及长效机制，定期举办金融知识培训与教育活动。尤其是在西部农村地区，切实提高金融知识普及培训频率与质量，免费为上述地区居民发放财经、金融类期刊、宣传手册、简明读本、专业书籍、影像资料等。举办培训与讲座时，规定每家在家庭生产中发挥重要作用的家庭成员出席参与培训。在农村地区，要特别注意发挥农村信用社、农商行在金融知识普及上的作用，在信用社工作人员尤其是信贷员的招聘上，要特别注重选拔一批具有金融专业背景、金融知识水平较高的优秀人才，建立工作人员继续学习与培训机制，优先提升与农村居民联系紧密的信贷员的常规与专业金融知识。鼓励政策性金融机构利用自身资金雄厚、与大中型企业及地方政府部门联系紧密的优势，督促大中型企业强化金融知识宣传，举办公益性金融知识讲座及培训，将大中型企业对金融知识的宣传力度、普及范围、培训质量等作为企业贷款申请的条件之一。鼓励政策性金融机构与企业和政府部门一起协作，促进金融知识的传播。

四、提升非金融企业普及能力

企业作为吸纳就业人口的主要组织形式，在普及金融知识，提升国民金融知识素养方面发挥着不可替代的作用，因此，完全有必要建立并完善企业普及金融知识机制。一是建议西部地区企业建立各级部门领导长效学习机制，增加金融知识学习在整个学习任务中的比重，将金融知识水平列为企业领导的选拔考核指标之一，注重启用一批金融知识丰富、专业技能水平高、组织能力强的年轻普通员工担任部门领导职务。二是在企业内部营造金融知识学习的浓厚氛围，建立员工定期培训与教育机制，由企业主动联系外部大专院校、专业金融培训机构及其他较为专业的金融机构和其他企业金融专家到企业举办讲座或短期培训课程，或将员工送往企业外部进行培训。鼓励员工主动加强金融类知识学习，通过知识比赛、试卷测试等形式强化员工对金融知识的学习。三是深化校企合作，将企业用人需求与院校专业设置对接，鼓励大专院校金融类院系与企业开展合作，构建实践实习与理论学习双向流动机制，企业为院校学生提供实践实习岗位，院校定期邀请企业金融知识素养较高、实践能力丰富的专家来校授课、讲座，或直接聘任其为本科生、研究生导师，院校可为企业输送具有一定理论基础、成绩优秀的毕业生。四是鼓励实力雄厚、金融知识储备丰富的企业以专项预算的方式筹措金融知识提升专项资金，在所在社区举办公益性金融知识培训，提升社区居民金融素养；主动帮助与之联系紧密的中小微企业提升金融知识水平；通过赠予、捐助等筹款方式吸收民间资金用于金融知识普及教育活动。五是鼓励企业行业协会利用自身在组织、声誉、宣传方面的优势，积极举办金融知识培训课程，定期对协会内成员企业的部门领导、普通员工等进行金融知识培训；定期举办协会成员企业金融、财经知识等交流会，鼓励金融知识水平较高的企业分享其经验，并协助其他企业提升金融知识储备。六是西部地区政府相关部门应组织开展小微企业金融知识普及教育活动，及时为其提供必要的金融基础知识，切实提高小微企业金融知识储备和融资能力，培育信用意识和风险意识，提高其融资主动性和可获得性。

五、激励居民学习金融知识

构建民众自发学习金融知识的机制，激发其学习金融知识热潮。首先，建立动员社会各方面力量的工作协调机制，调动高等院校、职业院校、协会商会和其他社会中介服务机构发挥各自优势，对接资源，广泛参与金融知识普及教育活动。鼓励社区居委会/村委会利用接近民众的地缘优势，提供专门场地，定期邀请外部金融专家或社区内部金融知识水平较高的居民或社区内部及附近的致富能人定期针对社区居民进行财经、金融尤其是小额信贷流程等知识的公益性培训或讲座。考虑设立"金融文化节"，以节日方式宣传金融知识的重要性，营造全民学习金融知识的浓厚氛围。其次，要开展居民金融基础知识学习需求摸底调查工作，了解培训意愿和需求难点痛点，加强培训供需对接，使有学习需求的居民应知尽知，从而能够自主选择、随需而学；鼓励居民内部建立金融学习互助小组，互助小组可以现场讨论、案例讲解、集体上课、实践考察等方式促进对金融知识的了解与学习；建立健全向农民工免费提供职业教育和技能培训制度；鼓励在校中学生、大学生为家庭成员宣传、讲解金融、经济知识。最后，进一步推进农家书屋建设，完善农家书屋设施，建议构建科研机构、高等院校、金融类企业与机构支持农家书屋建设机制，尤其是加快推进西部农村地区、民族地区等经济社会发展落后区域的农家书屋建设，大幅扩充现有书屋藏书数量与种类，扩大财经、金融类期刊、书籍的比重，定期发放纸质金融知识宣传资料；及时采用线上知识传播与线下主题培训相结合、理论学习与案例情景教学相结合、综合培训与专题培训相结合、入门培训与提高培训相结合、学习与考评相结合等方式和手段，充分利用互联网、信息化实训平台等载体，探索"慕课"、手机 APP、微信公众号等"互联网+"培训新模式，针对居民大规模开展开放式在线金融知识培训；将大学生假期社会实践与金融知识宣传结合起来，鼓励相关专业大学生利用社会实践在村或社区进行金融知识普及活动。第四，加强西部农村地区、民族地区、脱贫地区、革命老区等经济落后区域有线电视、网络信息等信息基础设施建设，适时引入社会资本参与，引导、鼓励企业提高社会责任感，主动参与基础设施建设，最大限度降低有线电视、网络等收费标准，增加财经类、金融知识类电视节目、广播频道，适度延长播出时间与播放频率；加快建设财经、金融知识类公益性网页网站，为居民获取金融知识提供方便。

第四节　建设金融信息服务系统

一、建立小微企业信息录入平台

当前全球经济社会已经进入大数据时代，如何在纷繁复杂的海量数据中甄别并提取有效信息是当今每一家企业和潜在创业家庭或个人面临的难题之一。西部地区小微企业与创业家庭往往因资产规模较小、财务实力较弱、人力资源不足、信息化办公程度较低等因素，搜寻有效信息尤其是金融信息较难。因此，为了提升小微企业和潜在创业家庭搜寻金融信息的效率，在当前国家鼓励发展小微企业，大力扶持家庭及个人创业的背景下，我国需建立由中国人民银行主管，银保监会、证监会及各级政府金融管理部门参与管理，政策性金融机构、商业性金融机构及小微企业积极参与的小微企业金融信息服务系统。建设国家层面、省级层面、市级层面小微企业金融信息服务系统，首先需要建立健全小微企业信息录入平台，获得小微企业基本信息。一是建议中国人民银行尽快建立小微企业信息录入平台，在此基础上通过各级政府的企业管理部门、行业协会、金融机构等与小微企业存在联系的机构或组织大力宣传，鼓励小微企业主动登录信息录入平台录入自身基本信息，如成立时间、行业类型、主营产品、地理位置、雇工人数、税费负担、基本财务指标、用工需求、待遇水平、资金需求、可接受融资成本、金融知识培训需求、金融类政策需求等，并对其开展针对性的政策咨询、融资诊断、财务规划、信用评价、项目展示、融资对接、市值管理等服务，延伸服务链条，探索搭建规范、开放、便捷、高效的融资供需对接平台，为银行、天使投资、创业投资、融资租赁、担保等各类金融机构和融资服务机构提供对接服务，拓宽小微企业资金供给渠道，提高小微企业融资成功率。二是建议中央政府给予中国人民银行从各级政府企业管理部门、银保监会、证监会、正规金融机构、非正规金融机构、行业协会等第三方机构获取小微企业基本信息的权力，鼓励上述部门主动提供存有的小微企业基本信息，探索建设小微企业信息共享数据库。三是在当前政府部门小微企业数据信息相对缺乏的情况下，鼓励中国人民银行优先与西部地区大专院校调研机构、学者、民间调查机构等开展合作，展开小微企业调查，各级地方政府尤其是金融部门与税务部门应对调查给予配合与支持，争取及时获得第一手小微企业调查数据，并录入小微企业金融信息系统。四是优先给予基本信息纳入信息录入平台的西部地区小微企业以登录账号及密码，提供一对一服务，使其能够登入信息系统及时修改本企业基本信息，查询国家最新金融、财税等政策及法律法规，获得其他行业小微企业基本信息，发掘与其他小微企业合作空间；可考虑将小微企业税费的缴纳，租金的缴纳，财政补贴、贴息的领取，从银行等信贷机构获取信贷资金等事宜统一纳入小微企业金融信息系统中来，以提升小微企业处理此类事务效率，为其节省时间。

二、构建金融政策信息服务平台

当前各政府机构和部门分别管理和服务不同领域的中小企业，尚缺乏统一的信息归集扎口和对外输出渠道。例如，税务、社保、公安、水电、生产建设等政务信息分散在不同的政府部门，尽管政府成立了信息中心等部门，搭建了政府信息共享平台，但还存在使用权限少、申请手续繁杂、数据系统不完善等问题，尚无法为大规模普惠金融业务提供系统的帮助①。因此，探索建设和完善区域小微企业数据集成系统，打造开放式的小微企业数字化金融政策信息服务平台具有十分重要的现实意义。高质量的金融政策信息服务平台可以有效、全面、及时整合国家层面、地方政府层面金融政策，可以使小微企业及时了解、掌握金融政策，大大提高其获取金融政策信息的效率。坚持整合互联网、大数据和金融信息资源的基本理念，以"政府主导、市场运作、IT 支持、各方参与、互利多赢、风险共担"为宗旨，打造"信息+信用+信贷"智慧金融服务载体，建立起跨部门、跨系统、跨平台、可交换和共享的企业信用数据共享平台，通过推动财政与金融、产业与金融的有效融合，可以突破小微企业、金融服务主体、政府之间信息不对称的困局，搭建银企对接的桥梁，从供给侧引导各类金融资源支持中小微企业转型发展，从而有效化解中小微企业的"融资难""融资贵""融资繁"等问题。构建金融政策、法规信息发布平台有助于小微企业及时、高效获知政府金融政策，以便依据政策，明晰发展目标，及时调整自身发展策略。西部地区省级政府应加快设置并优化专人负责信息发布平台的管理及维护，第一时间发布财政部、中国人民银行、银保监会、证监会及其他政府部门及重要金融机构的金融政策及法律法规；设立小微企业留言板块，认真搜集其对现有政策、法规，新颁布的政策、法规的意见和建议，甚至在研究制定某项政策或法规之前，通过金融信息系统率先征求小微企业意见。专门安排解读政策工作人员，聘请权威专家第一时间通过网络发布平台以

① 肖扬. 打造普惠金融新基建 构建数字化新生态[EB/OL].(2021-03-18)[2021-09-15]. https://www.financialnews.com.cn/cj/zczx/202103/t20210318_214255.html.

文字、音频及影像的形式进行政策解读，引导小微企业在政策与法律允许范围内，最大限度利用政策与法律效力，获得最大合法利益。考虑建立金融政策信息发布平台与小微企业网络页面之间的衔接，使得录入金融信息系统的小微企业通过本企业网络主页即可获取最新金融政策与相关法律。探索建立一个集征信、信息、税务、金融等多方面于一体的网络平台，作为专门针对小微企业贷款及相应金融服务的网络平台，在企业入网的端口对企业的一切信息加以核实，通过这一平台以优惠的利率、方便快捷的程序实施政府对小微企业的扶持。推动小微企业信用体系建设，通过建立完整的小微企业信用信息数据库和定期出具征信报告，金融机构可全面掌握小微企业的信用信息，定期提供分行业、分区域、分规模的各类中小微企业信用信息，有效解决与借款企业信息不对称问题，增进银企互信。

三、打造多方信息交流接洽平台

制约小微企业和个体工商户融资难的核心问题，是小微企业缺信息、缺信用的"两缺"。银行不了解小微企业生产经营信息，同时，小微企业也缺少有效担保抵押，缺少信用、风险分担的机制。推动解决小微企业融资难，需要通过"纵横"双努力，进一步打通各部门"信息孤岛"，为银行更好识别、管理企业贷款风险提供信息[①]。2020年9月颁布的《关于规范发展供应链金融支持供应链产业链稳定循环和优化升级的意见》明确提出要"提升产业链整体金融服务水平，推动金融机构、核心企业、政府部门、第三方专业机构等各方加强信息共享，依托核心企业构建上下游一体化、数字化、智能化的信息系统、信用评估和风险管理体系，动态把握中小微企业的经营状况，建立金融机构与实体企业之间更加稳定紧密的关系"[②]。因此，西部地区应加快搭建区域性综合金融服务信息平台，平台以信息技术为支撑，以各市场参与者的需求为导向，促进金融资源以市场机制进行有效配置，实现产、融、服多方降成本、展业务、提效率、控风险。同时，借助互联网、大数据等技术，搭建"互联网+政务+金融+大数据"的科技金融服务综合平台，实现企业信用信息、融资需求信息、金融机构产品信息和政策信息的交互对接，为企业搭建涵盖丰富金融产品和增值服务一体化的"互联网+综合金融服务"信息平台。加快在西部地

---

① 肖扬. 打造普惠金融新基建　构建数字化新生态[EB/OL].（2021-03-18）[2021-10-10]. https://www.financialnews.com.cn/cj/zczx/202103/t20210318_214255.html.

② 肖旻. 政策力推供应链金融平台构建：且看区块链如何助力集团企业财务公司数字化转型[EB/OL].（2021-01-13）[2021-10-10]. https：//www.yicai.com/news/100912752.html.

区金融信息系统内部构建银企、企业之间信息交流接洽平台，而基于网络平台的交流接洽平台在跨越地域、不分昼夜地传播信息方面具有巨大优势，有助于交流方提升合作效率，节约交易费用。鼓励正规金融机构、非正规金融机构、大中企业尽快在小微企业金融信息系统录入本企业基本信息，以获取唯一登录账号，以便与系统内部同行业机构及小微企业进行交流。在交流接洽平台内部，小微企业可以方便、及时发布资金、场地、人才等需求信息，设备租赁与购买信息，投融资咨询信息，研发需求信息，专利出售与购买信息，技术转让信息，碳排放权交易信息等；同时，金融信贷、咨询、担保等机构及注册企业可以及时获取信息发布方的需求或供给信息，及时与之开展合作；而小微企业可以在金融机构信息板块，及时获取最新金融产品或服务及其特点、利率优惠、信贷政策、咨询费用等信息。在较短时间内获得大量的买方或卖方购买或售卖信息，有助于需求方或供给方货比三家，以最快速度获得物美价廉的产品或服务。

四、建设小微企业信息交流平台

小微企业因其资产规模、雇工数量、财务实力、行业分布、地理位置、竞争能力等因素而独具特色，然而，对于一些小微企业来说，其科技基础、人才储备、资金规模都有短板，加强合作是其未来发展非常重要且现实的选择，尤其是在新冠肺炎疫情后，强化合作交流，实现稳步健康发展至关重要。推动小微企业信用信息查询、交流和共享的社会化，能够提高小微企业依法、诚信经营的自觉性，还有利于解决市场主体在交易中信息不对称的问题①。因此，建议西部地区政府在推动小微企业突破生产经营困境，促进社群企业之间的学习交流，搭建项目推广、资源共享、供需置换的优质平台，实现高质量发展，着力打造小微企业信息交流服务云平台，利用区块链、大数据、云计算等科技手段，构建科学便利的营商环境，引导小微企业设立运营、转型升级、便利融资等，突破不公平竞争和过度竞争的困境，实现共赢。小微企业可以在信息交流平台跨越地域限制，随时随地分享自身创业经历与经验、产品或服务特点、贷款获取经验、对政策或法律的理解等实践知识，还可以在平台内部就组建信贷互助担保小组、组建小微企业研发与创新团队、建立企业间人才交流机制、相互实地观摩考察机制、产品或服务价格机制等开展交流与洽谈，还可组建小微

① 安徽拟建立中小企业信用信息共享平台［EB/OL］．（2021-05-24）［2021-10-10］．https：//www. sohu. com/a/316189960_ 120024404.

企业联盟，就资金获得、产品或服务售卖、专利转让、研发创新与金融信贷机构、投融资咨询公司、信贷担保机构及政府部门等与对方进行谈判，为团体争取最大利益。建议西部地区地方政府充分发挥地区在"一带一路"建设中的区位优势，共建服务于中小微企业的"一带一路"电子商务平台，一方面广泛收集发展中国家对外国投资的需求信息，另一方面有投资意向的国内中小微企业也可将自身企业的情况和参与"一带一路"建设的投资意向及时在平台上公布，促进需求双方的信息沟通和交流；也可以通过建立行政区间、商协会之间的横向联系，获得第一手资料或信息，寻求商机。落实联合国"中小微企业日"有关精神，定期举办小微企业线上或线下论坛，及时分享小微企业发展成果，邀请政府部门相关负责人出席，解释与小微企业有关的最新政策，听取小微企业发展诉求；建立健全小微企业协会或商会制度机制，积极发挥其服务小微企业功能。

第五节　本章小结

本章从拓宽创业项目融资渠道、完善信贷风险控制体系、构建金融知识普及机制、建设金融信息服务系统四个方面建设金融支持体系。具体而言，在拓宽创业项目融资渠道方面，可以从完善金融支持政法体系、优化正规金融机构支持、推进非正规金融体系建设、积极拓宽直接融资渠道四个层面着手；在完善信贷风险控制体系上，可以从健全信贷机构风险控制体系、加快建立小微企业征信体系、完善小微企业融资担保体系三个途径实施；在构建金融知识普及机制设计上，探索建立政府主导的普及机制、积极发挥教育机构的普及作用、进一步健全金融机构普及机制、提升非金融企业普及能力、激励居民学习金融知识；推进金融信息服务系统建设，需建立小微企业信息录入平台、构建金融政策信息服务平台、打造多方信息交流接洽平台、建设小微企业信息交流平台。

第九章　西部农村家庭创业的人力资本培育

人力资本是促进家庭创业的关键因素，在对西部地区农村家庭创业的基本态势、存在的主要问题分析的基础上，并基于前文关于人力资本、社会资本及其他因素对家庭创业的影响实证分析结果，本书认为构建西部农村家庭创业支持体系的重点在于加强人力资本培育。因此，本章提出从教育体系、社会保障、迁移制度三个方面来培育西部农村地区的家庭人力资本。

第一节　完善教育体系

鉴于教育水平在家庭创业及整个国民经济社会发展中的重要作用，本书认为要切实完善西部农村地区现有教育体系，尽快提升居民受教育水平，应主要从优化义务教育制度、推进职业教育改单、单新高等教育体制、完善其他教育体系四个方面着手实施。

一、优化义务教育制度

首先，中央政府、西部地区各级地方政府应切实继续加大对西部农村地区义务教育经费投入，提高农村地区义务教育经费在国家及地方政府整个教育经费中的比重，实行"上级政府托底制"，即下一级政府缺少义务教育经费或投入不足时，上一级政府应承担其补缺经费的义务，西部地区省级政府难以支付义务教育经费时，由中央政府补充差额。在西部经济与社会发展水平较低的农村地区，探索建立地方政府"义务教育补贴制"，针对每个有在义务教育阶段子女的家庭，每年地方政府按至少一个孩子的数量标准，一次性给予一定货币补贴；对于有两个及以上子女，且子女处于义务教育阶段的家庭，当家庭从事工商业生产经营时，地方政府可考虑在财税、金融、场地、费用等方面给予优惠。

其次，依据农村教育适龄人口数量及农村空间布局，进一步优化学校布局，提高校舍质量，方便学生就近入学；加快推进农村寄宿制学校建设，均衡配置教师、设备、图书、校舍等，优先满足留守儿童、家庭偏远地区学生的住宿需求；提升农村地区义务教育阶段免费餐费标准，合理膳食，提高餐品质量。适度降低学生学业压力，给予学生充足的睡眠时间，增加体育课程数量，切实提高学生体质。

再次，在教育质量方面，尽快建立国家义务教育质量基本标准、监测及评估制度，严格执行国家课程标准；禁止实施重点班级计划，缩小班级学生规模，鼓励尽快建立小班教学制度，严格落实"双减"政策；提升义务教育阶段师资质量，在教师选拔过程中，注重从专业技能、品行作风、工作态度等多个方面选拔教师，建立健全师资继续教育与培训机制，对于西部农村地区教师主动参与继续教育与培训的，在精神与物质方面给予鼓励；建立西部城镇地区与农村地区义务教育阶段教师、校长交流机制，每年安排一定数量城镇地区的教师、校长到农村地区承担一定教学与管理任务；建立西部地区与东部地区义务教育阶段教师交流机制；给予到偏远地区参与教学的师范类毕业生及非师范类毕业生更大优惠政策。

最后，加大对西部革命老区、民族地区、边疆地区、脱贫地区义务教育的转移支付力度，大幅提升该类地区教师待遇水平，严禁学校向学生征收学杂费及其他名目费用。建立发达地区对欠发达地区的对口援助长效机制，提升人力资本援助水平。根据不同少数民族的历史、文化、风俗习惯实施不同的九年义务教育，可考虑采用"8+1"教育模式，即在六年小学教育与两年初中教育的基础上，再进行1年创业或基本劳作技能教育，如学习畜牧水产养殖、经济林果种植、机械设备修理、缝纫烹饪、商品经营等农村适用技术；普及义务教育后，对于只愿意进行"8+1"教育模式的农村学生或少数民族学生，可考虑将后续3年教育的经费以创业补贴形式进行返还。

二、推进职业教育改革

近年来，从国家编制《现代职业教育体系建设规划（2014—2020年）》，到"完善职业教育和培训体系，深化产教融合、校企合作"写入党的十九大报告，再到《国家职业教育改革实施方案》出台，提出了深化职业教育改革的路线图、时间表、任务书。大力发展职业教育成为普遍共识与行动。发展职业教育可以降低失业率，解决就业结构性矛盾，为生产服务一线提供生力军，提升人力资本素质，大量发展短年制的职业教育对普遍提高国民的科学文化素质作用显著，职业教育对发展本地区特色的经济和文化至关重要。前文实证分析也发现应用型教育对家庭选择创业具有积极的显著影响，接受过应用型教育的受访者所在家庭进行创业的概率会增加近 13.7 个百分点，且在 1% 的水平上显著。因此，为提升西部农村家庭创业活力，我国可以从职业教育着手。

首先，职业教育经费支出方面。西部地区各级地方政府应切实增加职业教育经费支出在教育经费支出中的比重，合理引导民间资本进入职业教育领域；中央政府应增加西部地区尤其农村地区中等职业学校国家助学金人均标准，对于农村地区家庭经济困难学生，补助年限扩至在校期间，而非仅当前的"一、二年级学生"；西部地区省、市（地）级政府应在贫困与农村双重地区实施高于西部平均水平的中等职业学校国家助学金人均标准；设立覆盖面更广、额度更高的奖学金与助学金，为存在享受职业教育的成员的家庭减轻经济负担；设立学生创业补贴金，给予对于符合条件的想要创业或正在创业的学生一定货币补贴。

其次，在课程及专业设置方面。省、市（地）级政府应把职业教育纳入当地经济社会发展和产业发展规划，引导职业教育规模、专业设置与经济社会发展需求相适应；职业院校应坚持立足市场需求的根本原则，结合当地经济与社会发展实际情况，灵活开设课程及专业设置，开设创业教育必修课程，把创业教育与专业教育、社会实践、实习和科研活动结合起来，提升大学生的创业精神和创业能力，要求学生必须达到一定学分方能毕业。对于修满创业课程学分的学生，可考虑给予"创业培训合格证书"。建立健全职业教育课程衔接体系，构建校企长期合作机制，鼓励企业为职业教育院校提供实习与工作岗位，探索进厂房、入车间的课程教育模式，院校可为企业提供免费或有偿在职培训服务。积极推进学历证书和职业资格证书"双证书"制度，推进职业学校专业课程内容和职业标准相衔接。完善就业准入制度，执行"先培训、后就业""先培训、后上岗"的规定。

再次，在职业教育师资队伍建设方面。继续完善高等教育阶段的专业学位制度，增加攻读专业学位学生在高等教育在校学生中的比重；注重应用型教育课程的设置；鼓励职业教育院校引进一批具有丰富创业理论及实践经验的学者、专家及企业家；完善符合职业教育特点的教师资格标准和专业技术职务（职称）评聘办法，提升职业教育院校教职工待遇水平。

最后，构建义务教育—职业教育—高等教育的过渡衔接机制，设置不同层次教育间的过渡课程，使学生可以实现义务教育向职业教育，职业教育向高等教育的平稳过渡；鼓励义务教育院校与职业教育院校、职业教育院校与高等教育院校在师资、招生等人才培养与科研、场地方面开展合作，以实现资源的互通与共享。

三、革新高等教育体制

首先，在高校空间布局与资金方面，在西部地区尽快建立一批以培养应用型人才为主的高等院校，增加西部地区高校总数量，合理空间布局，重点在四川省、陕西省以外的西部其他省份建设一批新高校；鼓励综合实力较强的东、中部地区"双一流"高校与西部地区高校合作交流，支持东部高层次人才向西部地区高校流动，但东部高校不得到西部地区高校招聘长江学者和引进全职人才；禁止东部高校不要档案、户口等违规做法招揽和引进西部高校全职人才；推进高校向各省除省会城市外的其他城市发展。国家要加大对西部地区高校的财政补贴力度，尽快完善中央财政对经济社会发展较为落后地区财政的转移支付制度，对地方财政实力较弱地区的高校进行专项拨款；大幅提升西部尤其是靠近农村地区的高校生人均经费水平；加大对西部地区高校的科研经费拨款，鼓励西部高校尽快完善科研成果市场化制度；完善国家奖学金制度与助学金制度，该类奖助学金要向农村学生倾斜。

其次，在招生方面，提高西部地区学生在全国高校招生数量中的比重，提升西部农村地区、欠发达地区学生在西部高校招生中的比重；建议针对农村地区与城镇地区学生实行不同的招生标准，适度降低农村地区汉族学生的录取分数线；完善填报志愿制度，给予农村学生更多选填志愿机会；完善高考招生考试制度，尽快针对西部农村地区建立一年多次入学考试制度，给予农村学生更多享受高等教育的机会；严惩高考移民行为，尽快完善农村外出务工人员的随迁子女参与高考制度。在专业设置、招生计划、考试、研究生教育等方面给予西部地区高校更大自主权及优惠政策。

再次，在课程设置方面，鼓励西部高校切实依据国家及地区经济社会发展规划，在充分市场调研的基础上，结合市场对人才的需求种类及质量，加快开设符合国家及地区发展需要的课程；在西部地区高校普及创业教育课程，将其纳入日常教学计划与学分体系，强化对毕业生的就业指导服务；促进高校、科研院所、企业科技教育资源共享，推动高校创新组织模式，培育跨学科、跨领域的科研与教学相结合的团队；促进科研与教学互动、与创新人才培养相结合，创立高校与科研院所、行业、企业联合培养人才的新机制；推进产学研用结合，加快科技成果转化，规范校办产业发展。鼓励东、中、西部高校及西部地区内部高校之间建立课程资源共享网络平台，使得三大地区学生可以通过网络免费下载课程资源，优先将与创业有关的课程上传至网络共享平台；积极引导慕课、智慧树等网络教育主体的教育资源向西部地区师生倾斜；鼓励西部地区高校开展科学普及工作，提高公众科学素质和人文素质。

最后，在师资队伍建设方面，提升西部地区高校专业教师福利待遇水平，合理引导经济社会发展水平较高地区师资向西部落后地区高校流动，提高对口支援教师待遇水平；增加西部地区高校重点学科、重点实验室及科研项目在全国总量中的比重，科研项目立项要向西部地区高校倾斜；把教学作为教师考核的首要内容，把教授为低年级学生授课作为重要考核依据；鼓励西部高校教师接受更高水平的教育，对于在专业方面继续深造的教师，政府及高校可从上课时间、地点、学费、生活补助等方面给予特殊照顾。

四、完善其他教育体系

第一，在学前教育方面。尽快在西部农村地区建立健全政府主导、社会参与、公办民办并举的办园体制，加大政府投入力度，改善幼儿园基础设施、教学及其辅助设备质量；对家庭经济困难幼儿入园给予补助、减免学杂费等优惠条件，鼓励在脱贫地区、民族地区、革命老区、乡村振兴重点帮扶县等欠发达地区的公办幼儿园实施免学费、免午餐费、免杂费的"三免"政策，切实提高幼儿入园率；严格选拔幼儿教师，完善幼儿教师在职培训机制，提高幼儿教师队伍整体素质，尽量从学前就着手实施与经济社会较为发达地区幼儿学校教育缩小差距的战略措施。

第二，在高中阶段教育方面。尽快在西部农村地区普及高中阶段教育，可先从西部欠发达地区开始，并依次扩展至整个西部农村地区；推进课程改革，创造条件开设丰富多彩的选修课，注重对学生创造性思维的培养，积极开展研究性学习、社区服务和社会实践活动，将创业教育课程纳入日常教学体系方面。

第三，完善成人教育、电大教育、自考教育、函授教育等继续教育体系。一是西部地区政府尽快成立跨部门继续教育协调机构，统筹规划继续教育发展，将继续教育纳入地区经济社会发展规划；推进继续教育与工作考核、岗位聘任、职称评聘、职业注册等人事管理制度的衔接，鼓励用人单位为从业人员接受继续教育提供便利。二是尽快规范继续教育培训服务，制定颁布与继续教育相关的政策、法规；鼓励学校、科研院所及优质企业等智力资源较为丰富的机构主动举办继续教育，强化农村社区教育机构和网络建设，建议由村委会主导，定期聘请专家、学者在社区举办专业知识教育培训；尽快完善西部农村地区网络设施，指导农民网络操作，鼓励有知识需求的农民通过网络课程进行学习。

第四，在特殊教育上，西部地区省级、市（地）级政府应在残疾儿童、少年较多的县（市、旗）设置至少一所特殊教育学校，加大对特殊教育的投入力度，切实改善校区办学条件，提高学生人均公用经费标准，强化特殊教育师资队伍建设，提高其待遇水平；鼓励普通学校接收残疾学生，扩大随班就读和特教班规模，提升残疾儿童、少年义务教育普及水平，加快发展残疾少年高中阶段教育与职业教育。

第五，在民族教育上，增加对民族地区尤其是农村地区的教育经费投入比重，改善办学条件，完善对口支援制度，鼓励高校毕业生到民族地区基层任教，扩大在民族地区定向招生规模；加大对民族地区师资的培养、培训力度，大幅提高其福利待遇；鼓励民族地区少数民族学生到内地接受教育，在学杂费、生活费、住宿费等方面给予低收入家庭少数民族学生以优惠政策；基于民族地区的民族特色及优势产业，制定发展相应的职业教育，大力发展创业教育，鼓励民族地区各级政府将创业教育纳入各阶段教育体系；支持民族院校加强学科建设，提升办学质量，在不降低教学质量的前提下，扩大预科班规模；在尊重和保障少数民族语言文字的基础上，加强少数民族学生学前教育与义务阶段教育的汉语文学习。

第二节　优化社会保障条件

良好的社会保障条件不仅有助于提升居民身体素质，进而提高其人力资本存量，为居民提供智力保障；还可以降低居民创业的物质负担与心理压力，前文的实证分析也发现拥有健康体魄的受访者所在家庭选择创业的概率会上升。本书认为优化社会保障条件可以从医疗保险制度、基层医疗卫生条件、养老保险制度、工伤保险制度与健身服务体系五个方面进行。

一、完善医疗保险制度

首先，镇（乡）级政府、街道办事处及村委会应加大对新型农村合作医疗制度在西部农村地区的宣传力度，可通过村务公开栏、村广播、村民会议及入户发放介绍性资料等形式告之农民合作医疗详细的内涵界定、缴纳条件、收费标准、保险范围、报销比例等内容，说明新型合作医疗保险的益处及其在日常生产生活中的重要程度，公开与之相关信息及其操作流程，提升合作医疗保险在农民心目中的地位，赢得其信任，实现新型农村合作医疗保险在西部农村的全覆盖。西部地区应加快落实、完善统一的城乡居民基本医疗保险制度，合理提高政府补助标准和个人缴费标准，健全重大疾病医疗保险和救助制度。

其次，优化医疗保险筹资结构，近年来，基本医疗保险费用逐年上涨，到2021年更是涨至280元，部分地区的医疗保险缴费甚至达到了每人每年300元以上，这在一定程度上加重了农村居民的医疗保险缴费负担①。因此，建议坚持"一降一升多方参与"原则，鼓励西部地方政府通过财政补贴或专项资金形式，拓宽筹资渠道，探索建立"农民、集体、企业与政府"三方共同参与的合作医疗保险筹资模式，鼓励村集体及企业积极参与合作医疗保险，将合作医疗保险中，需要农民交费的部分额度降下来，集体、企业与地方政府负担的额度升上去，切实降低农民医疗负担；对生活困难群众实施多重保障；扩大社保覆盖范围，重点将低收入群体、农民工、灵活就业人员等纳入保障网络；全面落实基本医保异地报销实时结算，让患者少跑腿。

再次，加强对新型农村医疗合作保险基金的监督与管理，明确监管内容，将保险资金置于劳动保障、审计、财政、监察部门的监管之下，增加检查频率，定期公布定点医疗机构的医药费用及参合农民的补偿情况；定期组织医疗机构考核，将人均医疗费用及其增长幅度、平均住院日、住院人次数占总诊疗人次比例等指标纳入考核内容并加强监测预警。加强基金收支预算管理，规范票据管理与资金划拨流程，严禁以现金形式支付补偿款。鼓励商业保险机构积极发挥医疗保险机制的作用，防止不合理医疗保险费用支出，加强对医疗机构服务行为和医疗费用的监控。加大对骗取医疗保险等违法行为的惩处力度。

最后，当前门诊费用以及很多的药品费用都不能够实现报销，同时住院费用的报销比例等也相对较低，建议将门诊费用纳入基本医保范围，进一步扩大药品与病种报销范围，提高报销比例和报销额度，尤其是对于患有重大疾病的患者和慢性疾病的患者。提高西部农村地区居民实际住院补偿比例，争取达到80%及以上；扩大大病医疗保险病种保险范围，提高报销比例；延长初生儿免费参与医疗保险年限；全面落实大病保险不设最高支付限额，通过大病救助等对患有重大疾病和慢性疾病的群体实行兜底保障；鼓励医院精简各项检查，坚决禁止住院时的无必要检查项目。

---

① 农民面临三大医保问题，农村医保涨至280元，还将有这些变化[EB/OL].(2021-08-21)[2021-09-15].https://xw.qq.com/amphtml/20210821A02Z4X00.

二、改善基层医疗卫生条件

第一，建议西部地区从业务用房、基本设备、人力资源、财政投入、服务功能、管理制度等方面加强基层医疗卫生机构建设，使之与基本医疗卫生服务需要相适应。镇（乡）卫生院及村卫生室作为农村居民最为便利实惠的医疗卫生场所，必须大幅提升其卫生医疗条件，改善医疗设备，加大财政投入。西部地区市（地）级政府、县（市、区、旗）政府应切实增加镇（乡）卫生院及村卫生室的财政投入，建立以中央和省级政府为主的稳定投入机制，保证投入资金持续稳定增长，将镇（乡）卫生院、村卫生室的建设列入各级财政支出预算方案；按照农村卫生室建设标准，加快推进村卫生室改造计划，实现诊断室、诊疗室与药房的三室独立，努力实现一村一室；提升医用设备购买补贴额度，增加医用设备种类，严格规定卫生室必须备齐消毒设备、急救设备、氧气包、体检设备等紧要与常规设备；加快健全基层医疗卫生机构服务功能，改善服务能力，建立基层首诊、分级医疗和双向转诊制度；推进基层医药卫生服务信息平台建设，逐步建立统一高效、资源整合、信息共享、实时监管的医药卫生信息系统。积极调动社会力量参与关注和帮扶基层医疗机构的建设工作，进一步提升基层医疗机构诊疗能力和服务能力。

第二，提高乡村医生公共卫生服务补助标准，可依据各地实际发展情况，可从"给予乡村医生定额补助、按行政村或村卫生室数给予定额补助与按服务人口给予定额补助"中选一或相互搭配结合的原则实施。优化乡村医生补助金筹集模式，依据省级、市（地）级及县级政府财政实力，坚持"承担比例与财政实力相对应"原则，合理分配承担比例。完善乡村医生养老保险制度和补偿政策，降低乡村医生保费承担比例，明确村卫生室日常运行经费由各级财政分类补助；针对西部农村地区，要加快落实预防保健津贴、基本药物零差率销售专项补助及人均基本公共卫生服务经费补助。完善老年乡村医生登记管理制度，为到龄退出的乡村医生建立档案，提高其养老补助与生活补助标准。西部地区更要以农村和基层为重点，推动健康领域基本公共服务均等化，维护基本医疗卫生服务的公益性，逐步缩小城乡、人群间基本健康服务和健康水平的差异，实现全民健康覆盖。

第三，加强对镇（乡）卫生院和村卫生室医疗从业人员的培训，建立大中医院与卫生院、卫生室，卫生院与卫生室间的人才培养合作机制；开展城市医院支援农村、社区卫生工作，并作为二级以上医疗机构专业技术人员职称晋升、聘任的必备条件；大中医院可给予卫生院、村卫生室医疗从业人员尤其是主治医生实习、培训与观摩的机会；鼓励卫生院与卫生室从业人员参与在职教育与培训，并给予一定货币补贴；鼓励医疗从业人员充分利用网络课堂进行远程学习；建立高等院校医学类毕业生下乡服务与就业机制，对主动到西部农村地区镇（乡）卫生院、村卫生室参与志愿服务及就业的毕业生，可考虑在学杂费、行医资格考试等方面给予特殊优惠；鼓励高等医学院校毕业生和中高级卫生技术人员到乡村和社区卫生机构服务。对长期在乡镇卫生院和村卫生室工作的卫生技术人员在职称晋升、待遇政策等方面给予适当倾斜，降低年龄较大、从医年限较长的乡村老年医生考取执业（助理）医师资格的门槛，稳定乡村医疗卫生队伍。

三、健全养老保险制度

根据民政部公布的最新预测数据，到"十四五"规划末期，我国将进入"中度老龄化"社会，60 岁及以上老年人口规模达到 3 亿人①。研究表明合理、稳定、可靠的养老保险制度在一定程度上可以降低乃至消除居民对养老问题的忧虑，有助于其安心参与生产活动。更有助于其参与具有一定风险的创业活动。因此，加快完善西部地区尤其农村地区的养老保险制度对促进西部农村地区创业活动具有十分重要的现实意义。

首先，在养老保险基金筹集方面，适度降低西部农村地区居民养老保险金个人缴费额度占保险金总额的比例，当前养老保险金主要由个人缴费、集体补助和政府补贴构成。因西部农村地区绝大部分村集体财政能力有限，其他经济组织、社会公益组织等提供的资助又很少，"集体补助"有名无实，养老金的三个筹资渠道只剩下个人缴费与政府补贴。中央政府对西部地区按中央确定的基础养老金标准给予的是全额补助，而个人缴费标准目前设为每年 100 元、200 元、300 元、400 元、500 元 5 个档次，按最低标准计算，对于西部农村人口较多的贫困家庭而言，养老保险金缴纳负担依然较重。因此，建议西部地方政府在农村地区尤其是贫困区域的农村地区，在当前 5 个档次标准的基础上继续细分，降低个人缴费养老保险金最低标准缴纳额度，并提高政府补贴标准（当前最低限度为 30 元），提升最低标准额度的未来回报率。进一步完善养老保险全国统筹、全民参保计划制度机制，避免出现基金支出增速持续超过基金收入增速的局面。

其次，在养老金待遇方面，一是要提高西部农村地区基础养老金补助标

---

① 杨舸. "中度老龄化"社会，我们准备好了吗 [N]. 光明日报，2020-10-29 (2).

准，将当前 60~79 周岁居民每人每月 55 元的标准提升至 60~80 元，将当前 80 周岁及以上居民每人每月 60 元的标准提升至 80~100 元，具体补助额度可依据西部各省份农村地区经济发展水平情况进行适度调整。中央政府与西部地区省级政府可按照一定比例分摊基础养老金提高额度，对于西部财政实力较弱的省份，中央政府可考虑全部承担提高部分。二是要适度降低西部农村地区基本养老保险个人账户养老金计发系数（当前系数值为 139，与城镇职工基本养老保险个人账户养老金计发系数相同）①，计发系数新标准可依据西部各省份农村地区经济社会发展状况予以灵活调整，鼓励西部农村居民积极缴纳个人账户养老金以获取更大收益。

最后，调整西部农村地区养老保险金待遇领取条件。第一，当前农村地区养老金发放条件为"年满 60 周岁、未享受城镇职工基本养老保险待遇的农村有户籍的老年人"，而不同地区居民因自然地理条件、医疗卫生水平、家庭收入水平等因素不同导致平均寿命也不尽相同；因此，可将人口预期寿命的因素纳入养老金发放条件，适度降低西部农村地区老年人保险金领取年龄；同时，考虑到男女寿命的差别，可针对男性老年人、女性老年人制定不同年龄的领取条件。第二，降低西部农村地区累计缴费年限，当前规定"距领取年龄不足 15 年的（按目前 60 周岁标准领取，即 45 周岁以上），应按年缴费，也允许补缴，累计缴费不超过 15 年；距领取年龄超过 15 年的（45 周岁以下），应按年缴费，累计缴费不少于 15 年"，建议中央政府及西部省级政府在考虑各市、县农村地区经济社会发展水平的基础上，设置有差别但更低累计年限的保险金缴纳条件。第三，强化对养老保险基金的管理与监督，鼓励西部地区有条件的省份加快推进城乡养老保险统筹，尽快统一城乡养老保险金制度；健全西部地区养老保险基金财务会计制度，尽快实现保险基金的省级管理；完善保险基金各项业务管理规章制度，规范业务程序，健全内控制度和基金稽核制度，实时监控、定期检查保险基金的筹集、上解、划拨与发放情况；完善养老保险基金经办机构与村委会对村内参保人缴费和待遇领取资格进行公示制度，确保信息公开、透明。加快在西部农村地区实行社会保障卡，方便参保人持卡缴费、领取待遇和查询本人参保信息。

四、优化工伤保险制度

科学、合理的工伤保险制度有利于从业居民安心工作，即使在因工伤而无

---

① 个人账户养老金的月计发标准为个人账户全部储存额除以 139。

法从事原工作时，合理的工伤保险基金及补偿措施有助于从业居民从事诸如自我从业、协作家庭成员从业的其他工作；因此，优化当前工伤保险制度并强化其具体实施对于居民生产生活具有十分重要的作用。

首先，构建更加严格的《工伤保险条例》实施细则及监管措施，特别要加强对小微企业及有雇工的个体工商户工伤保险参与情况的监管，构建从业人员工伤保险投诉平台，专门处理工伤保险事宜。笔者在调研小微企业及个体工商户过程中发现，有很大比例的小微企业及有雇工的个体工商户并未为受雇员工缴纳工伤保险费用；同时，还存在一定数量的非正式组织的有雇工的家庭生产经营项目，同样没有为雇工购买工伤保险，致使受雇员工出现工伤时，常通过私下和解方式解决，其合法权益难以得到保障，不仅不利于自身健康的恢复，而且还给家庭带来一定经济负担。

其次，在工伤保险基金运作方面，建议降低西部地区尤其是农村地区等经济发展较为落后地区的各类行业中小企业工伤保险缴费费率，提高其工伤预防费用在工伤保险基金中的提取比例；但要加强监管，督促中小企业将工伤预防费用切实用于提高员工工作环境安全性，预防员工工伤。明确工伤保险基金用途，严惩用工单位通过欺骗、隐瞒、上报较低工资标准以减少缴纳工伤保险费用的行为及通过伪造工伤率、工伤等级等骗取、多取工伤保险基金的行为；严惩将工伤保险基金用于投资运营、兴建或者改建办公场所、发放奖金等行为。

再次，提高西部农村地区尤其是贫困家庭从业人员的伤残补助金标准，建议在当前一次性伤残补助金的标准基础上，将标准提高 6~12 个月。对于一次性工亡补助金标准，可在当前"上一年度全国城镇居民人均可支配收入的 20 倍"的基础上进行提高，一次性伤残补助金标准与一次性工亡补助金标准可依据行业类型、从业人员家庭经济状况、未来就业机会等因素进行差别调整。

最后，明晰现有《工伤保险条例》部门条款及增加追责用工单位条款，如当前《工伤保险条例》第十五条第一款规定职工"在工作时间和工作岗位，突发疾病死亡或者在 48 小时之内经抢救无效死亡的"可视为工伤，但并未对用人单位是否对职工进行积极抢救进行明确说明，若出现用人单位故意拖延抢救时间或对职工抢救不力而导致职工超过 48 小时死亡的情形，按该条例规定，则不再属于工伤，这对职工而言是不公平的。因此，有必要尽快完善相关细则，并设置针对用工单位的追责条款。

五、完善健身服务体系

健康的身体有助于家庭创业活动的展开，除良好的医疗卫生条件可以保障居民身体健康之外，健全的健身服务体系也有利于促进社区居民主动参加体育健身活动，提高其身体素质、健康水平与生活质量。因此，构建完善的健身服务体系不仅有益于西部农村居民身体素质提高，还有助于家庭及个人进行创业活动。

构建西部农村健身服务体系，首先，建立健身宣传机制。当前我国农村地区居民尤其是经济发展较为落后的西部农村地区居民因生计需要，健身意识较差，健身理念较为落后；因此，有必要尽快建立健身宣传机制，鼓励各级地方政府加大对"全民健身日"的宣传①。各级各类媒体加大健康科学知识宣传力度，积极建设和规范各类广播电视等健康栏目，利用新媒体拓展健康教育。建议由各市（地）级或县级政府进行专项拨款，在乡（镇）政府设立类似健身宣传办的机构，在农村社区设立健身宣传专员，主要负责健身宣传活动，如张贴健身海报、广播健身知识、组织健身活动等，扶助社区居民逐渐树立健身理念，自愿进行健身活动；必要时可考虑以县级或乡（镇）行政区划为范围，设立"全民健身节"，以鼓励、促进全民健身活动；探索跨区域联合打造全民健身赛事活动品牌，增加赛事活动供给，推广普及运动项目，引导人们逐渐养成运动习惯。

其次，建立健身指导机制，鼓励县级或乡（镇）政府专门设立健身指导机构，机构从业人员可以从健身爱好志愿者、体育教师、健身专家等人群中进行选拔，或构建社区与具有体育人力资源的院校的长效合作机制；加快实现基层体育组织全覆盖，由院校定期派遣体育专家或招募志愿体育指导员对本地区居民的健身活动予以合理、科学指导，传授科学健身知识和正确的健身观。加快推进农村社区健身基础设施建设，省级、市（地）级及县级政府应积极拨款支持农村社区健身基础设施建设，村委会应开辟居民专门健身场地，用于基本健身器材的安置，可考虑优先引进如杠类器材、乒乓球台、棋牌室、篮球架等简单易操作的健身设备；加强健身步道、骑行道、全民健身中心、体育公园、社区多功能运动场等场地设施建设；升级改造公共体育场馆，借助现代信息技术，打造线上与线下相结合的运动健身场景，提升服务水平；加强全民健身组织网络建设，扶持和引导基层体育社会组织发展。

最后，加快落实《"健康中国 2030"规划纲要》和《全民健身计划（2021—2025 年）》有关内容。西部地区地方政府应切实把健康摆在优先发展的战略地位，立足地区实际发展情况，将促进健康的理念融入公共政策制定实

---

① 自 2009 年开始，我国"全民健身日"定为每年的 8 月 8 日。

施的全过程，加快形成当地有利于健康的生活方式、生态环境和经济社会发展模式，实现健康与经济社会良性协调发展。西部地区要尽快建立健康知识和技能核心信息发布制度，健全健康素养和生活方式监测体系。建立健全健康促进与教育体系，提升健康教育服务能力，普及健康科学知识。加强精神文明建设，发展健康文化，移风易俗，培育良好的生活习惯；制订并实施青少年、妇女、老年人、职业群体及残疾人等特殊群体的体质健康干预计划；全面实施青少年体育活动促进计划，培育青少年体育爱好，基本实现青少年熟练掌握 1 项以上体育运动技能；深化体教融合、推动体卫融合、促进体旅融合，推进全民健身融合发展；到 2030 年，基本建成县乡村三级公共体育设施网络；推行公共体育设施免费或低收费开放，确保公共体育场地设施和符合开放条件的企事业单位体育场地设施全部向社会开放。

第三节　推进迁移制度改革

一、推进农村土地改革

人力资本理论认为迁移投资可以促进劳动力在不同地域间的流动，积累人力资本，改善人力资本结构（杨爽 等，2008），而户籍制度作为影响劳动力迁移及其投资的重要因素，在人力资本培育过程中具有十分重要的现实意义。因此，有必要加快推进西部地区迁移制度改革，完善现有迁移制度，以培育西部农村地区人力资本。农村土地不仅是农民生产与生活的重要载体，还是影响农民迁移的重要因素之一，妥善处置宅基地与承包经营农地可以促进农民实现财产的增值与向城镇的迁移，而宅基地与农地的不当处置不仅会损害农民的财产权益，还会阻碍其向城镇迁移，影响人力资本的培育。因此，在西部广大农村地区土地制度尚未完善的情况下，推进当前西部地区农村土地改革对农村地区迁移制度的完善及人力资本的培育具有重要意义。

推进西部农村土地改革，首先，要完善土地征收制度，缩小土地征收范围，严格界定公共利益用地范围，规范土地征收程序，各级政府加快探索制定短期、中长期土地征收目录，并报审计部门、国土资源部门、农业部门及地方人大常委会等机构备案。对于关键、敏感、重要的土地征收需经上述有关部门的批准，全面公开土地征收信息。加快出台"农民集体所有土地征收补偿条例"，提高农民在土地增值收益中的分配比例。

其次，全面落实土地确权登记颁证，进一步完善农村土地承包经营权登记制度，强化对农村耕地、林地、草场等各类土地承包经营权的物权保护，严禁村委会或乡镇政府代替土地经营承包农户与接包方签订合同及村委会或乡镇政府与农户签订反租合同，再倒包给接包方的行为。建立土地承包管理信息系统；尽快完成包括宅基地在内的农村集体土地所有权和建设用地使用权地籍调查及确权登记颁证；探索建立进城落户农民在本集体经济组织内部自愿有偿退出或转让宅基地机制，允许农民带产权进城，且保障农民土地使用及收益权不因进城而改变；发挥村民自治组织在宅基地审批制度上的作用。加快在西部农村地区集体经营性建设用地入市制度，明晰集体经营性建设用地使用权法律定位，对集体建设用地使用权的定义做出规定，适当扩充集体经营性建设用地入市范围，适当将增量集体经营性建设用地纳入入市改革的客体范围，明晰农民集体与集体经济组织的关系，明确集体经营性建设用地使用权范围，健全入市收益分配制度，明确土地增值收益调节金性质，在合适的时候推进"大体平衡"；建立健全市场交易规则和服务监管制度，最大限度维护农民土地利益。

最后，推进农村土地规模化经营，尽快建立健全扶持适度规模经营发展的政策措施，西部地区各省应因地制宜，结合当地土地资源，出台与经济社会发展水平、生产技术条件和劳动力转移规模相适应的土地适度规模经营标准；推进承包土地向专业大户、家庭农场、农民合作社流转；鼓励农户采取互利互换方式，解决承包地块细碎化问题；鼓励通过土地经营权流转、农业生产托管等多种方式，加快发展土地流转型、服务带动型等多种形式规模经营。完善工商资本租赁农户承包耕地（林地、草地）准入、监管和风险防范制度，指导各地对工商资本长时间、大面积租赁农户承包地建立上限控制、分级备案、审查审核、风险保障金和事中事后监管等，严格准入门槛，防止浪费土地资源、损害农民正当权益。加快完善土地流转服务体系，健全土地经营权流转市场，规范市场运行机制，严格规范土地流转程序，加快健全县、乡（镇）、村三级土地流转服务网络，为土地流转提供政策咨询、价格评估、合同签订等服务。

二、完善户籍管理制度

完善的户籍管理制度对于农民向城镇迁移，进而获得更好的社会保障条件、更加完善的基础设施及更高的人力资本水平具有十分重要的现实意义。完善户籍管理制度，首先要建立户口登记地与实际居住地统一的户籍管理制度，允许城乡居民凭借合法固定住所证明进行户口登记，户口随居民居住地变动而变动；加快推进以身份证号码为居民终生标识，集居住、医疗、就业、纳税、婚姻、信用等多重功能于一体的居民信息管理系统建设。推进户籍制度与教育、就业、社保、医疗、住房、土地等制度的综合配套改革，即统一城乡居民户口时，必须将农村居民医疗、教育、就业、住房等配套制度与城镇居民同等化。如，统一城乡就业失业登记制度，当前我国只有城镇失业登记数据库，而尚未建立农村地区失业登记的制度，致使农村居民因失业而应享有的权益难以得到有效保障。建立城乡统一的失业登记标准，不仅有助于掌握我国真实的失业情况，而且有利于保障农村失业居民合法权益，解除其后顾之忧，间接有助于其财产增值和人力资本培育，更有助于其创业。建议西部地区各级地方政府可依据当地经济社会发展水平、财政实力、城镇地区基础设施建设情况等逐步在一定范围乃至全省范围内实现户籍制度与其配套制度改革。

其次，按照"全面放开建制镇和小城市落户限制，有序放开中等城市落户限制，合理确定大城市落户条件，严格控制特大城市人口规模"的原则实施西部地区户籍制度改革，推进以县城为重要载体的城镇化建设。西部地区应把建设小城镇作为推进城镇化进程的重要举措，大力发掘地区资源禀赋，开发特色产品，培育特色产业，打造产业链条，积极发挥小城镇连接城市、服务乡村的纽带作用，探索"镇村联动"发展模式，坚持"以镇带村、以村促镇、镇村互动"的发展思路，推广实施"1+N"镇村联动发展模式，积极引导农村居民就近就地城镇化，尽量避免人口外迁至东、中部地区。鼓励西部地方政府给予迁移至建制镇与小城市落户的农村居民更为优惠的条件，对于有创业项目或经营小微企业的农村家庭迁往建制镇与小城市定居的，地方政府可考虑在财税、金融、场地等方面给予优惠政策。坚持存量优先、带动增量，统筹推进户籍制度改革和基本公共服务全覆盖，加快促进农业转移人口全面融入城市。放宽来自西部农村地区迁移者的配偶、子女、父母等随迁移者定居城镇的条件，以解决西部农村留守妇女、留守儿童与留守老人问题。

最后，健全户籍制度改革的成本分担机制。健全农业转移人口市民化机制，推动"人地钱挂钩"。完善财政转移支付与农业转移人口市民化挂钩相关政策，建立城镇建设用地分配同农业转移人口落户数量等挂钩机制；健全以居住证为载体、与居住年限等条件相挂钩的基本公共服务提供机制；建立以城镇地区在一定期限内实际承载人口为主要依据的政府间财政转移支付制度，建立由政府、企业、居民及社会其他组织为主体的多方参与成本分担机制，中央政府侧重对人口迁入规模较大的城镇进行转移支付，同时侧重对西部地区人口迁出规模较大地区的转移支付，以补偿该类地区因人口迁出而导致企业劳动力不足而引起的产能下降、财税减少的损失；西部各级地方政府侧重本行政区划范围内部人口迁移而导致的人口负担问题，本级政府财力不足的，应由上一级政府给予扶助。

三、健全文化认同制度

尽快构建与完善农民进城务工（包括创业）文化认同与融合制度。一项完善、有效的文化认同制度有助于进城务工农民加快适应城镇居民的思想、习惯、思维等文化要素的速度，提高自身工作质量，加快融入城镇生活；还有助于已经具有城镇居民市场意识、竞争意识、风险意识的返乡农民在农村开展创业活动。

首先，在政府层面，特别是已经统一城乡居民户籍的地区政府，尤其是与进城务工农民密切相关的区政府、街道办事处、镇政府尽快制定并出台弱化乃至消除诸如"农民工""务工农民""进城农民""流动人口"等带有明显城乡隔阂色彩与身份识别的称谓的政策，尽可能降低进城务工农民意识中的城乡差异程度，提升其对城镇的归属感。鉴于进城务工农民文化程度与综合素质水平普遍较低的情况，区级及以下地方政府应加快制定并完善针对这一群体的职业技能、城镇交通、环境保护、公共卫生、市场环境、社会保障等与城镇生活密切相关的基本生存知识的教授政策，使其尽快熟知所在城镇。针对进城农民子女教育问题，应尽快出台准许随迁子女就近入读幼儿园、中小学及参加高考的政策。中、小学、幼儿园的命名避免使用"农民工子弟学校"之类的带有明显身份、地位特征的词汇。住宿作为进城农民面临的首要问题，直接关系其融入城镇生活的状态，因此，地方各级政府应切实加快优化城镇住房政策，针对务工农民，加快建设一批集体宿舍与廉租房，及时将具有稳定职业的务工农民纳入城镇住房保障体系。对于那些人口承载压力较大的城镇，应尽快出台鼓励在城务工农民返乡务工（含创业）的政策。

其次，在社区方面，社区居委会作为与进城农民生活紧密联系的单位，应将社区务工农民纳入社区活动，鼓励社区农民参加社区活动，使其主动融入社区，积极宣传城镇居民生活方式，借社区活动增加社区农民与城镇居民交往交流机会，促使城镇居民主动接纳务工农民。我国绝大部分少数民族居民生活在西部农村地区，因此，针对少数民族进城务工民众，当地社区要充分考虑其风俗习惯，可考虑在社区活动中引入民族元素，积极鼓励少数民族民众在社区活动中发挥自身民族特色优势。进城农民应积极主动参与社区活动，与城镇居民沟通交流，扩大社交范围，摒弃狭隘的老乡观、亲情观，主动学习城镇居民群体的竞争意识，以备有朝一日返乡生活时，可以将在城镇务工期间学习到的技能、知识与思维用到在农村的创业或工作中去。

四、优化移民搬迁制度

针对自然灾害多发区，进一步完善移民搬迁机制，贯彻"政府主导、群众自愿，因人制宜、分类施策，省市联动、合力推进"的原则，统筹推进扶贫、避灾、生态和其他搬迁，统筹规划移民搬迁、新型城镇化建设、新型职业农民培育和乡村振兴建设；积极扩大地理环境恶劣区域、自然灾害多发区域、潜在灾害发生区避灾移民搬迁规模；深入宣传搬迁政策、补偿标准、财产权属、户口迁移、安置房产权、就业就学等相关政策措施；组织机关干部开展移民连心工程，"一对一""多对一"开展连心结对，采取"专班+包联"的方式，相关部门、乡镇和村三级干部参与，在搬迁村分别召开搬迁工作动员部署会，制定搬迁工作方案，设立奖励金，制定时间表、路线图，层层压实责任；采取党员带头、干部领先和党员发动、干部动员有机结合的方式，成立监督工作组，全程跟踪督办、整改落实，为高效推进移民搬迁安置工作提供组织保障，从实、从细、从稳推动移民搬迁工作平稳进行；设置绿色通道，加快完善易地搬迁安置房项目手续，统一组织集中办理相关事宜。政府相关部门应积极对接安置区域周边园区企业、农业基地和扶贫车间，与相关单位建立稳定的用工关系；鼓励搬迁居民自主创业，积极发放搬迁户自主创业补贴，开发保洁员、网格员等公益性岗位，促进灵活就业；综合考虑搬迁安置、旧房拆除、土地复垦、生态恢复、基础配套、产业发展、上学就医、文化娱乐等方面，实现搬迁与发展衔接、生活与生产同步、安居与乐业统筹，确保新居民"搬得出、留得住、有事做、能致富、更幸福"。

加强防灾减灾工程建设，完善森林、草原火灾防控治理，提升农业气象灾害防范能力，加强乡村自然灾害监测预报预警，解决农村预警信息发布"最后一公里"问题。将矿产资源开采与生态环境保护、地区产业布局和居民生产生活需求结合起来，适度提高经济社会发展落后民族地区矿产资源开采补偿与费用返还比例。积极有序推进"多规合一"实用性村庄规划编制，加强农村资源路、产业路、旅游路和村内主干道建设，加强村级客运站点设施建设，缩短到市场中心的路上耗费时间。进一步建立完善民族欠发达地区农村低收入人口帮扶机制，统筹县域城镇和村庄规划建设，推进自然灾害高风险区危房改造，完善乡村水、电、路、气、通信、广播电视、物流等基础设施，尤其强化交通基础设施建设，提升路网密度与质量。引导和鼓励社会资本下乡，搭建要素聚乡、产业下乡、人才返乡和能人留乡平台，办好农村"双创"基地，实施农村创新创业带头人培育行动，支持返乡留乡农民工兴业创业，引导组织龙头企业与民族地区合作，实现以企带村、村企互动、内生发展。

第四节 本章小结

本章提出从教育体系、社会保障、迁移制度三个方面来培育西部农村地区的家庭人力资本、具体而言，在教育体系完善上，需进一步优化义务教育制度、推进职业教育改革、革新高等教育体制、完善其他教育体系；在社会保障方面，需进一步完善医疗保险制度、改善基层医疗卫生条件、健全养老保险制度、优化工伤保险制度和完善健身服务体系；在迁移制度改革层面，需要推进农村土地改革、完善户籍管理制度、健全文化认同制度和优化移民搬迁制度。

第十章 西部农村家庭创业的
社会环境营造

良好的社会环境有助于推进家庭创业活动的顺利开展，在对西部农村家庭创业的基本态势、存在的主要问题分析的基础上，并基于前文关于人力资本、社会资本及其他因素对家庭创业的影响实证分析结果，本章提出从政府行政服务、居民市场意识与居民创新精神三个方面来营造良好的家庭创业社会环境。

第一节 提升政府服务质量

一、构建高效管理机制

完善的创业行政服务有助于激发家庭创业欲望，增强家庭创业意识，减少家庭创业阻碍，提升家庭创业效率。构建高效的创业管理机制对于提升政府行政效率、促进居民创业活动及推进经济与社会发展进步具有十分重要的现实意义。

构建高效的创业管理机制，第一，要尽快在中央层面成立专职创业服务的部门。建议对涉及同级多个部门或一个部门多个办事机构，实行"首办负责制"与"并联审批"，加强对相关部门政策落实的监管力度，针对当前多个党政部门及相关协会共同颁布有关创业的政策条例的情况进行改善，以减少在政策执行过程中，因多头领导而导致的分工不明确及相互推诿扯皮的现象。如《国家税务总局财政部人力资源社会保障部教育部民政部关于支持和促进重点群体创业就业有关税收政策具体实施问题的公告》就涉及五个政府部门；人力资源和社会保障部、教育部等六部委共同组织实施的"创业引领计划"涉及六个政府部门。政策条例的多部门负责制及牵头部门的缺失极易引起分工模糊，出现部门权力或服务交叠，进而引发低效管理与服务。

第二，要在西部地区县级以上税务、财政、人力资源和社会保障、教育、民政等部门尽快建立劳动者就业信息交换和协查制度；人力资源和社会保障部加快建立全国统一就业信息平台，为各级地方人力资源和社会保障、税务、财政、民政部门提供就业失业登记查询服务；地方各级人力资源和社会保障部门、教育部门、军事部门等需及时将就业失业登记信息、"高校毕业生自主创业证""义务兵退出现役证"发放情况等与居民就业相关的信息传递给相应人力资源社会保障部门、税务机关、民政部门等，以便人力资源和社会保障部就业信息的更新与完善。

　　第三，要简化与创业有关事宜申请的程序，提高便利化水平。全面落实注册资本认缴登记和"先照后证"改革，在现有"三证合一"登记制度改革成效的基础上大力推进"五证合一、一照一码"登记制度改革；针对西部农村家庭创建个体工商业、合伙企业或独资企业等小微企业的登记申请，考虑在1~3个工作日完成，建立申办营业执照，工商部门须在1个工作日内办结；针对失业人员、大中专毕业生、复员退伍军人、残疾人、农民等特殊群体经营工商业的，给予其3~6个月试营业时间，试营业期间可不办理工商注册登记，只需备案即可。加快在西部地区全面落实"不同的地点申办两个以上的个体工商营业执照"及"归国留学人员凭中华人民共和国居民身份证或护照直接注册登记有限责任公司"的政策。推动住所登记制度改革，积极支持各地放宽住所（经营场所）登记条件，简化创办企业经营场所证明手续，准许创业者将持合法有效房地产证明文件或租房协议的房屋及具有村委会开具的使用权证明的创业农民私人场所作为生产经营场所进行登记。西部各级地方政府应敦促市场开办者、各类园区管委会、村（居）委会积极为参与创业的高校毕业生出具在本场所从事经营活动的相关证明，以便于其办理工商注册登记。

　　第四，简化收费制度，明晰收费项目。县级人民政府要设立"绿色通道"，为返乡下乡人员创业创新提供便利服务，建议与创业及小微企业相关部门在政务大厅集中办理收费项目，减少创业申请者及小微企业从业人员因相关部门地理位置分散，而来往各个部门间的办理时间；对进入创业园区的，提供有针对性的创业辅导、政策咨询、集中办理证照等服务。对返乡下乡人员创业创新免收登记类、证照类等行政事业性费用；全面落实对创业及小微企业所有收费项目、收费标准在政务大厅集中公示，经财政、发展改革（物价）部门联审后，由政务大厅专门窗口发放"明白卡"，为创业家庭、个人及小微企业发放"缴费专用卡"，相关部门的收费经"缴费专用卡"实行"一卡收费，一次性扣除"。

二、完善创业配套服务

完善的创业配套服务有助于提升居民创业效率，促进其创业项目顺利发展。

完善西部地区尤其是农村地区创业配套服务，一是拓宽人事和劳动保障服务，西部各级地方政府应设立专门机构为创业者尤其是大学生在一定期限内提供档案保管、人事代理、职称评定、社会保险代理等免费服务；允许返乡下乡人员在创业地按相关规定参加各项社会保险，有条件的地方要将其纳入住房公积金缴存范围，按规定将其子女纳入城镇（城乡）居民基本医疗保险参保范围；对返乡下乡创业创新的就业困难人员、离校未就业高校毕业生以灵活就业方式参加社会保险的，可按规定给予一定社会保险补贴；对在乡返乡下乡人员初始创业失败后生活困难的，可按规定给予社会救助；持有居住证的返乡下乡人员的子女可在创业地接受义务教育，依地方相关规定接受普惠性学前教育。

二是建议地方政府为具有创业意愿并具备一定创业条件的农村居民、返乡下乡人员、高校毕业生、失业人员、留守妇女等提供免费创业培训及创业信息服务，让有创业和培训意愿的人员都能接受培训；建立返乡下乡人员信息库，有针对性地确定培训项目，实施精准培训，提升其创业能力；建立专门的创业信息服务指导机构，加强对创业项目、创业信息及市场现状的数据搜集，加快建立网上服务信息平台；加强创业创新导师队伍建设，从企业家、投资者、专业人才、科技特派员和返乡下乡创业创新带头人中遴选一批导师，并逐步建立创业项目数据库、创业专家信息库、致富能手信息库、创业相关政策法规数据库、产权交易信息库等，建立各类专家对口联系制度，免费为创业者提供创业模拟、创业测评及专业创业指导和咨询；就创业者个人是否进行某行业创业、行业特点、经营模式、组织形式、初期投资规模、市场前景、区位选择等内容为创业者进行分析。鼓励各类培训资源参与在乡居民、返乡下乡人员培训，支持各类园区、星创天地、农民合作社、中高等院校、农业企业等建立创业创新实训基地；采取线上学习与线下培训、自主学习与教师传授相结合的方式，开辟培训新渠道。通过财政补贴、政府购买服务、落实税收优惠等政策，支持在乡返乡下乡人员利用大数据、物联网、云计算、移动互联网等新一代信息技术开展创业创新。

三是建议各级地方政府依托现有开发区、农业产业园等各类园区以及专业市场、农民合作社、农业规模种养基地等，整合创建一批具有区域特色的创业创新园区（基地），各县级人民政府可在年度建设用地指标中单列一定比例专门用于返乡下乡人员创业配套辅助设施，通过调整存量土地资源，缓解居民创业创新用地难问题，鼓励返乡下乡人员依法以入股、合作、租赁等形式使用农村集体建设用地开展创业创新；大力支持创业居民依托自有和闲置农房院落发展农家乐；在符合农村宅基地管理规定和相关规划的前提下，允许返乡下乡人员和当地农民合作改建自住房；鼓励利用"四荒地"（荒山、荒沟、荒丘、荒滩）和厂矿废弃地、砖瓦窑废弃地、道路改线废弃地、闲置校舍、村庄空闲地进行居民创业创新。返乡下乡人员发展农业、林木培育和种植、畜牧业、渔业生产、农业排灌用电以及农业服务业中的农产品初加工用电，均执行农业生产电价。鼓励地方政府通过多种形式为创业者、返乡创业的人员建立创业实训与孵化基地，配备必要的水、电、气、办公场所、厂房、计算机等公用设备设施，基地可以集中为创业者或意愿创业人员提供法律、税务、财务、人事代理、管理咨询、项目推荐及融资等方面的咨询与服务，如在法律上，各级地方政府可考虑通过设立法律服务热线、建立网上法律咨询平台、聘请法律专家为创业者提供法律咨询服务。

三、营造良好的治安环境

优化营商环境，最关键、最重要、最迫切的是优化治安环境。社会治安环境作为家庭与企业生产最基本的发展环境，其状况良好与否会直接影响家庭与企业能否顺利开展生产经营活动。营造良好的社会治安环境对于促进西部农村地区家庭开展创业活动及小微企业发展具有十分关键的作用。

营造西部地区尤其是农村区域、民族地区的良好社会治安环境：

首先，要发挥公安机关在维护社会治安中的主力作用，强化对企业集中地区、创业活跃区域、为创业及企业发展提供服务的政府机构、行业协会及其他组织等所在地区的日常巡逻，加强偏远地区、农牧区、林业区警务室及派出所建设；强化情报信息系统建设，提前侦测各类违法犯罪行为，完善维护社会稳定的预警机制与防控体系；严厉打击针对企业、创业项目、企业家及创业者的偷盗、抢劫、纵火等违法行为，肃清以非法名义向企业收取保护费、治安费等的涉黑组织；适时开展针对破坏创业精神培育与企业良好发展环境行为的专项斗争与整治活动。

其次，提升公安执法队伍整体素质。一是严格公安干警招聘机制，在坚持公开、公正、透明原则的前提下，强化对应聘人员的体能测试，提高录用标准；重视应聘人员的法律意识与知识水平。二是严禁党政领导及其他部门干预公安部门合理执法，完善干警队伍管理，强化对公安干警的政治与道德教育，建立科学、合理的奖惩机制，坚决杜绝部分干警存在的机会主义与侥幸心理；完善干警队伍定期培训机制，强化对突发事件的处理培训，不断提升干警职业技能。三是强化报警机制建设，做到有警必出，及时处理报警案件，建立出警测评机制；对于出警及时、合理处理突发事件的干警予以物质和精神奖励，严惩出警不及时、工作不到位、玩忽懈怠等行为。四是积极推进公安部门深化"放管服"改革，不断提高公安机关服务质量水平，推进窗口服务标准化建设，规范文明用语，提升服务质效，建立涉企案件督办机制，加大对企业家人身安全的保护力度；积极运用法治思维和法治方式推动发展、维护稳定，依法平等保护各类市场主体合法权益。

最后，维护社会良好治安环境的根本在于民众。切实深化对居民法律知识与治安防范的教育，提升居民遵纪守法的自觉性，可以入户发放扫黑除恶的宣传单、平安建设一封信以及平安建设手提布袋，张贴宣传海报、悬挂无毒条幅等，也可以利用QQ群、微信群、微信朋友圈、抖音小视频等方式进行宣传，激发居民维护社会治安秩序的积极性，增强其责任感；畅通群众举报渠道，抓好个性问题解决，做好调查反馈问题整改落实，积极打造"阳光信访、责任信访、法治信访"；重点加强"打、治、建"长效机制建设，对黑恶势力采取严打高压态势；充分整合企事业单位、村（居）委会、治保会等组织的安保力量，完善并发挥基层综治中心在平安建设工作中的协调组织作用，构建以公安政法机关为主力、各部门及单位密切协作、社区居民积极参与的联合治安机制，为企业发展与创业活动营造安全稳定的社会环境。

第二节　强化居民市场意识

一、树立居民市场信息意识

强烈的居民市场意识有助于提升家庭捕捉与分析市场信息的能力，提升家庭市场参与能力，有助于家庭深刻认识市场竞争的残酷性和面临的潜在风险。因此，培育西部农村家庭的创业欲望与能力，塑造良好的创业社会环境，必须要强化居民市场意识，这不仅有助于家庭或个人开展创业活动，还有助于培育具有现代市场素养的参与主体，有助于推进我国市场经济发展进程。在当今大数据时代，信息愈发重要，对于创业家庭、个人、小微企业管理者及有意愿进行创业的主体而言，市场信息的多寡对生产经营状况的好坏具有重要作用，正如约翰逊（D. Gale Johnson）所言："市场信息对于市场的有效运作是非常必要的"①，而当前我国西部农村地区居民市场信息意识相对较弱，严重阻碍了个人及家庭创业活动的开展和小微企业的发展壮大；因此，必须切实加强西部农村居民市场信息意识。

第一，加快推进西部农村地区信息化建设，进一步完善通信基础设施建设，实施宽带网络基础设施提升工程，完善通信基站建设，完善通信网络铺设与设备安装，大力推进城乡宽带网络基础设施一体化，推动乡村千兆光网、第五代移动通信、移动物联网与城市同步规划建设，落实村村通宽带，户户通有线电视网络；进一步加强农村地区的光纤宽带、5G 网络等新型信息基础设施建设，逐步推动有条件的镇村实现 5G 网络商用部署；促进农村地区计算机安装与使用。对于西部农村地区尤其是欠发达农村地区创业家庭及意愿创业家庭购买计算机设备并连接网络的，建议政府相关部门采用货币补贴或价格补贴以促进家庭购买计算机等较为贵重的信息获取设备。建议以市（地）级、县级政府为主体，以财政专项拨款形式扶助村（居）委会建立社区网络信息室，安装计算机等上网设备，以低价或免费形式为居民提供上网服务；设立社区报刊及市场专业书籍阅读室，方便居民及时获取市场信息。

第二，实施信息服务示范工程，在乡镇政府设立市场信息服务办，加强地区信息化人才专业培训，增进信息化人才和农民的沟通交流，为农民提供更加具体、实用的指导；推广建设农村综合信息服务站，采用先进搜索设备专职负责与农村居民创业及小微企业发展相关的国家扶持领域、原材料与产品供需、市场空白、商品价格信息、用工需求等市场信息搜集与整理工作，主要为乡镇政府经济、产业政策制定服务，同时兼顾向村（居）委会传递市场信息；在村（居）委会设立市场信息宣传员与技术服务员，信息宣传员主要负责定期定时以社区广播形式广播市场信息概要，将与创业相关、相近的市场信息传达给居民，技术服务员主要负责社区计算机维修及传授和指导居民运用网络设备获取有效市场信息；加大乡村振兴信息化建设宣传，开展村头宣传、教育培训活动，增强农民信息化意识并使其利用信息技术进行农业生产，鼓励居民多留意电视、广播、互联网上的新闻，及时掌握市场信息，了解市场动向；由村（居）委会主导，在社区定期举办市场信息培训班，定期邀请政府、院校、企业、协会等机构或组织市场、产业方面的专家举办市场知识讲座，以提升居民

① 盖尔·约翰逊. 经济发展中的农业、农村、农民问题［M］. 上海：商务印书馆，2004：387.

市场信息存量及获取市场信息的能力。

二、增强居民市场参与意识

市场的活力归根到底来自人，然而，西部地区尤其是农村地区恶劣的自然地理环境、欠优的区位条件、落后的基础设施、深厚的农耕文化与落后的发展状态使得农村地区居民市场参与意识较之东部沿海农村居民更为薄弱，这也是西部农村地区家庭创业不活跃，产业发展相对滞后，外出务工人员比例较大的重要原因之一。培育西部农村创业精神，振兴工商业发展的重要途径之一就是增强居民市场参与意识。

一是在引导和培育农村居民市场信息的基础上，各级地方政府，尤其是与农村地区联系紧密的县级与乡镇政府要推进市场服务体系建设。研究表明，完善的市场服务体系有助于促进居民参与市场交易的欲望。推进市场服务体系建设，第一要健全市场交易政策法规，加快完善和制定一系列关于产权保护、公证制度、价格监督、产品质量、商业道德等的政策与法律法规；第二，各级政府的食品安监、价格、城管等与市场管理相关的部门要在"不扰民"的前提下严格、规矩执法，严厉打击破坏市场正常交易行为，严禁相关部门向入市居民乱收费、乱摊派、乱罚款，努力营造公平、公正、平等、和谐的市场交易环境；第三，地方政府可以结合本地经济社会实际情况，鼓励居民开展地摊经济、马路经济、小店经济、夜市经济，积极参与市场经济，给拥有一技之长的创业者提供就业机会，用创业带动就业。

二是深入推进"放管服"改革，坚决砍掉各类无谓的证明和繁琐的手续，简化农村居民参与市场程序，探索由申请人书面承诺符合相关条件并进行公示，办事部门先予以办理再相应加强事后核查与监管的路径，进一步减少由申请人提供的证明材料，减少审批环节；从注册登记、执照办理、税费缴纳、贷款获得等主要方面为有意愿参与市场交易的农村居民开辟绿色通道。建议设立综合服务窗口，以实现入市手续的"一站式"办理、"一次办好"各项事宜。建立健全首问负责、一次性告知、并联办理、限时办结等制度，积极推行一站式办理、上门办理、预约办理、自助办理、同城通办、委托代办等服务，打通群众办事"最后一公里"，切实解决农村居民就业创业工作中的痛点、难点和堵点问题，提高服务对象满意度和获得感。建议在农产品认证和农产品加工许可证件办理上简化程序，在时间流程上缩短周期，给农业生产和加工带来便利，提振农业生产者的创业热情；简化就业登记流程，对与用人单位解除劳动合同者，办理解聘备案手续即可在新的用人单位办理就业登记；对初次就业的新成长劳动者，办理就业登记时不再要求其先办理失业登记；建立健全公共就业一体化信息系统，简化家庭服务机构和从业人员登记流程，实行网上登记，公共就业一体化信息系统确认劳动合同、从业岗位等信息。

三是各级地方政府要依据本地特色，科学、合理制定产业发展规划，积极发展本地优势产业，合理布局新兴市场，科学引导成熟市场，积极促进衰退、没落市场转型，以引导更多社区居民参与到市场中来；合理设定流动摊贩经营场所，允许临时占道、允许店铺临时越门、允许商贩流动贩卖、允许商场占道促销，坚持柔性执法和审慎包容监管，能不处罚就不处罚；建议不将占道经营、马路市场、流动商贩列为文明城市测评考核内容。

四是加快推进部门间信息共享和业务协同，推进公共服务信息平台建设，加快推动跨部门、跨区域、跨行业涉及公共服务事项的信息互通共享、校验核对。依托网络技术，促进办事部门公共服务互相衔接，以"信息跑腿"代替"群众奔波"，以"部门协同办"代替"群众来回跑"，从源头上避免各类"奇葩证明""循环证明"等不正常现象，为市场主体营造稳定、公平、透明、可预期的市场环境。

三、培育居民市场竞争意识

培育西部农村居民市场竞争意识。第一，强化对农村居民尤其是民族地区农村家庭有关投入、产出、劳动生产率、收入、利润等经济与财会类知识的教育与培训，从最基本的经济理念着手，帮助其树立并牢固市场竞争意识。建议尽快在西部农村地区建立由乡镇政府主导、村（居）委会负责承办的社区市场竞争意识系列培训讲座，邀请具有丰富市场竞争知识与理念的教师、企业家、创业者、科研人员等为居民详细讲解市场竞争意识的内涵、培育及强化路径，分析当前市场竞争现状及环境等知识；邀请具有实践经验的创业者与企业家讲解创业过程及企业发展进程中遭遇到的挫折、挑战与关键竞争事件，以切身经验告之居民市场竞争理念，培育其竞争意识，促使初始创业者或有意愿进行创业的居民牢固掌握与树立市场知识与意识。对于已经创业的家庭而言，要有意识地引导其增强战略竞争意识，提升其专业知识、前瞻思维等，增强其基础管理意识，引导其在从生产到经营、从技术到管理、从激励到约束等方面，建立起有效的管理制度、管理方法、管理技术和工作运行机制，通过优化管理要素、夯实管理基础、规范管理行为，提高市场竞争力；增强管理创新意识，及时完善绩效考评办法，调动员工的积极性和创造性；增强产品质量意识，坚持差异化产品生产策略，坚持"你无我有""你有我优"的竞争理念，建立完善的质量责任奖惩激励约束机制，加强对雇佣人员的技能培训，保证产品质量，不断提升市场竞争力。

第二，打造公平、公正的市场竞争环境，落实企业平等竞争理念，促进市场活力和公正监管，没有公正的监管，就没有市场公平竞争，就可能出现劣币驱逐良币，并容易滋生寻租腐败，也不利于发挥市场作用倒逼企业创新和提质。各级政府应尽快完善现有与市场竞争相关的政策、法规，依法行使职权，加强和规范事中事后监管，从维护良好市场秩序等方面着手，打造市场化、法制化、国际化的营商环境，严厉打击破坏市场公平竞争秩序的行为，鼓励行业协会通过其组织机制和自律规则约束其成员企业行为，积极推进公平竞争环境建设。政府应切实严防自身部门滥用行政权力破坏市场公平竞争环境的行为，如当前依然常见的行业保护政策，对非会员企业进行排斥，限制外来同类产品进入本地的地区产业保护政策。商业道德作为长期形成并被大部分市场参与者认可的制约和调节市场参与者相互关系的社会行为规范，在营造市场公平、公正的竞争环境上具有十分积极的作用。鼓励政府相关部门、行业协会、消费者协会及民间其他组织加强对"遵纪守法、诚实守信、货真价实、童叟无欺"的商业道德的宣传力度，倡导市场参与者自觉遵守并维护商业道德。鼓励市场参与者树立协作精神，尤其是创业初期的工商业生产经营者与小微企业应通过相互协作，取长补短、互通有无，分享获得的行业信息与积累的发展经验，共同提升抗击市场竞争压力的能力，实现自身稳固发展。赋予民营企业与国有企业平等地位，实行平等保护；对新产业、新业态坚持包容审慎监管，支持其创新发展，守住基本规则和安全底线。

四、增强居民市场风险意识

新冠肺炎疫情给实体经济带来巨大负面影响，尤其是给餐饮业、旅游业带来重创，因此，计划创业家庭在行业选择上必须将突发事件纳入考虑范畴，进一步增强风险防范意识。

研究表明人们的风险意识会受到个人认知、性格特征、政治、社会、经济与文化等多种因素的影响，树立起风险意识是人们预防和控制风险及降低风险产生的不利影响的前提与基础；对于创业初期及有意愿参与创业的家庭及个人，在当前复杂多变、风险较高的市场环境下，树立较强的市场风险意识是完全必要的。

增强西部农村地区居民市场风险意识，一是要增强其对融资可能带来的风险的认识，尤其是参与民间金融组织借贷的家庭与个人，应对向该类组织进行信贷而产生的利率成本、贷款期限、放贷时间、抵押方式等对自身创业活动或企业发展可能带来的不利影响，以及因自身创业失败或经营不善而导致的无还款有清晰的认识。建议乡镇政府、村委会、行业协会、信贷机构或其他公益性民间组织定期邀请信贷专家、创业者、企业家尤其是曾经因创业或企业经营而遭遇融资风险的创业者或管理者现身说法，对融资可能产生的风险进行详细讲解。乡镇政府、村委会等相关部门或负责人可以加强对居民尤其是创业家庭的风险意识宣传，可以通过案例讲解、发放宣传页、音响播报、网络聊天群、公示栏粘贴宣传单等形式强化创业者和居民对市场风险的认知，避免盲目投资。

二是要增强居民对原材料、中间产品及产品市场供需的风险意识。市场环境千变万化，原材料、中间产品的供给不足或价格上升都有可能对位于下游的家庭、个人及企业的生产经营活动产生不利影响，如因生产成本的上升导致的利润下降，产量的减少导致的买卖合同无法履行等。强化对行业进入及产品或服务定位的风险认识，进入夕阳产业、国家限制性产业及产品或服务的市场定位都有可能给创业家庭、个人及企业带来难以承受的灾难性风险。因此，意愿进行创业的家庭、个人或进行转型的企业在进入某个新市场领域时，一定要做好市场调研，对产业的未来发展前景及自身想要提供的产品或服务的定位，如是否受到政府支持、国际市场环境是否良好、自身产品或服务定位是否合理、市场竞争力如何等信息有一定程度的了解乃至熟知。

三是要提升居民对季节性价格与突发性价格可能带来的风险的预期，如季节、气候、灾害、流行性疾病等因素对要素投入、生产条件、市场需求、产品价格等产生不利影响。建议尽快建立健全由政府主导，行业协会、科研机构、企业及其他组织共同参与的价格预警机制，为创业家庭、个人及企业生产经营活动提供预警服务。

第三节　培育居民创新精神

一、政府应优化制度安排

创新精神有助于促进新生产技术和方法的产生，开拓新市场，采购新原料，实施新的企业组织方式。培育并增强西部农村居民创新精神对于推进西部农村家庭创业及提升企业的市场竞争力和增强国家综合实力，具有重要的战略意义。创新是一个系统工程，创新链、产业链、资金链、政策链相互交织、相互支撑，改革只在一个环节或几个环节进行是不够的，全面部署，并坚定不移推进，必须大力实施创新驱动发展战略，加快完善创新机制，全方位推进科技创新、企业创新、产品创新、市场创新、品牌创新、业态创新，加快科技成果向现实生产力转化，推动科技和经济紧密结合，切实加强有利于培育居民创新精神的制度安排，进一步解放思想，破除一切束缚创新驱动发展的观念和体制机制障碍。

首先，在法律法规体系建设方面。一是从法律领域严格保护公民的私有财产权和继承权，尤其是强化对农村居民的宅基地使用权、土地承包权、房屋抵押权等私有财产权的保护；尽快完善与知识产权相关的法律法规，强化对小微企业、乡镇企业的知识产权保护；鼓励地方政府加快推进知识产权地方性法规、单行条例、自治条例等建设；加大对侵犯知识产权行为的查处力度，严惩侵犯知识产权行为；加快完善国家赔偿法律法规，切实维护公民合法权益。

其次，建立健全创新激励机制、完善政策环境，从物质和精神两个方面激发创新者的积极性和主动性，激励科技人员、创业者争当创新的推动者和实践者，使谋划创新、推动创新、落实创新成为自觉行动；建议中央政府及西部地区各级地方政府加大对为创新做出突出贡献的个人与企业的物质奖励与精神奖励，在中央政府层面，继续完善现有奖励措施，建议设立国家公民创新奖与国家企业创新奖，授予在科技型创新与非科技型创新（如组织创新、营销创新等）方面做出杰出贡献的公民与企业，每个年度进行颁奖典礼，一次性发放奖金与荣誉证书；西部地区各级地方政府可考虑针对农村居民设立农民创新奖，可考虑每年或每半年进行一次颁奖；设立小微企业创新奖与乡镇企业创新奖，鼓励小微企业和乡镇企业进行创新；设立小微企业与乡镇企业创新基金，专门用来扶持小微企业与乡镇企业的研发创新活动。

最后，构建创新宣传机制，建议在各级政府科技部门设立创新宣传机构，以电视、广播、报纸、杂志、网络等形式宣传创新活动，充分发挥科协团体、行业协会及民间科技性组织在宣传创新方面的积极作用，增强对党政及企事业单位领导干部的创新教育与培训；在国家层面设立"国家创新日（节）"，并将其设为法定节假日；建议全国各地免费开放科技馆，以促进民众对科技知识的了解，激发其创新精神。西部地区要加快完善人才发展机制，建立更为灵活的人才管理机制，打通人才流动的体制机制阻碍，最大限度支持和帮助居民创新创业；营造识才爱才敬才用才之风，为创新人才发展提供良好环境，在创新实践中发现人才、在创新活动中培育人才、在创新事业中凝聚人才；大力普及科学知识、弘扬科学精神、传播科学思想、倡导科学方法，在全社会推动形成讲科学、爱科学、学科学、用科学的良好氛围；要积极引进国内外优秀人才，制订更加详细的人才引进计划；加大政府科技投入力度，引导企业和社会增加研发投入，完善推动企业技术创新的税收政策。

二、院校为主要培育载体

学校作为培育居民创新精神的主要载体，在居民创新精神培育上发挥着不可替代的作用。1998 年的世界高等教育会议明确提出"高等学校必须将创业技能和创业精神作为高等教育的基本目标，要使高校毕业生不仅成为求职者，而且成为工作岗位的创造者"①。从学校层面培育居民创新精神，要继续深化教育改革，推进素质教育，创新教育方法，提高人才培养质量，努力形成有利于创新人才成长的育人环境。

第一，继续深入推进中小学课程体制改革，适度改革当前依然普遍存在的课后作业繁重、唯考试成绩与升学率至上、一考定终身的应试教育体制，尽快建立健全培养学生综合素质的教育体制，变革传统教育重知识传授轻启发诱导的教学管理制度，打破课堂循规蹈矩的沉重氛围，深化教学内容与方法改革，开设创新培育课程，注重培养学生独立思考精神，增加实践教学课程比重，设立创新实践学分，积极组织科技竞赛活动，大力加强实践教学基地建设，免费开放实验室，逐步建立以培养学生独立思考、创新能力为主线的教学体系。建议效仿德、美等发达国家，构建特殊技能人才培养体系，对在某些领域具有超常技能与兴趣的学生采取特殊招生、教学与管理的培养模式，加快培育高、精、尖专业人才。在高等院校，将创新创业教育融入人才培养全过程，不断优化顶层设计，建立学校统筹、学院负责、部门联动、系部实施、全员参与的工作机制，成立创新创业教育工作领导小组，指导学生开展创新创业活动，积极扶持大学生创新创业社团的发展，鼓励组建科技创新型学生团队，定期举办大学生科技文化艺术节；设置创新创业通识类课程，促进创新创业教育第一课堂与第二课堂的有效衔接，强化挖掘学生创新思维，设立年度创新奖学金与助学金，注重培养学生动手能力与社会实践能力，鼓励学生积极开展研发创新活动，为学生专利申请开辟绿色通道。西部地区各高校应强化对"挑战杯"全国大学生系列科技学术竞赛、"创青春"全国大学生创业大赛、中国创新创业大赛等赛事的宣传，也可以结合地区实际发展情况，打造适合地区发展需要的相关创新创业赛事品牌，吸引更多高校师生参与进来，通过比赛活动，选拔一

---

① 王锐. 大学生创业培训刻不容缓：专访上海创业教育培训中心校长徐本亮 [J]. 科技创业，2003（6）：96-98.

批年轻的潜在创业者，并给予创业者相关政策支持；鼓励院校与企业、科研机构建立合作关系，为学生创造实践与深化科研学习的机会。

第二，在教师队伍建设方面。现实表明具有创新精神和较高专业素质的师资队伍是培育学生创新意识、创新精神与创新能力的基本保证，《关于深化教育改革、全面推进素质教育的决定》中明确提出"把提高教师实施素质教育的能力和水平作为师资培养、培训的重点""建立优化教师队伍的有效机制、提高教师队伍的整体素质"。尽快在政府、学校及社会范围内树立尊师重教之风，显著提高教师待遇水平，鼓励教师不断更新教育理念，开放思想，确立先进教育思想，主动接触新事物，学习新知识、新技能，增强教育教学科研意识与科研能力，鼓励教师授课不拘一格，大胆创新授课模式，杜绝照本宣科式教学模式，淘汰"水课"，打造"金课"，在课堂教学中引入专业领域创业成功的案例，广泛开展启发式、探究式、参与式教学，鼓励学生参加技能竞赛、专利申请等，让学生清楚地认识到专业知识技能与创新创业之间的联系，帮助学生树立正确的职业观；完善教师继续教育机制，提高其创新教育的理论知识水平，鼓励教师在不影响教学质量的情况下，参与校内外创新实践活动，不断积累创新经验与方法，将教学方法、课堂氛围、学生实践能力等纳入教师考核体系；支持企业深度参与教师能力建设和资源配置，鼓励邀请专家学者、企业家及创业成功者参与专业课程建设，开发体现专业特色的创新创业类专业课程，建立学校优秀教师与产业导师相结合的"双师"结构团队；扩大"全国高校教师教学创新大赛"在西部地区的影响力，加快落实"全国职业院校教师教学创新团队建设方案"，尽快在西部地区建成一批推进人才培养质量持续提升的教师教学创新团队，为培养复合型技术技能人才提供强有力的师资支撑。

三、企业应激励员工创新

企业作为国民经济与社会发展的重要组成部分，其创新精神及培育对一国或地区创新精神培育与发展有着十分重要的作用。

首先，企业自身需要提高对科研创新的重视程度，建议规模较大企业实施自主创新战略，创新研发体制机制，建立自主创新目标责任制与现代企业制度相结合的研发投入机制，专门设立科研创新部门，聘请科研能力较强的国内外专家、学者作为部门负责人；可考虑与院校、科研机构等科研能力较强的组织建立产学研风险分担与成果共享合作机制，以实现智力资本投入的分担和产出的共享；切实加大科研创新资金在总投资中的比重，可以以企业内部规章制度的形式确定年度、季度或月度科研创新资金的投资比例与范围。强化科研人才开发，全面提升员工职业素质，完善员工继续教育与在职培训机制，在不影响正常工作的前提下，鼓励与资助员工参与各类与工作相关的教育与培训活动；建立科研人才培养长效机制，重点引进一批点子多、思维活跃、拥有专利权、自主创新能力较强的年轻员工，为企业科研储备人才资源；紧密围绕市场需求进行创新，尤其在产品和技术创新方面，要做到一切围绕市场，一切依靠市场，从市场中来，到市场中去。一旦发现新需求，立即到现场了解客户具体需要解决的问题；对老客户定期回访，听取老客户对产品的反馈意见，及时采纳有效意见，不断改进产品与服务。

其次，建立健全公正、科学、合理的人才评价体系与激励机制，对研发类员工实行有别于其他员工的物质与精神待遇，对于优秀科研创新人员，可考虑在住房、社保、医疗、教育、交通、休假等方面给予特殊照顾；在企业内部设立科研创新奖，及时褒奖那些在科研创新方面做出贡献的员工；建立破格提拔与职称评定机制，对于那些对企业科研创新有突出贡献的员工，可降低对资历、年龄、学历、职称等条件的要求；考虑建立科研创新员工免费深造机制，鼓励企业每年选拔一批科研创新潜力较大的员工带薪进入高等院校、科研院所及其他科研实力较强的企业继续深造；构建科研成果转化效益分配机制，准许科研创新参与成员直接分享科研成果转化产生的效益；建立科研创新类员工动态流出流入机制，及时淘汰那些与企业科研创新目标不一致或无法完成自身科研任务的员工，及时引入那些符合企业当前或预期科研创新活动的人才，以实现企业科研创新人才的更新换代。

最后，营造浓厚的企业创新文化氛围，强化在企业内部科研创新宣传活动，设立专人负责，以张贴海报、广播、竞赛、会议、学习小组、设立节日等方式营造企业浓厚的科研创新氛围；开设员工创意点子智库，专门搜集、储备员工平时产生的与企业生产经营相关的创意，鼓励员工提出不同意见，平时多思考，多贡献创意点子，培育员工敢于思考、独立思考与大胆设想的精神，给予普通员工充分发挥、思考创新的机会；鼓励企业员工开展自主科研创新活动，培育员工申请专利意识，为员工专利申请提供咨询及代理服务。建议企业围绕宽容失败、允许试错，建立一整套制度机制，出台容错免责办法，完善创业创新失败保障政策。

四、社区要引导居民创新

社区作为居民家庭的基本空间载体，与居民生产生活息息相关，应切实发挥社区在培育居民创新精神方面的作用。

首先，探索建设高标准、可示范性、可推广的"科普居委"，不断提高社区居委会/村委会工作人员综合素质，增加高学历人才在工作人员中的比重，着力推进居委会/村委会领导队伍年轻化；完善"大学生村官"选拔体制，使其易进来，改善大学生村官待遇条件，使其留得住；在选拔大学生村官时，注重对其锐意进取和创新精神的考核，注重对其市场意识与素养的考核；建立居委会/村委会工作人员继续教育与培训机制，拓展其思维与眼界，大力提升其文化素质，鼓励居委会/村委会工作人员开展自主学习，培育其接纳新知识、新技术、新技能的主动意识，着力培育一批具有创新意识与创新精神的社区工作人员。强化对创新意识和创新精神培育的宣传，不间断举行各类科普活动，增加科普普及教育面，通过寓教于乐的方式使居民真正从自身开始学科学、讲科学。建议设立社区创新节，以趣味活动或比赛形式开展创新宣传及实践，使得创新精神深入居民日常生活与生产。开展创新志愿者活动，鼓励社区内文化水平较高、思维比较活跃或任职创新创业创意等岗位的常住居民担任志愿者，定期在社区内开展与创新创业等有关的讲座、培训等；请有关专家、学者和科协的老师做科普知识讲座，对社区科普干部和科普志愿者开展系列科普讲座。

其次，要建立健全社区成人教育制度，鼓励西部省级政府加强对农村社区成人教育的财政支持力度，可考虑在西部分布相对集中、人口较为密集的农村社区开办收费标准较低乃至免费的成人教育学校，鼓励社区定期开展创新教育与培训活动，聘请创业成功人士、院校老师、创新专家等专业人员定期授课，授课内容侧重对农村居民创新意识与创新精神的培育和对创业的指导。鼓励社区在居民家庭之间建立学习互助小组，在充分考虑每个家庭主要成员文化程度的基础上，按照若干户一组，每组至少有一名文化程度较高成员的方式建立家庭互助学习小组，鼓励学习小组内部定期开展知识共享与学习活动，定期在社区内部开展优秀学习小组评比活动，对于表现优秀的学习小组，给予一定物质与精神奖励。

最后，建立市、县级政府财政支持的农村社区图书馆，实现每个农村社区至少有一个图书馆，应侧重创新意识与精神类培育书籍、创业类书籍、管理类书籍、科技类书籍的储备；针对文盲率较高或留守老人较多的社区，应在图书馆内部配置音频、视频类宣传器材及电子音像制品；鼓励经济条件较好的社区建立网络学习室，以低价或免费形式向居民开放，鼓励居民最大限度利用网络资源进行学习。鼓励社区制定少年儿童创新精神培育计划，聘请创新方面的专家与学者，充分利用少年儿童课余时间及节假日，强化对少年儿童尤其是留守少年儿童群体的创新意识与创新精神的培育。

第四节　本章小结

本章提出从政府行政服务、居民市场意识与居民创新精神三个方面来塑造良好的家庭创业社会环境。具体来看，在提升政府行政服务质量方面，要构建高效企业 管理机制、完善创业配套服务、营造良好治安环境；在强化居民市场意识方面，亟须树立居民市场信息意识、增强居民市场参与意识、培育居民市场竞争意识和增强居民市场风险意识；在培育居民创新精神方面，政府应进一步优化、创新私有财产权、继承权等制度安排，各院校应成为培育居民创新精神的主要载体，企业应大力激励员工创新，社区要积极引导居民创新。

后记

　　从辽阔西北的大漠孤烟到旖旎东南的桂林山水，从雄旷西南的珠穆朗玛到豁广东北的大兴安岭；从千沟万壑的黄土高原到沃野千里的成都平原，从富饶文明的天府之国到贫困落后的乌蒙山区；从丝绸之路的大漠驼铃到亚欧铁路的列车疾鸣，从苍凉悲壮的楼兰遗址到磅礴辉煌的长安都城；从新疆的阿拉山口到广西的防城港市，从千年的敦煌莫高窟到现代的酒泉卫星城；从西南边疆的茶马古道到八百秦川的商宅大院；从一千多年前张掖的万国博览会到二十一世纪成都的西部国博会；伴随滚滚的历史长河，茫茫大漠的驼铃声早已不再回荡，悠然渔舟的唱晚也已悄然而逝，张骞在未央宫转身西去的瞬间，带来了河西走廊的驼铃声声。中国西部地区这片广袤的大地因历史悠久而沉稳厚重，因文化交织而绚丽多彩，因自然地理而神奇诡秘，因商品贸易而灿烂辉煌。因为大学地理位置、所学专业特点和导师的研究方向，从读硕士研究生之日起，我开始和中国西部地区结缘，那个曾经停留在高中课本和报纸杂志中的地理区域随着我到西南地区读大学而在我脑海中日渐清晰。我对这片区域的自然环境、地质地貌、风土人情、土地面积、资源储备、战略地位等逐渐有了更深的认识。西部地区，作为我国矿产资源富集区、国家战略屏障区与民族团结关键区，其经济、政治、文化、社会与生态发展情况直接关乎国家兴衰与民族存亡，因此，必须将其放在国家战略层面予以重视。由于历史、文化、政治、经济、社会等原因，在历史的长河中，"西部地区"一直是一个模糊与多变的空间概念，直到1986年的"七五"规划，西部地区才真正成为常用的空间术语，且在空间的基础上，逐步融入了经济、政治、文化与社会的韵味。1986年的西部地区只包含九个省（区、市），而伴随二十世纪末西部大开发战略的实施和政府人士、学者专家、企业精英对西部地区的认知愈来愈深刻，西部地区由九个省（区、市）逐渐扩至十二个省（区、市），并作为一个经济、地理、政治、社会与文化的复合体逐步被专家学者接受。恶劣的自然地理条件与薄弱的经济基础使得西部地区发展依然面临严峻态势，而农村地区作为西部地区重要构成区域，曾经在中国的历史上创造了诸多辉煌，尽管其当前整体发展水平较低，但其发展情况直接关系西部地区乃至全国经济、政治、文化、社会的基本发展态势。必须将西部农村地区发展放在治国安邦的关键位置，作为一国发展战略予以重视。

从二十世纪九十年代起，伴随我国工业化、城镇化与农业现代化的快速发展，农村剩余劳动力和进城务工人员数量骤增，这给城镇地区带来巨大的就业压力和管理成本，在我国经济高速发展的情况下，尚可缓解这一就业压力，但2007年，席卷美国、欧盟和日本等世界主要金融市场的次贷危机使得我国本来就面临严峻形势的就业问题更加突出。同年8月30日，《中华人民共和国就业促进法》经全国人大常委会会议审议通过，其中，第七条明确指出"国家倡导劳动者树立正确的择业观念，提高就业能力和创业能力；鼓励劳动者自主创业、自谋职业"。2008年，次贷危机演化为全球金融危机，我国经济增长显著放缓，企业裁员乃至倒闭使得就业成为国家面临的重大难题之一，而能为就业与经济增长提供源动力的"创业"显得尤为重要。自2008年至2021年，中央政府及各地方政府制定出台了一系列促进创业的政策措施。2015年，《国务院关于大力推进大众创业万众创新若干政策措施的意见》明确提出"推进大众创业、万众创新，是发展的动力之源，也是富民之道、公平之计、强国之策，对于推动经济结构调整、打造发展新引擎、增强发展新动力、走创新驱动发展道路具有重要意义，是稳增长、扩就业、激发亿万群众智慧和创造力，促进社会纵向流动、公平正义的重大举措"。可见，促进创业已经成为国家当前及未来振兴经济的重要措施，而小微企业成为我国未来经济增长的最主要动力。

党的十八大以来，我国深化精准扶贫、精准脱贫，实现从"输血式"的生活救济型扶贫向提升贫困地区内生动力的"造血式"开发型扶贫转变。西南民族地区作为我国重要经济、政治、文化、社会与生态的战略区域，也曾是我国贫困程度最深、范围最广的区域，其经济社会发展水平的高低直接决定了国家主要发展战略能否得到顺利实施。经济社会发展的原动力与内生动力在于市场活力。党的十九大报告提出了实施乡村振兴战略"二十字"方针，即产业兴旺、生态宜居、乡风文明、治理有效、生活富裕。推进乡村振兴，首先要解决好"产业兴旺"问题，产业不兴旺，农民兜里没有钱，就无法实现乡村振兴。产业兴旺是实现农村现代化的关键所在。而创业作为产业发展的源泉，其对于西南民族地区、西部地区和全国经济社会发展的重要性不言而喻。要实施乡村振兴战略，就要激发市场蕴藏的活力，市场活力来人，特别是来自企业家，来自企业家精神。因此，实施乡村振兴战略，就要弘扬企业家精神，充分释放企业家的积极性和主动性。党的十九大报告也明确提出激发和保护企业家精神，鼓励更多社会主体投身创新创业，把企业家精神提到了前所未有的新高度。中央将营造依法保护企业家合法权益的法治环境、促进企业家公平竞争诚信经营的市场环境、尊重和激励企业家干事创业的社会氛围，加强对企业家的优质高效务实服务。2017年中央经济工作会议进一步指出，激发各类市场主体活力，支持民营企业发展，加快构建亲清新型政商关系。

当前世界各国依然处于抗击新冠肺炎疫情的深水期，疫情、自身发展阶段等因素导致经济的深度调整，复苏动力的不足及地缘政治影响的加重，使得我国经济发展环境更为复杂。农村地区作为我国未来经济增长的动力来源地和乡村振兴战略的主战场，其经济发展水平高低直接决定我国未来经济增长是否强劲和共同富裕能否全面实现。西部地区作为我国重要的国防战略区、资源储备区、文化厚植区、社会维稳区与生态屏障区，关乎国家整体战略部署，关系国家长治久安；西部农村地区作为农村地区和西部地区的交叠区和复合区，其经济发展重要性不言而喻。因此，深入分析并研究推动经济发展的根本动力的西部农村家庭创业活动对于发展西部经济、稳固西部国防、维护社会稳定具有多重战略意义。

尽管本书对西部地区农村家庭创业尽可能地进行了深入分析，但是西部地区农村家庭创业依然是一个值得进一步研究的议题。以"创业"内涵为例，在本书中，创业的内涵来源于西南财经大学中国家庭金融调查与研究中心2013年全国调查问卷，书中家庭创业是指以"创立"方式从事工商业生产经营项目；然而，由于有关创业内涵的研究文献较少，且已有相关文献亦是各抒己见，并未在"创业"内涵上形成较为统一的意见，因此，什么才是"创业"或如何界定"创业"才更为科学，这依然是一个有待且值得研究的学术议题。在影响创业的因素方面，本书从人力资本、社会资本及创业者个人特征等因素分析其对西部地区农村家庭创业的影响。当前，已有相当数量文献从人力资本、社会资本、创业者个人特质等一个或几个方面对创业进行了研究，然而，具体落实到衡量人力资本、社会资本、创业者个人特质的因素或标准时，又不尽相同，至少目前尚未形成衡量人力资本、社会资本的统一标准或体系。在本书中，依据问卷题目，以"受访者受教育年限、身体健康状况及金融知识水平"三个因素来衡量或代表人力资本变量；以"受访者受教育年限、家庭成员数量、受访者与家庭成员的沟通能力、宗教信仰"四个因素来衡量或代表社会资本变量。而其他研究创业的文献涉及人力资本与社会资本时，衡量二者的变量并不尽一致且与本书也不完全相同，而如何寻找更具代表性的因素或变量以衡量人力资本与社会资本，这是学术界需要继续研究的问题之一。在关于西部地区农村家庭创业的支持体系构建方面，一是研究西部地区农村家庭创业的文献较少，系统性阐述支持体系构建路径的文献更少，然而，掌握并构建科学、合理的创业支持体系又是提振西部地区农村家庭创业的必需因素，因此，未来需要更多的专家与学者投入更多的精力进行这方面的研究。二是本书基于西部地区农村创业家庭当前的基本态势与存在的基本问题及实证分析结果，提出主要从财税、金融、人力资本与社会环境四个方面构建西部地区农村家庭创业的支持体系。具体地，在财税支持方面，从创业财税政策法规体系、财政支持融资担保体系、税费优惠政策体系、政府采购制度、其他财税支持政策五个方面着手实施；在金融支持方面，从创业项目融资渠道、信贷风险控制体系、金融知识普及机制、金融信息服务系统四个方面进行部署；在人力资本培育方面，从教育体系、社会保障、迁移制度三个方面构建创业的人力资本培育体系；在社会环境构建方面，从政府行政服务、居民市场意识、居民创新精神三个途径着手实施。西部地区农村家庭创业支持体系包含内容并未涵盖所有可以支持创业的因素，或许遗漏了有助于创业的关键要素，因此，影响创业的因素种类及构建创业支持体系仍然是值得进一步研究且具有广阔研究空间的问题。此外，本书对西部地区农村家庭创业的影响因素分析采用的是截面数据，只能得到哪些因素可能会影响家庭创业，而无法进行持续性研究，如对企业成长创新、盈利能力变化、人力资本培育等发展过程的研究，在当前国家大力倡导并努力培育民众创业的背景下，这些有关家庭创业及创业后的企业发展情况的研究具有十分重要的现实意义。

2013 年与 2015 年，笔者参与了西南财经大学的中国家庭金融调查项目，并在调查结束后有幸在该项目的执行机构——中国家庭金融调查与研究中心从事调查数据的分析工作。2016 年、2018 年与 2019 年，笔者带队对四川民族地区和云南民族地区农村进行了调查走访，并主导课题组对广西、重庆和云南少数民族聚居农村地区展开调查，通过五次调查，对西部地区农村家庭创业的现状有了较为全面的了解。在项目调查过程中，笔者切身体会到了民营企业活跃地区与民营企业发展不足地区的经济与社会发展水平的巨大差异，切身体会到了创业成功家庭物质的丰裕及家庭成员相对较高的综合素质。在对调查问卷的分析与调查数据的处理过程中，笔者对"创业"及其相关问题的兴趣越来越浓，加上对既有创业文献的阅读分析，对"创业"的理解更为深刻。当前西部地区农村家庭创业仍然困难繁多且形势艰巨，但作为地区经济发展的原动力，无论是在当前我国就业形势严峻、经济增长放缓的情况下，还是在未来经济发展进程中，创业均（将）发挥重要作用，必须对其予以重视且认真研究。西部地区作为我国新时代西部大开发战略实施的空间载体、"一带一路"建设的重要组成部分和乡村振兴战略实施的关键区域，在我国当前及未来国家发展战略中具有举足轻重的地位，因此，必须予以重视。农村地区作为西部地区整体发展水平较低的关键构成区域和我国全面实现共同富裕的攻坚战场，必须予以重视。西部农村地区作为西部地区与农村地区的复合区域，其发展必须上升至国家战略，因此，必须予以重视。尽管在研究西部地区农村家庭创业方面困难重重，但只要有利于提振西部农村乃至整个国家经济发展，我们都应积极且努力地研究下去，为自己、为社会、为民族、为国家，坚定地走下去。

本书是在笔者博士毕业论文基础上，结合主持的国家社科基金青年项目"西南少数民族地区农村贫困家庭返贫抑制及可持续生计对策研究"相关内容撰写而成的。在本书即将付梓之际，要特别感谢西南财经大学的赵曦教授，作为我的博士生导师，赵曦教授高尚的师德师风、严谨的治学精神、潇洒的生活理念对我影响至深，使我懂得如何更好地做学问、如何更好地工作、如何更好地生活。因此，即使毕业多年，我依然和导师保持着密切联系，串门是常事，品茗是惯例，烧菜是必须，谈笑是受教。总之，有此老师，真好！还要感谢西南交通大学公共管理学院王永杰教授、雷斌教授等专家学者对笔者撰写本书的大力支持和认真指导。

参考文献

[1] 安妮·罗瑞. 贫穷的终结：智能时代、避免技术性失业与重塑世界 [M]. 万晓莉, 译. 北京：中信出版社, 2019.

[2] 白永秀, 马小勇. 农户个体特征对信贷约束的影响：来自陕西的经验证据 [J]. 中国软科学, 2010 (9)：148-155.

[3] 贝克尔. 人力资本：特别是关于教育的理论与经验分析 [M]. 梁小民, 译. 北京：商务印书馆, 1987.

[4] 边燕杰, 丘海雄. 企业的社会资本及其功效 [J]. 中国社会科学, 2000 (2)：87-99.

[5] 彼得·德鲁克. 创新和企业家精神 [M]. 蔡文燕, 译. 北京：机械工业出版社, 2007.

[6] 布迪厄. 文化资本与社会炼金术 [M]. 包亚明, 译. 上海：上海人民出版社, 1997.

[7] 才凤伟. 乡村社会网络："原生"和"再生"：新生代农民工城市创业的网络构型 [J]. 中国青年研究, 2014 (7)：83-88.

[8] 曹威麟, 张丛林, 袁国富. 论中国创业文化的振兴与繁荣 [J]. 江淮论坛, 2002 (5)：40-44.

[9] 曹卫秋, 黄琳, 温兴琦. 欠发达地区青年农民素质的调查 [J]. 青年研究, 2000 (2)：34-38.

[10] 蔡昉, 王德文. 中国经济增长可持续性与劳动贡献 [J]. 经济研究, 1999 (10)：62-68.

[11] 常建坤, 李时椿. 财经类院校创业教育培养模式与实施方案的研究 [J]. 哈尔滨商业大学学报（社会科学版）, 2003 (5)：113-116.

[12] 常忠义. 区域创新创业政策支持体系研究 [J]. 中国科技论坛, 2008 (6)：21-25.

[13] 陈立敏. 基于比较优势四个来源的新钻石框架及其政策含义：兼论

波特模型的解释困难 [J]. 国际贸易问题, 2006 (3): 81-86.

[14] 陈爱娟, 常花, 王小翠. 企业家社会资本对企业绩效的实证研究: 以浙江民营企业为例 [J]. 软科学, 2010 (8): 113-116.

[15] 陈红飞. 完善农民创业金融体系的对策研究 [J]. 金融纵横, 2009 (9): 53-55.

[16] 陈琪, 张永胜. 中国女性创业的行为特征与影响因素实证分析 [J]. 浙江师范大学学报 (社会科学版), 2012 (1): 85-95.

[17] 陈文婷, 李新春. 中国企业创业学习: 维度与检验 [J]. 经济管理, 2010 (8): 71-80.

[18] 陈霞, 许松涛. 大学生乡村创业的动机, 资本与困境 [J]. 高教论坛, 2020 (11): 109-113.

[19] 陈昭玖, 朱红根. 人力资本、社会资本与农民工返乡创业政府支持的可获性研究: 基于江西 1145 份调查数据 [J]. 农业经济问题, 2011 (5): 54-59.

[20] 陈哲, 周彦希, 张晓晴. 效用理论视角下创业对民生作用机制的研究 [J]. 管理观察, 2020 (25): 15-17.

[21] 陈震红, 董俊武, 刘国新. 创业研究的新基础理论与主要议题探析 [J]. 武汉理工大学学报: 信息与管理工程版, 2005 (4): 205-208.

[22] 陈坤, 尹春爱. 创业文化的内涵及其有效构建 [J]. 白城师范学院学报, 2012 (6): 33-37.

[23] 程聪. 创业者心理资本与创业绩效: 混合模型的检验 [J]. 科研管理, 2015 (10): 85-93.

[24] 程郁, 罗丹. 信贷约束下农户的创业选择: 基于中国农户调查的实证分析 [J]. 中国农村经济, 2009 (11): 25-38.

[25] 程冠军. 精准脱贫中国方案 [M]. 北京: 中央编译出版社, 2017.

[26] 褚保金, 卢亚娟, 张龙耀. 农户不同类型借贷的需求影响因素实证研究: 以江苏省泗洪县为例 [J]. 江海学刊, 2008 (3): 58-63.

[27] 戴玲. 创业氛围与环境优化 [J]. 郑州航空工业管理学院学报, 2008 (4): 17-21.

[28] 邓蒙芝, 罗仁福, 张林秀. 道路基础设施建设与农村劳动力非农就业: 基于 5 省 2000 个农户的调查 [J]. 农业技术经济, 2011 (2): 4-11.

[29] 丁军, 陈标平. 构建可持续扶贫模式治理农村反贫顽疾 [J]. 社会科学, 2010 (1): 52-57.

[30] 丁冬, 傅晋华, 郑风田. 社会资本、民间借贷与新生代农民工创业 [J]. 华南农业大学学报 (社会科学版), 2013 (3): 50-56.

[31] 董静, 赵策. 家庭支持对农民创业动机的影响研究: 兼论人缘关系的替代作用 [J]. 中国人口科学, 2019 (1): 63-77, 129.

[32] 董晓林, 孙楠, 吴文琪. 人力资本、家庭融资与农户创业决策: 基于 CFPS7981 个有效样本的实证分析 [J]. 中国农村观察, 2019 (3): 109-123.

[33] 董晓林, 孙楠, 吴文琪. 人力资本、家庭融资与农户创业决策: 基于 CFPS7981 个有效样本的实证分析 [J]. 中国农村观察, 2019 (3): 109-123.

[34] 段锦云, 王朋, 朱月龙. 创业动机研究: 概念结构, 影响因素和理论模型 [J]. 心理科学进展, 2012 (5): 698-704.

[35] 窦大海, 罗瑾琏. 创业动机的结构分析与理论模型构建 [J]. 管理世界, 2011 (3): 182-183.

[36] 窦鹏. 安徽省区域文化环境对发展创业型经济的影响 [J]. 安徽科技学院学报, 2010 (2): 111-113.

[37] 杜明义. 人力资本投资与民族地区反贫困途径选择: 以四川藏区为例 [J]. 吉林工商学院学报, 2013 (3): 13-17.

[38] 樊胜根, 张林秀. WTO 和中国农村公共投资 [M]. 北京: 中国农业出版社, 2003.

[39] 樊行健, 李锋. 风险投资体系的双重代理与财务目标趋同效应 [J]. 会计研究, 2002 (2): 45-48.

[40] 范波文, 应望江. 家庭背景对农民创业模式的影响研究: 基于 "千村调查" 的数据分析 [J]. 江西财经大学学报, 2020 (3): 73-86.

[41] 冯军旗. 中县干部 [D]. 北京: 北京大学, 2010.

[42] 冯霞, 苏振华. 社会变迁与经济发展中的社会资本降低: 基于 CGSS2013 年的实证分析 [J]. 甘肃行政学院学报, 2019 (5): 104-111.

[43] 费孝通. 中国文化的重建 [M]. 上海: 华东师范大学出版社, 2013.

[44] 符昱. 中美大学生创业支持体系比较研究 [D]. 郑州: 郑州大学, 2009.

[45] 高建, 石书德. 中国转型经济背景下创业地区差异的决定因素研究 [J]. 科学学研究, 2009 (7): 1011-1019.

［46］高建昆.中国人口转变与人口红利分析［J］.当代经济研究，2012
（4）：58-64.

［47］高素英，赵曙明，彭喜英.人力资本存量与企业绩效关系的实证研
究［J］.天津大学学报（社会科学版），2011（1）：1-6.

［48］高梦滔，姚洋.农户收入差距的微观基础：物质资本还是人力资本？
［J］.经济研究，2006（5）：3-12.

［49］龚军姣，王俊豪.企业家能力与城市公用事业进入壁垒研究［J］.经
济学家，2011（11）：35-42.

［50］郭名，王文姣，强光昊.社会资本和心理资本对高校青年教师职业
成功的影响效应［J］.山西师大学报（社会科学版），2019（3）：71-77.

［51］郭军盈.影响农民创业的因素分析［J］.现代经济探讨，2006（5）：
77-80.

［52］郭小贤.大学生社会创业动机及其影响因素研究：基于对南京八所
创行合作高校的调研［D］.南京：南京农业大学，2018.

［53］郭志仪，丁刚，逯进.甘肃省就业人口文化素质的现状特点及其对
经济增长的影响［J］.西北人口，2006，（2）：6-8.

［54］郭志仪，杨骁.人力资本结构对西北地区经济增长的影响：基于西
北五省面板数据［J］.人口学刊，2010，（6）：3-8.

［55］郭砚莉.比较优势理论与家庭内部劳动分工［J］.经济经纬，2007
（4）：85-87.

［56］韩雷，谷阳.社会资本，信贷约束与居民消费升级：基于 CFPS 家户
数据的经验分析［J］.消费经济，2019（4）：16-28.

［57］何微微，邱黎源.人力资本，社会资本对新生代农民工创业意愿影
响研究：基于四川省1109份调查数据［J］.西北人口，2016（4）：37-44.

［58］侯祖戎，张鹏程，梅哲.新农村建设中社会资本与人力资本的互动
性影响［J］.广西社会科学，2010（4）：121-124.

［59］胡胜.创业文化对农民工返乡创业动机的影响研究［D］.南昌：南
昌大学，2016.

［60］胡晓龙，徐步文.创业素质、创业文化、创业意愿的相互关系与影
响［J］.社会科学家，2015（11）：71-76.

［61］胡新杰，赵波.我国正规信贷市场农户借贷约束研究：基于双变量
Probit 模型的实证分析［J］.金融理论与实践，2013（2）：12-17.

［62］胡鞍钢.从人口大国到人力资本大国：1980—2000 年［J］.中国人

口科学，2002（5）：1-10.

[63] 吉萍.新经济增长理论述评 [J].云南民族大学学报（哲学社会科学版），2004（2）：15-19.

[64] 黄善林，龙冬冬，王杨.黑龙江省农户非农就业决策影响因素研究 [J].农业经济与管理，2014（4）：12-20.

[65] 金晓彤，杨潇.差异化就业的新生代农民工收入影响因素分析：基于全国31省（市）4268个样本的实证研究 [J].青年研究，2015（3）：20-29.

[66] 江三良.创业氛围：不同地区企业创生行为差异新解 [J].安徽大学学报（哲学社会科学版），2009（2）：123-128.

[67] 蒋和胜，张彦伟，刘胜林.构建稳固脱贫的长效机制 [J].经济理论与经济管理，2020（5）：5-9.

[68] 蒋剑勇，钱文荣，郭红东.社会网络、社会技能与农民创业资源获取 [J].浙江大学学报（人文社会科学版），2013（1）：85-100.

[69] 孔祥利，陈新旺.资源禀赋差异如何影响农民工返乡创业：基于CHIP2013调查数据的实证分析 [J].产经评论，2018（5）：112-121.

[70] 匡小平，肖建华.埃莉诺·奥斯特罗姆公共治理思想评析 [J].当代财经，2009（11）：32-35.

[71] 郎磊.我国大学生创业支持体系构建研究 [D].呼和浩特：内蒙古大学，2012.

[72] 李后建.自然灾害冲击对农民创业行为的影响 [J].中国人口科学，2016（2）：105-115.

[73] 李朝林，黄益新.以人为本是遏制返贫的根本途径 [J].技术经济，2006（1）：21-23.

[74] 李海波.家庭资本禀赋对返乡农民工创业选择的影响：基于465户农民工家庭的实证分析 [J].长沙大学学报，2020（5）：63-68.

[75] 李建民，王金营.人才资源在经济增长中的作用研究：来自京津沪三城市的实证结果 [J].人口与经济，1999（5）：13-17.

[76] 李倩倩，朱瑜，王平，等.创业导向及社会资本对企业成长的影响研究：基于企业生命周期及环境动态性的调节作用 [J].科技管理研究，2012（24）：235-239.

[77] 李庆海，吕小锋，李成友，等.社会资本对农户信贷违约影响的机制分析 [J].农业技术经济，2018（2）：104-118.

[78] 李小云，董强，饶小龙，等.农户脆弱性分析方法及其本土化应用 [J].中国农村经济，2007（4）：32-39.

[79] 李雪莲，马双，邓翔.公务员家庭、创业与寻租动机 [J].经济研究，2015（5）：89-103.

[80] 李雪灵，马文杰，任月峰，等.转型经济下我国创业制度环境变迁的实证研究 [J].管理工程学报，2011（4）：186-190.

[81] 李长亮.深度贫困地区贫困人口返贫因素研究 [J].西北民族研究，2019（3）：111-117.

[82] 李志能.创业机敏性 [M].北京：清华大学出版社，2011.

[83] 李迁.马克思是对的：《资本论》第一卷导读 [M].南京：江苏人民出版社，2009.

[84] 李丹，张兵.社会资本能持续缓解农户信贷约束吗？[J].上海金融，2013（10）：9-13.

[85] 李长安，苏丽锋.人力资本对创业活动的影响：基于2003—2011年数据的实证分析 [J].清华大学教育研究，2013（2）：81-87.

[86] 李建民.人力资本通论 [M].上海：三联书店上海分店，1999.

[87] 李江涛，汪大海."文化进城"：社会组织嵌入与"合村并居"社区农民的市民化 [J].中共福建省委党校（福建行政学院）学报.2021（3）：127-137.

[88] 李涛，周君雅，金星晔，等.社会资本的决定因素：基于主观经济地位视角的分析 [J].经济研究，2021（1）：191-205.

[89] 李长生，刘晓蕾，汪淑群.信贷约束，社会网络和新生代农民工创业实施 [J].农林经济管理学报，2019（5）：607-617.

[90] 李忠民.人力资本：一个理论框架及其对中国一些问题的解释 [D].长安：西北大学，1998.

[91] 林毅夫.新结构经济学 [M].北京：北京大学出版社，2018.

[92] 刘微芳，刘铲.家族上市公司社会资本与企业的融资约束 [J].福建农林大学学报（哲学社会科学版），2012（4）：35-41.

[93] 刘萍萍.创业企业家人力资本与创业企业绩效关系研究 [J].预测，2005，24（5）：53-57.

[94] 刘祖云，刘敏.关于人力资本、社会资本与流动农民社会经济地位关系的研究述评 [J].社会科学研究，2005（6）：118-123.

[95] 刘常勇.创业规划的3个关键问题 [J].希望之路：总裁，2001

（5）：58-58.

[96] 刘斐.创业农户信贷可获性及其影响因素研究 [D].南昌：江西农业大学，2018.

[97] 刘静，熊一坚.基于创业导向的我国中小企业创业支持体系研究 [J].企业经济，2011（12）：107-110.

[98] 刘丽.贫困大学生创业支持体系构建 [J].绍兴文理学院学报（教育版），2016（1）：103-108.

[99] 刘苓玲，徐雷.中西部地区农民工返乡创业问题研究：基于河南、山西、重庆的调查问卷 [J].人口与经济，2012（6）：33-38.

[100] 刘美玉.创业动机，创业资源与创业模式：基于新生代农民工创业的实证研究 [J].宏观经济研究，2013（5）：62-70.

[101] 刘伟，范欣.现代经济增长理论的内在逻辑与实践路径 [J].北京大学学报（哲学社会科学版），2019（3）：35-53.

[102] 刘文辉，郭晓虹.江西区域创业文化的调查研究：基于江西和浙江的比较分析 [J].科技广场，2011（4）：127-130.

[103] 刘文烈，王建.论构建农民工返乡创业支持体系 [J].滨州学院学报，2010（1）：40-45.

[104] 刘兴国，沈志渔，周小虎.社会资本对我国民营企业创业行为的影响 [J].经济管理，2009（6）：41-46.

[105] 刘艳，郭姝宇，马利锋，等.吉林省畜牧业发展与信贷约束实证研究 [J].中国畜牧杂志，2013，49（18）：26-30.

[106] 刘玉侠，任丹丹.返乡创业农民工政策获得的影响因素分析：基于浙江的实证 [J].浙江社会科学，2019（11）：59-65，158.

[107] 刘泽文.大学生创业政策反思：政策解构与转型：基于"输入—过程—输出"的分析维度 [J].教育发展研究，2015（17）：68-73.

[108] 刘志明.信贷约束、家庭社会网络与农户借贷行为 [D].重庆：重庆大学，2016.

[109] 刘剑雄.企业家人力资本与中国私营企业制度选择和创新 [J].经济研究，2008（6）：107-118.

[110] 刘文，黄玉业.女企业家人力资本对创业绩效影响的研究：来自中国151个女企业家的案例 [J].山东女子学院学报，2013（4）：71-75.

[111] 刘春芳，刘宥延，王川.黄土丘陵区贫困农户生计资本空间特征及影响因素：以甘肃省榆中县为例 [J].经济地理，2017（12）：153-162.

［112］罗明忠，邹佳瑜，卢颖霞. 农民的创业动机、需求及其扶持［J］. 农业经济问题，2012（2）：14-18.

［113］林南. 张磊译. 社会资本：关于社会结构与行动的理论［M］. 上海：上海人民出版社，2004.

［114］柳建平，刘咪咪，王璇旖，等. 农村劳动力非农就业的微观效应分析：基于甘肃14个贫困村的调查资料［J］. 干旱区资源与环境，2018（6）：53-59.

［115］卢亚娟，Calum G. Turvey. 中国家庭风险资产持有的影响因素及城乡差异［J］. 财贸经济，2014（9）：72-81.

［116］罗明忠，罗琦. 家庭禀赋对农民创业影响研究［J］. 经济与管理评论，2016（5）：13-19.

［117］骆梦佳. 金融素养影响城镇居民信贷可得性的实证研究［D］. 福州：福建农林大学，2018.

［118］吕莉敏，石伟平. 基于新型职业农民培育的农民工返乡创业扶持政策研究：对2012年以来相关政策的分析［J］. 职业技术教育，2019（4）：62-68.

［119］吕守军，代政. 新时代高质量发展的理论意蕴及实现路径［J］. 经济纵横，2019（3）：2，22-28.

［120］卢璐. 基于优序图法的高校图书馆微信公众平台评价研究［D］. 郑州：郑州大学，2018.

［121］马克斯·韦伯. 经济与社会（上卷）［M］. 译者不详. 北京：商务印书馆，1997.

［122］马光荣，杨恩艳. 社会网络、非正规金融与创业［J］. 经济研究，2011（3）：83-94.

［123］马刚. 企业竞争优势的内涵界定及其相关理论评述［J］. 经济评论，2006（1）：113-121.

［124］马红梅，罗春尧. 人力资本、社会资本及心理资本对农民工创业意愿影响研究：基于贵州省953个农民工创业样本［J］. 吉林工商学院学报，2016（4）：9-13.

［125］马绍东，万仁泽. 多维贫困视角下民族地区返贫成因及对策研究［J］. 贵州民族研究，2018（11）：50-55.

［126］马双，赵朋飞. 金融知识、家庭创业与信贷约束［J］. 投资研究，2015（1）：25-38.

［127］马九杰，董琦.中小企业信贷约束的成因与衡量：理论背景及分析框架［J］.中国软科学，2004（3）：59-68.

［128］马宁，吴威.人力资本与企业竞争力实证研究：以中国民营企业为例［J］.北京工业大学学报（社会科学版），2009（3）：24-27.

［129］马歇尔.经济学原理［M］.朱志泰，陈良璧，译.北京：商务印书馆，2009.

［130］马林诺夫斯基.文化论［M］.费孝通，译.北京：中国民间文艺出版社，1987.

［131］苗勃然，周文.经济高质量发展：理论内涵与实践路径［J］.改革与战略，2021（1）：53-60.

［132］宁泽逵.农户可持续生计资本与精准扶贫［J］.华南农业大学学报：社会科学版，2017（1）：86-94.

［133］潘士远，史晋川.内生经济增长理论：一个文献综述［J］.经济学（季刊），2002（4）：753-786.

［134］钱永红.个人特质对男女创业意向影响的比较研究［J］.技术经济，2007（7）：8-13.

［135］钱雪亚.人力资本水平统计估算［J］.统计研究，2012（8）：74-82.

［136］钱枫林.比较优势，资源禀赋，社会经济发展与劳动就业：实证分析与理论探讨［J］.学海，2005（3）：129-135.

［137］覃玉荣.成都市金堂县返乡农民工创业意愿及支持政策分析［D］.成都：四川农业大学，2013.

［138］任宇，谢杰.基于培训视角的人力资本投资与企业绩效：中国非上市工业企业层面的截面数据分析［J］.经济经纬，2012（2）：130-134.

［139］阮荣平，郑风田，刘力.信仰的力量：宗教有利于创业吗？［J］.经济研究，2014（3）：171-184.

［140］萨克斯，邹光.贫穷的终结：我们时代的经济可能［M］.上海：上海人民出版社，2007.

［141］塞缪尔·亨廷顿，劳伦斯·哈里森.文化的重要作用：价值观如何影响人类进步［M］.程克雄，译.北京：新华出版社，2010.

［142］石智雷，谭宇，吴海涛.返乡农民工创业行为与创业意愿分析［J］.中国农村观察，2010（5）：27-39，49.

［143］宋克勤.创业成功学［M］.北京：经济管理出版社，2002.

［144］宋喆. 内蒙古双创政策对大学生创新创业活动产出的影响研究［D］. 呼和浩特：内蒙古工业大学，2019.

［145］孙晗霖，王志章，刘新智，等. 生计策略对精准脱贫户可持续生计的影响有多大?：基于 2660 个脱贫家庭的数据分析［J］. 中国软科学，2020 (2)：59-72.

［146］孙启明. 创业文化的南北区域差异与交融［J］. 北京邮电大学学报 (社会科学版)，2005 (4)：6-82.

［147］孙红霞，郭霜飞，陈浩义. 创业自我效能感、创业资源与农民创业动机［J］. 科学学研究，2013 (12)：1879-1888.

［148］孙光林，李庆海，杨玉梅. 金融知识对被动失地农民创业行为的影响：基于 IV-Heckman 模型的实证［J］. 中国农村观察，2019 (3).

［149］孙国华. 中华法学大辞典 (法理学卷)［M］. 北京：中国检察出版社，1997.

［150］孙海法，姚振华，严茂胜. 高管团队人口统计特征对纺织和信技术公司经营绩效的影响［J］. 南开管理评论，2006 (6)：61-67.

［151］孙勇. 中国广义人力资本积累及其二元性研究［D］. 上海：复旦大学，2003.

［152］谭崇台. 开发人力资本，构建社会资本：解决农民贫困、农村落后问题的必由之路［J］. 宏观经济研究，2004 (11)：24-28.

［153］田秋生. 高质量发展的理论内涵和实践要求［J］. 山东大学学报 (哲学社会科学版)，2018 (6)：1-8.

［154］童宏保. 从人力资本到社会资本：教育经济学研究的新视角［J］. 教育与经济，2003 (4)：23-27.

［155］王春超，尹蓉娟. 创业文化环境与创业行为：以"一带一路"沿线主要国家为例［J］. 经济科学，2018 (5)：118-128.

［156］王晶晶，郭新东. 社会创业动机研究述评与展望［J］. 吉林工商学院学报，2014 (6)：50-53.

［157］王静. 大学生创业支持体系的构建：基于对大学生创业意识培养的调查［J］. 人口与经济，2011 (1)：27-32.

［158］王满四，高颖超. 中国农民创业的制约因素及支持政策研究：来自广东惠东县的调查［J］. 改革与战略，2014 (5)：126-129.

［159］王美艳. 中国城市劳动力市场上的性别工资差异［J］. 经济研究，2005 (12)：35-44.

[160] 王仕军，焦智立.制度创新与我国创业环境的优化 [J].湖北经济学院学报，2005 (4)：106-109.

[161] 王晓文，张玉利，杨俊.基于能力视角的创业者人力资本与新创企业绩效作用机制研究 [J].管理评论，2012 (4)：76-84.

[162] 王肖芳.创业区位影响农民工创业动机吗?：基于河南省 379 位返乡创业农民工的实证研究 [J].经济经纬，2017 (6)：38-43.

[163] 王肖婧.人力资本，社会资本对农户贫困的影响及作用机制研究 [D].西安：西北大学，2019.

[164] 王玉帅，尹继东.江西地区创业者创业动机实证分析 [J].当代财经，2008 (5)：80-84.

[165] 王明杰，郑一山.西方人力资本理论研究综述 [J].中国行政管理，2006 (8)：92-95.

[166] 王西玉，崔传义，赵阳.打工与回乡：就业转变和农村发展：关于部分进城民工回乡创业的研究 [J].管理世界，2003 (7)：99-109.

[167] 王元颖.从斯密到杨小凯：内生比较优势理论起源与发展 [J].技术经济，2005 (2)：37-41.

[168] 王明杰，郑一山.西方人力资本理论研究综述 [J].中国行政管理，2006 (8)：92-95.

[169] 汪红梅.社会资本与中国农村经济发展 [M].北京：人民出版社，2018.

[170] 汪三贵，刘湘琳，史识洁，等.人力资本和社会资本对返乡农民工创业的影响 [J].农业技术经济，2010 (12)：4-10.

[171] 吴彩容，吴声怡.农村劳动力个人禀赋对其创业行业选择影响的实证分析：基于福建沙县的数据 [J].技术经济，2012 (2)：105-109.

[172] 吴泓，武晓庆，程婧芸，等.湖北省返乡农民工创业动机的多维度测量研究 [J].现代商业，2012 (9)：261-261.

[173] 吴凌菲，吴泗宗.文化环境与创业过程的关系 [J].经济管理，2007 (13)：76-80.

[174] 伍如昕，何薇薇.新生代农民工创业动机和意愿的影响因素分析：以人力，社会和心理资本为视角 [J].湖南农业大学学报（社会科学版），2018 (1)：53-60，72.

[175] 伍艳.贫困山区农户生计资本对生计策略的影响研究：基于四川省平武县和南江县的调查数据 [J].农业经济问题，2016 (3)：88-94.

[176] 西奥多·舒尔茨. 教育的经济价值 [M]. 译者不详. 长春：吉林人民出版社，1983.

[177] 西奥多·舒尔茨. 论人力资本投资 [M]. 译者不详. 北京：北京经济学院出版社，1990.

[178] 西奥多·舒尔茨. 改造传统农业 [M]. 梁小民，译. 北京：商务印书馆，2006.

[179] 夏清华，易朝辉. 不确定环境下中国创业支持政策研究 [J]. 中国软科学，2009 (1)：66-72.

[180] 小盐隆士，妹尾涉，徐国兴. 日本的教育经济学：实证分析的展望和课题 [J]. 教育与经济，2004 (2)：50-53.

[181] 肖华芳，包晓岚. 农民创业的信贷约束：基于湖北省930家农村微小企业的实证研究 [J]. 农业技术经济，2011 (2)：104-112.

[182] 肖陆军. 创业文化及其建设论析 [J]. 理论学刊，2014 (1)：46-50.

[183] 谢香兵，牛思睿，杨晓丹."双创"政策支持，创业能力与农民工创业意愿：基于河南省农民工问卷调查的实证分析 [J]. 河南商业高等专科学校学报，2018 (4)：39-44.

[184] 徐晋，骆建艳. 基于SWOT模型的农民工返乡创业支持体系构建研究：以浙江省为例 [J]. 天府新论，2010 (6)：92-96.

[185] 徐元国. 比较优势理论分析 [D]. 苏州：苏州大学，2003.

[186] 徐淑红，朱显平. 人力资本视阈下的反贫困问题研究 [J]. 社会科学战线，2016 (7)：271-274.

[187] 徐建华. 创业者的"实践性知识"及其教育意义：以义乌商人为例 [J]. 浙江树人大学学报，2010 (3)：75-79.

[188] 徐望. 文化资本理论探源与国内外研究综述 [J]. 重庆文理学院学报：社会科学版，2019 (1)：106-116.

[189] 严善平. 城市劳动力市场中的人员流动及其决定机制：兼析大城市的新二元结构 [J]. 管理世界，2006 (8)：8-17.

[190] 严太华，刘志明. 信贷需求、借贷行为与农户社会网络的关联度 [J]. 改革，2015 (9)：151-159.

[191] 阎云翔. 礼物的流动：一个中国村庄的互惠原则与社会网络 [M]. 上海：上海人民出版社，2000.

[192] 杨建东，李强，曾勇. 创业者个人特质、社会资本与风险投资

[J]. 科研管理, 2010 (6): 65-72, 112.

[193] 杨建芳, 龚六堂, 张庆华. 人力资本形成及其对经济增长的影响: 一个包含教育和健康投入的内生增长模型及其检验 [J]. 管理世界, 2006 (5): 10-18.

[194] 杨俊. 创业过程研究及其发展动态 [J]. 外国经济与管理, 2004 (9): 8-12.

[195] 杨文兵. 农民家庭创业环境、创业活动与创业绩效关系研究 [J]. 绍兴文理学院学报, 2011 (8): 13-18.

[196] 杨晓锋, 赵宏中. 教育不平等, 收入差距与经济增长后劲: 包容性增长理论视角 [J]. 经济社会体制比较, 2013 (6): 71-79.

[197] 杨轶清. 企业家创新能力来源及其生成机制 [J]. 浙江社会科学, 2009 (11): 26-32.

[198] 杨月如. 试论福山的"社会资本"概念 [J]. 重庆社会科学, 2006 (1): 14-17.

[199] 杨立雄. 低收入家户人力资本的反贫困效应: 基于 2015 年 CLIFSS 数据的实证研究 [J]. 黑龙江社会科学, 2016 (3): 87-98.

[200] 叶贤, 严建雯, 邢学亮. 民营企业家创业倾向的影响因素研究 [J]. 心理研究, 2008 (6): 46-51, 67.

[201] 尹志超, 宋全云, 吴雨, 等. 金融知识、创业决策和创业动机 [J]. 管理世界, 2015 (1): 87-98.

[202] 于素丽. 私募股权基金投资项目选择研究 [J]. 中国经贸导刊, 2011 (19): 59-61.

[203] 郁义鸿. 创业学 [M]. 上海: 复旦大学出版社, 2000.

[204] 余少祥. 人力资本在反贫困中的效用: 理论模型与实证分析 [J]. 中国政法大学学报, 2020 (2): 5-17.

[205] 于代松, 唐志浩. 现阶段我国农村返贫成因及对策研究 [J]. 黄河科技学院学报, 2021 (3): 47-51.

[206] 袁梁, 张光强, 霍学喜. 生态补偿、生计资本对居民可持续生计影响研究: 以陕西省国家重点生态功能区为例 [J]. 经济地理, 2017 (10): 188-196.

[207] 约瑟夫·斯蒂格利茨, 武锡申, 曹荣湘. 正式和非正式的制度 [J]. 经济社会体制比较, 2003 (1): 73-78.

[208] 岳甚先. 生存型创业与机会型创业的政策比较研究 [J]. 四川理工学院学报: 社会科学版, 2014 (2): 9-17.

[209] 张玉利，杨俊，任兵. 社会资本、先前经验与创业机会：一个交互效应模型及其启示 [J]. 管理世界，2008（7）：91-102.

[210] 张大维. 自然灾害对集中连片特殊困难社区贫困的影响研究：以武陵山区为例 [C]."灾害风险管理与减贫的理论及实践"国际研讨会. 中国国际扶贫中心，2011.

[211] 张方华. 知识型企业的社会资本与知识获取关系研究：基于BP神经网络模型的实证分析 [J]. 科学学研究，2006（1）：106-111.

[212] 张钢，彭学兵. 创业政策对技术创业影响的实证研究 [J]. 科研管理，2008（3）：62-69，90.

[213] 张珩，罗剑朝，王磊玲. 农地经营权抵押贷款对农户收入的影响及模式差异：实证与解释 [J]. 中国农村经济，2018（9）：81-95.

[214] 张鸿宇. 江西省返乡农民工创业意愿调查及政策支持体系研究 [D]. 南昌：江西财经大学，2010.

[215] 张克英，孙晓华，陆武燮. The relationship between human capital and founder′s performance：Based on the Xi′an laid-off unemployment workers [J]. 西安工程大学学报，2008（5）：626-630.

[216] 张涛. 高质量发展的理论阐释及测度方法研究 [J]. 数量经济技术经济研究，2020（5）：23-43.

[217] 张帧，陈琳纯. 创业者的人力资本和社会资本对创业过程的影响 [J]. 技术经济，2009（8）：22-27.

[218] 张翔，毛可. 民族地区返贫问题的教育防范机制探究 [J]. 民族教育研究，2018（4）：46-51.

[219] 张行，赵海涛. 农民工创业意愿的影响因素与创业促进研究：基于一线调查数据的实证分析 [J]. 中南财经政法大学研究生学报，2011（4）：39-45.

[220] 张秀娥，孙中博，韦韬. 新生代农民工返乡创业意愿的经济学思考 [J]. 学习与探索，2013（12）：117-121.

[221] 张艳红. 正确的价值观是企业家创业的真正动机 [J]. 决策探索，2001（11）：54-55.

[222] 张治栋，荣兆梓. 创业氛围的演化与突破 [J]. 安徽大学学报：哲学社会科学版，2009（2）：119-125.

[223] 张海洋，李静婷. 村庄金融环境与农户信贷约束 [J]. 浙江社会科学，2012（2）：11-21.

[224] 张永丽, 孙群雯. 我国西部地区农耕文化现代价值的探讨 [J]. 科学·经济·社会, 2013 (4): 82-87.

[225] 张爽, 陆铭, 章元. 社会资本的作用随市场化进程减弱还是加强?: 来自中国农村贫困的实证研究 [J]. 经济学 (季刊), 2007 (2): 539-560.

[226] 张世伟, 赵亮, 樊立庄. 农村劳动力流动的收入分配效应: 基于吉林省农户数据的经验研究 [J]. 吉林大学社会科学学报, 2007 (4): 27-33.

[227] 张畑, 刘正阳, 孔荣. 金融知识, 正规信贷约束与农户创业选择: 基于宁、陕、鲁入户调查数据 [J]. 农业现代化研究, 2020 (3): 94-103.

[228] 赵晓锋, 张永辉, 霍学喜. 农业结构调整对农户家庭收入影响的实证分析 [J]. 中南财经政法大学学报, 2012 (5): 127-133.

[229] 赵浩兴, 张巧文. 内地农民工返乡创业与沿海地区外力推动: 一个机制框架 [J]. 改革, 2011 (3): 60-68.

[230] 赵罗英, 夏建中. 社会资本与社区社会组织培育: 以北京市 D 区为例 [J]. 学习与实践, 2014 (3): 101-107.

[231] 赵明. 上海高校大学生创业支持体系研究 [D]. 上海: 上海交通大学, 2008.

[232] 赵耀辉. 中国农村劳动力流动及教育在其中的作用: 以四川省为基础的研究 [J]. 经济研究, 1997 (2): 37-42.

[233] 赵曦, 成卓. 西部少数民族地区社会资本建设研究 [J]. 中国软科学, 2008 (12): 90-95.

[234] 赵曦. 中国西部农村反贫困模式研究 [M]. 北京: 商务印书馆, 2009.

[235] 赵朋飞, 王宏健. 示范效应, 社会网络与贫困地区农村家庭可持续生计: 来自创业视角的实证分析 [J]. 西南民族大学学报: 人文社会科学版, 2020 (9): 125-133.

[236] 赵朋飞, 王宏健. 社会资本、宗教信仰对农村家庭创业的影响分析 [J]. 云南民族大学学报 (哲学社会科学版), 2015 (4): 67-72.

[237] 赵朋飞, 王宏健, 赵曦. 人力资本对城乡家庭创业的分异影响研究: 基于 CHFS 全国调查的实证分析 [J]. 人口与经济, 2015 (3): 89-97.

[238] 赵都敏, 李剑力. 创业政策与创业活动关系研究述评 [J]. 外国经济与管理, 2011 (3): 19-26.

[239] 赵雪雁. 生计资本对农牧民生活满意度的影响: 以甘南高原为例 [J]. 地理研究, 2011 (4): 687-698.

[240] 赵浩兴.农民工创业地点选择的影响因素研究：来自沿海地区的实证调研 [J].中国人口科学 2012 (2)：103-110.

[241] 赵延东，王奋宇.城乡流动人口的经济地位获得及决定因素 [J].中国人口科学，2002 (4)：8-15.

[242] 赵月.地区创业文化对流动人口异地创业的影响：基于中国城市级数据的研究 [J].上海：上海财经大学，2020

[243] 郑风田，傅晋华.创业型经济的兴起与我国创业政策面临的挑战 [J].经济理论与经济管理，2007 (6)：25-29.

[244] 郑风田，孙谨.从生存到发展：论我国失地农民创业支持体系的构建 [J].经济学家，2006 (1)：54-61.

[245] 赵建国，周德水.教育人力资本，互联网使用与新生代农民工职业选择 [J].农业经济问题，2019 (6)：117-127.

[246] 曾照英，王重鸣.关于我国创业者创业动机的调查分析 [J].科技管理研究，2009 (9)：285-287.

[247] 曾婧婧，温永林.政府创业政策对城市创业的影响及其作用机制：基于国家创业型城市的准自然实验 [J].经济管理，2021 (4)：55-70.

[248] 郑瑞强，曹国庆.脱贫人口返贫：影响因素、作用机制与风险控制 [J].农林经济管理学报，2016 (6)：619-624.

[249] 周劲波，陈丽超.中国大学生就业影响因素分析："蚁族"谈起 [J].南宁职业技术学院学报，2011 (1)：61-63.

[250] 周小舟.国外社会组织促进青年就业与创业的经验和启示 [J].中国青年社会科学，2016 (2)：116-121.

[251] 周宇飞，兰勇，贺明辉.新农村文化对农民工返乡创业行为的影响 [J].西北农林科技大学学报（社会科学版），2017 (17)：83-88.

[252] 周亚越，俞海山.区域农村青年创业与创业文化的实证研究：以宁波为例 [J].中国农村经济，2005 (8)：37-44.

[253] 周其仁.市场里的企业：一个人力资本与非人力资本的特别合约 [J].经济研究，1996 (6)：71-80.

[254] 周晔馨.社会资本在农户收入中的作用：基于中国家计调查（CHIPS2002）的证据 [J].经济评论，2013 (4)：48-58.

[255] 朱红根，陈昭玖，翁贞林.农民工返乡创业企业成长影响因素研究 [J].商业研究，2011 (7)：125-129.

[256] 朱红根，康兰媛.金融环境、政策支持与农民创业意愿 [J].中国

农村观察，2013（5）：24-33.

［257］朱明伟，杨刚. 企业人力资本管理研究［J］. 南开管理评论，2001（5）：35-38，65.

［258］朱伟珏. 文化资本与人力资本：布迪厄文化资本理论的经济学意义［J］. 天津社会科学，2007（3）：84-89.

［259］卓高生，曾纪瑞. 创业大学生社会融合现状及社会支持体系的构建［J］. 广州大学学报（社会科学版），2013（2）：29-34.

［260］朱少洪. 农户信贷约束问题研究的文献综述［J］. 发展研究，2009（11）：38-40.

［261］左停，李卓，赵梦媛. 少数民族地区贫困人口减贫与发展的内生动力研究：基于文化视角的分析［J］. 贵州财经大学学报，2019（6）：85-91.

［262］AIYAR S, FEYRER J . A Contribution to the Empirics of Total Factor Productivity［J］. Social Science Electronic Publishing, 2002. DOI：10.2139.

［263］AMARAL A, BAPTISTA, RULLIMA, FRANCISCO. Serial entrepre-neurship：impact of human capital on time to re-entry［J］. Small Entrepreneurship Economics, 2011, 37（1）：1-21.

［264］ALLEN N. BERGER, RICHARD J. ROSEN, GREGORY F. UDELL. The Effect of Market Size Structure on Competition：The Case of Small Entrepreneur-ship Iending［z］. Paper Provided By Federal Reserve Bank of Chicago in Its Series, Working Paper Series, 2001.

［265］AIDISR, ESTRINS, MICKIEWICZTi. Entrepreneurship inemerging markets：Which institutions matter［EB/OL］.（2007-08-11）. Http：// discover-y. Ucl. ac. uk/ 44093/.

［266］AFRIN, ISLAM, and AHMED. A multivariate model of micro credit and rural women entrepreneurship developmentin Bangladesh［J］. International Journal of Entrepreneurship andmanagement, 2008（8）：169-185.

［267］BAEEO R J . Human Capital and Growth［J］. The American economic review, 2001（2）：12-17.

［268］BATJARGAL B . Entrepreneurial Networking in China and Russia：Com-parative Analysis and Implications for Western Executives［J］. Ssrn Electronic Jour-nal, 2003.

［269］BERGER A N, GOLDBERG L G, WHITE L J . The Effects of Dynamic Changes in Bank Competition on the Supply of Small Business Credit［J］. European

Finance Review, 2001 (1): 115-139.

[270] BERNA DEMIRALP, JOHANNA FRANCIS. Wealth, Human Capital and the Transition to Self-Employment [J]. Eastern Economic Journal, 2013, 39 (1): 72-92.

[271] BRUYAT C, JULIEN P A . Defining the field of research in entrepreneurship [J]. Journal of Business Venturing, 2001, 16 (2): 165-180.

[272] BYGRAVE W D . The Creative Corporation [J]. Academy of management executive, 1988.

[273] CARTER N, GARTNER W, et al. Entrepreneurial Behavior and Firm Organizing Processes [J]. Handbook of Entrepreneurship Research, 2003: 195-221.

[274] CASTANIAS B . Collateralized Social Relations: The Social in Economic Calculation [J]. American Journal of Economics & Sociology, 2001, 60 (2): 471-500.

[275] COLIN WILLIAMS, NADIN SARA . Entrepreneurship in the informal economy: commercial or social entrepreneurs? [J]. International Entrepreneurship & Management Journal, 2012, 8 (3): 309-324. [1] COLEMAN JAMES. Social Capital in the Creation of Human Capital [J]. American Journal of Sociology, 1988 (1): 95-120.

[276] COLE S., PAULSON A., SHASTRY, G. K. Smart Money: The Effect of Education Financial Behavior. Working Paper: Harvard Entrepreneurship School. 2012.

[277] CHANDLER G. N, HANKS S. H. Founder Competence, The Environment and Venture Performance [J]. Entrepreneurship The Theory and Practice, 1994, 18 (3): 77-89.

[278] DAVIDSSON, BENSON HONIG. The Role of Social and Human Capital among Nascent Entrepreneurs, Journal of Entrepreneurship Venturing, 2003, 18 (3): 301-331.

[279] DIMOV. Nascent Entrepreneurs and Venture Emergence: Opportunity Confidence, Human Capital, and Early Planning [J]. Journal of Management Studies, 2010, 47 (6): 1123-1153.

[280] DURLAUF S N, FAFCHAMPS M . Social capital [J]. Steven Durlauf, 2004, 42 (7): 1180-1198.

[281] DIMITRIS SKURAS and NICOLAS M EC CHERI and MANUEL BELO MOREIRA and JORDI ROSELL and SOPHIA STATHOPOULOU. Entrepreneurial human capital accumulation and the growth of rural businesses: a four-country survey in mountainous and lagging areas of the European union [J]. Journal of Rural Studies, 2005 (1): 67-79.

[281] EKATERINA TURKINA, MAI T. THAL. Social capital, networks, trust and immigrant entrepreneurship: a cross-country analysis [J]. Journal of Enterprising Communities: People and Places in the Global Economy, 2013, 7 (2): 108 -124.

[282] ENRICO BRACCI, EMIDIA VAGNONT. Understanding Small Family Entrepreneurship Succession in a Knowledge Management Perspective [J]. The IUP Journal of Knowledge Management, 2011, 9 (1): 7-37.

[283] EVANSD JOVANOVICB. An estimated model of entre preneurial choice under liquidity constraints [J]. Journal of Political Economy, 1989, 97 (4): 808-827.

[284] E LAFUENTE, Y VAILLANT, J RIALP. "Regional differences in the influence of role models: Comparing the entrepreneurial process of rural catalonia", Regional Studies, 2007, 41 (6): 779-795.

[285] FRANCIS D H, SANDBERG W R. Friendship within entrepreneurial teams and its association with team and venture performance [J]. Entrepreneurship Theory and Practice, 2000 (2).

[286] GUELPA FABRIZIO, VIRGINIA TIRRI. The Effect of Market Structure and Relationship ending on the Likelihood of Credit Tightening . Working Paper, 2006.

[287] GILAD B, LEVINE P. A behavioral model of entrepreneurial supply [J]. Journal of small business management, 1986 (24): 45.

[288] GOLD SMITH A H, VEUM J R, and DARITY W. The impact of psychological and human capital on wages [J]. Economic Inquiry, 1997 (4): 815-829.

[289] GROOTAERT C, BASTELAER T V . Understanding and Measuring Social Capital: A Synthesis of Findings and Recommendations from the Social Capital Initiative [J]. Earth surface processes & landforms the journal of the british geomorphological research group, 2001, 30 (7): 901-912.

[290] GUTH W D, GINSBERG A . Guest editors' introduction: Corporate en-

trepreneurship [J]. Strategic Management Journal, 1990, 11: 5-15.

[291] HALL J C, SOBEL R S . Institutions, Entrepreneurship, and Regional Differences in Economic Growth1 [J]. American Journal of Entrepreneurship, 2008, 1.

[292] HISRICH R D, BOWSER K, SMARSH L S . Women entrepreneurs in the Ukraine [J]. International Journal of Entrepreneurship & Small Business, 2006.

[293] HMIELESKI K M, CARR J C. The relationship between entrepreneur psychological capital and new venture performance [J]. Frontiers of entrepreneurship research, 2008 (4): 1-15.

[294] JASON WEST. Financial Literacy Education and Behaviour Unhinged: Combating Bias and Poor Product Design [J]. International Journal of Consumer Studies, 2012, (36): 523-530.

[295] JOILSON DIAS, JOHN MCDERMOTT. Institutions, Education, and Development: The Role of Entrepreneurs [J]. Journal of Development Economics, 2006, 80 (2): 299-328.

[296] JAYAWARNA DILANI, JONES OSWALD, MACPHERSON ALLAN. Entrepreneurial potential: The role of human and cultural capitals [J]. International Small Entrepreneurship Journal, 2014, 32 (8): 918-943.

[297] KENNETH C. AGBIM, ZECHARIAHS B. OWUTUAMOR, GODDAY O. ORIAREWO. Entrepreneurship Development and Tacit Knowledge: Exploring the Link between Entrepreneurial Learning and Individual Know-How [J]. Journal of Entrepreneurship Studies Quarterly, 2013, 5 (2): 112-129.

[298] KATO MASATOSHI, OKAMURO HIROYUKI, HONJO YUJI. Does Founders´ Human Capital Matter for Innovation? Evidence from Japanese Start-ups. Journal of Small Entrepreneurship Management, 2015, 53 (1): 114-128.

[299] KADER, R. A. "Success factors for small rural entrepreneurs under the One-District-One-Industry programme in Malaysia", Contemporary Management Research, 2009, 5 (2): 147-162.

[300] KURATKO D F, HORNSBY J S, NAFFZIGER D W. An examination of owner´s goals in sustaining entrepreneurship [J]. Journal of small business management, 1997 (1): 24.

[301] KOGUT B, ZANDER U. Knowledge of the Firm and the Evolutionary Theory of the Multinational Corporation [J]. Journal of International Business Stud-

ies, 1993, 24 (4): 625-645.

[302] KERR W R, NANDA R . Democratizing entry: Banking deregulations, financing constraints, and entrepreneurship [J]. Journal of Financial Economics, 2009 (1): 124-149.

[303] KLAPPER L F, AMIT R, et al. Entrepreneurship and Firm Formation Across Countries [C] // The World Bank. The World Bank, 2016.

[304] KOROSEC R L, BERMAN E M. Municipal Support for Social Entrepreneurship [J]. Public Administration Review, 2010, 66 (3): 448-462.

[305] K. E MEYER, S ESTRIN, SK BHAUMIK, MIKE W. PENG. "Institutions, Resources, and Entry Strategies in Emerging Economies" [J]. Strategy Management Journal, 2009, 30 (1): 61-80.

[306] LUCAS R. On the mechanics of economic development [J]. Journal of Monetary Economics, 1988 (1) : 3-42.

[307] LYNCH L M. The Adoption and Diffusion of Organizational Innovation: Evidence for the U. S. Economy [J]. IZA Discussion Papers, 2007.

[308] LUSARDI ANNAMARIA, OLIVIAS MITCHELL. Financial Literacy and Retirement Planning: New Evidence from the Rand American Life Panel. NBER Working Paper, 2007.

[309] LUTHANS F, AVOLIO B J, WALUMBWA F O, et al. The psychological capital of Chinese workers: Exploring the relationship with performance [J]. Management and Organization Review, 2005 (2): 249-271.

[310] LESCEVICA M, RIVZA B . Influential factors of the success of rural entrepreneurship [J]. Latvia University of Agriculture, 2002 (9).

[311] MILLER D: A Reflection on EO Research and Some Suggestions for the Future [J]. Entrepreneurship Theory & Practice, 2011, 35 (5): 873-894.

[312] MOHIDEEN F I, GHOSH T, et al. Controlling Glycosyltransferase Activity: Inhibition and Enzyme Engineering [J]. Comprehensive Glycoscience, 2021 (2): 204-232

[313] M HART, G GUDGIN. Spatial Variations in New Firm Formation in The Republic of Ireland, 1980 - 1990 [J]. Regional Studies, 1994, 28 (4): 367-380.

[314] MCMULLAN W E, LONG W A. Entrepreneurship Education in the Nineties [J]. Journal of Business Venturing, 1987, 2 (3): 261-275.

[315] MOHIELDIN MAHMOUD S, WRIGHT PETER W., Formal and Informal Credit Marketsin Egypt [J]. economicdevdopmem and Cultural Change, 2000, 48 (3): 657-670.

[316] MASSIMO G. COLOMBO, MARCO DELMASTRO, LUCA GRILLI. Entrepreneurs´ Human Capital and the Start-up Size of New Technology-based Firms [J], International Journal of Industrial Organization, 2004, 22 (8): 1183-1211.

[317] OKURUT F N, MARGARET B, MUKUNGU A. Microfinance and Poverty Reduction in Uganda: Achievements and Challenges [J]. Economic policy research centre, 2004.

[318] PORTES A. The Two Meanings of Social Capital [J]. Sociological Forum, 2000, 15 (1): 1-12.

[319] PUTNAM R D . The Prosperous Community: Social Capital and Public Life [J]. The American prospect, 1997 (13): 1-11.

[320] ROMER P M. Increasing returns and long-run growth. The Journal of Political Economy, 1986 (5): 1002-1037.

[321] R CHAMBERS, G CONWAY. Sustainable rural livelihoods: practical concepts for the 21st century [M]. Institute of Development Studies (UK), 1992.)

[322] RONALD S. BURT. The Contingent Value of Social Capital [J]. Administrative Science Quarterly, 1997, 42 (2): 339-365.

[323] R PUTNAM. Social capital: Measurement and consequences [DB/OL]. Canadian Journal of Policy Research, 2001.

[324] SMALLBONE, DAVID, WELTER, FRIEDERIKE. The Distinctiveness of Entrepreneurship in Transition Economies [J]. Small Business Economics [J]. Small Business Economics, 2001, 16 (6): 249-262.

[325] SHANE S, VENKATARAMAN S. The Promise of Entrepreneurship as a Field of Research [J]. Academy of Management Review, 2000, 25 (1): 217-226.

[326] STERNBERG R, WENNEKERS S. Determinants and Effects of New Business Creation Using Global Entrepreneurship Monitor Data [J]. Small Business Economics, 2005, 24 (3): 193-203.

[327] SCHUMPETER J A. The Theory of Economic Development [M]. Massachusetts: Harvard

[328] SIQUEIRA A O. Entrepreneurship and ethnicity: the role of human cap-

ital and family social capital [J]. Journal of Developmental Entrepreneurship, 2007, 12 (1): 31-46.

[329] SHANE S and STUART T. Organizational Endowments and The Perform-ance of University Start-ups [J]. Management Science, 2002, 1 (1): 154-170.

[330] THUROW L C. Analyzing the American Income Distribution [J]. Amer-ican Economic Review, 1970 (2): 261-269.

[331] THEODORE W. Schultz. Investment in Human Capital [J]. The Amer-ican Economic Review, 1961, 51 (1): 1-17.

[332] UZAWA R . The Pure Theory of International Tradeby M. C. Kemp [J]. American Economic Review, 1965, 55 (1-2): 256-257.

[333] WALKER A W . An Empirical Analysis of Resource Curse and the Edu-cational Attainment Channel in the Appalachian Region [J]. SSRN Electronic Jour-nal, 2013.

[334] WOOLLEY J L, ROTTNER R M. Innovation policy and nanotechnology entrepreneurship [J]. Entrepreneurship theory and practice, 2008 (5): 791-811.